KB161692

역사와 예술로
읽는

서양철학사
(상)

역사와 예술로
읽는

서양철학사
(상)

정영수
지음

이담북스

존경의 마음을 담아 어머니 김종임 님께 드립니다.

들어가는 글

이 책은 필자가 대학교에서 서양철학사를 강의하면서 느낀 필요성 때문에 쓰기 시작하였다. 유명한 철학자들과 그들의 사상을 한 학기라는 짧은 시간 내에 강의하기란 결코 쉬운 일이 아니다. 특히 철학을 처음 접하는 학생들에게 철학자들이 생산해낸 개념들을 그들이 쉽게 이해할 수 있게 설명하기란 더더욱 어려운 일이다. 시간이 충분하지 않을 뿐만 아니라, COVID-19로 인한 대면 수업의 제한은 그들의 철학에 대한 효과적인 이해를 더욱 어렵게 만들었다. 개념의 토양은 충분한 사유인데, 사유를 할 수 있는 시간과 그것을 소화해낼 지적 성숙의 측면에서 이는 어쩌면 처음 철학을 접하는 이들에겐 불가능한 일일지도 모른다. 소크라테스적 '대화법'의 실천은 더욱 힘들었다. 그럴지라도 서로 마주 대하고 있는 것처럼 강의하고, 서로 대화하듯이 철학을 재미있게 배우는 방법은 없는 것일까? 이런 고민에서 필자는 이 책을 썼다.

흔히 철학은 고도의 추상적 학문이라고 한다. 일견(一見) 맞는 말이다. 추상(抽象)은 모든 구체(具體)의 상위에 있다. 구체적인 것들에서 공통적인 것을 찾는 것이 추상적인 것이다. 우리가 '사랑'이라고 칭해지는 구체적 양태(樣態)들에서 '사랑'으로 말해지는 공통의 연관성을 찾고 그 연관을 추상하여 '사랑'이라 정의하는 것, 다양한 개별적 '개인'들의 집합에서 우리가 공통된 '인간'이나 '인간성'을 산출하는 것들이 그러한 예들이다.

그런데도 구체적인 것들에만 익숙한 사람들에게 철학은 전혀 구체적이지 않은 공허한 담론(談論)으로 보인다. 대개 사람들은 보편적인 '개념'과 구체적인 것을 떠난 '추상'을 사유하는 것에 익숙하지 않기 때문이다. 그러나 사실은 여기 지금의 '구체'에 이미 저편의 장구한 '추상'이 내재해 있다. 우리의 소소한 일상에는 '추상'이, 추상적이라 불리는 '개념(槪念)'이 이미 긴밀하게 들어와 있다. 연인 사이의 SNS 문자에도, 상사와 부하 간의 업무 대화에도, 가정에서의 TV 시청에도, 추상은, 개념은 들어와 있다. 그리고 그것들을 다루는 철학도 이미 들어와 자리하고 있다. 철학은 우리 주변에서 우리와 더불어 있다. 단지 우리가 철학을 어렵다고 오해하며 멀리할 뿐이다.

연인들이 그들의 사랑을 말할 때, 직장에서 효율과 성과를 토론할 때, 거실의 소파에서 드러누워 보는 TV 프로그램에서 이 추상적 개념들은 어김없이 등장한다. 사랑이란 정말 무엇일까? 효율과 성과란 무엇을 말하고자 하는 것일까? 동일한 사안인데 왜 그것을 향한 비평들은 저리도 서로 다른 것일까?

일상에는 이미 추상과 개념들이 들어와 있다. 언어가, 사유가 이미 추상이다. 일례로 '밥'은 구체적인 단어인가? 아니다. 백미 밥, 현미밥, 찰진 밥, 진밥, 색깔 밥, 콩밥, 오곡밥, 내가 먹고있는 이 밥 등 밥은 이미 많고도 다른 양태를 내포(內包)로 가지고 있다. 우리가 먹는 밥은 매일 매번 동일하지 않다. 단지 우리가 그것들을 묶어 똑같이 '밥'이라 부를 뿐이다. '그 나물에 그 밥'은 없다. 단지 우리가 그리 쉽게 단정 지을 뿐이다. 그릇의 모양, 그릇 안의 재료도, 물과의 조합비도, 밥을 먹을 때의 나의 기분도 그렇다. 그런데도 우리는 그 것들을 추상화시켜 단지 '밥'이라고 부른다.

그렇다. 철학은 매일 대하고 먹는 밥처럼 늘 우리 앞에 내어져 있지만 정작 우리는 그 밥맛을 제대로 음미(吟味)해 본 적이 없다.

철학을 밥처럼 바라봐야 한다. 철학은 일상 너머의 심오한 것이 아니다. 철학은 식탁에 있지만 미처 그 맛을 음미하지 못한 음식이다. 철학은 제대로 소화시켜야 할 매일의 음식이다. 나아가 삶 자체가 철학의 양식이다. 그래서 철학자의 식탁에 아주 중요한 음식은 바로 인간의 삶이다.

처음 철학을 접하는 이들을 위한 철학의 내용은 무엇이어야 할까? 필자는 시대의 역사와 문화, 예술과 엮인 철학사를 선택하였다. 철학은 배우는 학문이 아니다. 철학을 하기 위하여 타 학문을 배울 필요는 있을지라도 철학 자체를 배운다는 것은 불가능하다. 배운다는 것은 배울 객체(客體, 목적어)의 존재를 전제하는 바, 그 객체란 모양을 이미 갖추어야 하기 때문이다. 철학은 모양을 배우는 것이 될 수 없다. 오히려 철학은 모양을 만드는 것이다. 이것이 사유의 역사로서의 철학사이다.

철학의 대상을 사려(思慮) 한다는 것은 이미 철학을 한다는 것이다. 그래서 철학은 일방적으로 타자에게 전달하는 것이 불가능한 학문이다. 그러나 철학을 하기 위한 조건이 있다면 세계의 사태(事態)를 되씹는 사유(思惟)의 힘이다. 결정된 것은 아직 없다. 그러니 의문에 부치는 것이다.

곰곰이 되씹음은 숙고(熟考)이다. 단언(斷言)하기 전에 한 번 더 생각해보는 것이다. 세계에서 동떨어져 영위되는 삶이란 존재하지 않는다. 나의 삶은 이미 타자(他者)의 삶을 전제(前提)한다. 나는 타자와 실타래처럼 엉킨 존재자이다. 나의 시간은 이미 타자의 시간과 중첩되어 있다. 타자를 배제한 홀로 된 존재자는 적어도 세계 내에서는 존재할 수 없다.

내가 나로 존재하기 위해서는 타자가 나라는 주체(主體)에 내재해야 한다. 오늘의 내 삶에는 과거와 현재, 미래의 많은 타자들이 녹아 있다. 그들은 위로는 조상이고, 아래로는 후손이다. 옆으로는 지금 시대의 모든 이들이 나와 같이 있다. 나는 타자와 더불어 있고, 세계와 더불어 있다. 나는 세계, 세계를 파악하고자 했던 정신들의 과거와 현재, 미래와 더불어 있다. 철학사를 철학이라고 부를 수 있다면 그런 의미에서다.

이 책은 철학을 접하고는 싶지만 그 높은 문턱 때문에 선뜻 입구로 들어서지 못하는 이들을 위한 책이다. 역사의 사건으로 철학의 흐름을 읽고, 예술과 문화가 어떻게 철학의 개념들과 엮이는지를 살펴보고자 하는 이들을 위한 책이다. 또한 종교와 철학이 어떻게 합류하고 어느 지점에서 갈라서는지를 발견하고자 하는 이들을 위한 책이기도 하다. 그것을 위한 필자의 작은 노력이다. 필자는 철학자들의 철학을 당대의 역사와 문화, 예술과 접합하려 노력했고, 그럼으로써 철학이라는 학문에 대해 가해지는 비현실적이라는 비난이 철학과 시대의 관계를 제대로 알지 못하는 몰이해에 근거한 것임을 말하고자 했다.

이 책은 교양으로 다루어지는 서양철학사라는 틀에서 벗어나지 않기 위해 되도록 서양철학의 역사를 다루되, 서양철학의 지형을 이루는 큰 산맥이라 생각되는 철학자만을 다루었다. 상권은 철학의 연원(淵源), 서양의 고대와 중세 철학, 그리고 근대 철학자들 중 하권에서 다루지 않는 철학자들을 대략 설명하였다. 하권은 서양의 근대 철학자들을 다룬다. 되도록 철학이라는 교양에 입문하면서 꼭 알아야 할 몇 명의 철학자들만을 선별해서 다루었다. 가급적 구술하듯이 편안한 문체를 쓰려 했다.

언급했듯 순수하게 완전히 타자로부터 독립하여 존재하는 삶은 없다. 또한 영원한 진리를 추구한다는 철학도 그 시대로부터 완전히 탈출할 수는 없다. 무엇보다도 삶 자체가 특정한 시간과 공간에 얽매여 전개되기 때문이다.

여기에 존재하는 것들은 저기서 존재하는 것들과 공존한다. 저기의 것을 이해하지 못하고 여기의 것만을 주장하는 것은 세계에 대한 몰이해이다. 철학은 넓은 시야를 요구한다. 서양의 철학사를 온전히 다루려면, 만약 가능하고 효과적인 방법이 존재한다면 시대에 대한 총체적 이해가 동반되어야 한다.

그래서 이 책은 철학자의 사상들을 다루면서 그 외의 것들에 많은 지면을 할애했다. 한 철학자의 사상을 그의 삶에서 분리하고, 그의 삶을 그의 시대에서 분리하여 고찰하는 것은 불합리해 보이기 때문이다. 이 책에서 역사와 문화, 예술과 종교에 대한 서술들이 상당한 이유는 그것 때문이다. 그러나 넓은 관점에서 전체적으로 철학사를 조망하려는 필자의 의도가 충분히 반영되었는지는 모르겠다.

이 책이 독자들의 철학에 대한 갈증을 조금이나마 해소해 줄 것을 소망한다. 또한 이 책이 철학을 비롯한 인문학의 소양을 넓히고자 하는 이들에게 조금의 도움이라도 된다면 필자에게는 더 이상 바랄 것은 없다. 출간에 도움을 주신 한국학술정보(주) 출판사업부에게 감사드린다. 아내 김경미와 딸 민채에게도 고마움을 전한다.

2022년 5월
김제 벽골제에서

목차 ◈

History
/
Art
/
Philosophy

고대 철학

제1장

고대 그리스 자연 철학자들

철학이란 무엇인가?

우리는 철학(哲學)이란 말을 익히 들어 모두 알고 있습니다. 그러나 막상 철학이란 학문이 무엇이냐고 물어본다면 보통 사람들은 딱히 대답을 잘 못 합니다. 이렇게 제가 물어보면 길거리에 보이는 철학관이란 간판을 떠올리고 혹시 철학이란 학문이 점 보는 것 아니냐고 제게 반문하는 사람도 있습니다. 그러나 오히려 철학은 그 반대라고 할 수가 있습니다. 점(占)은 우리가 예견할 수 없는 미래를 예측하는 것이지요. 예를 들어 오늘 내가 점심을 먹을 것인지 안 먹을 것인지는 나의 선택과 의지에 달린 문제라 점이라고 할 수 없습니다. 반대로 나와 관련 없는 제삼자가 점심을 먹을지 안 먹을지는 나의 의지와 관련이 없는 문제라 철학이란 학문은 다루지를 못합니다. 만약 그가 살아있다면 생을 영위하기 위해 어떻게든 음식을 섭취해야 하므로 그는 반드시 음식을 먹을 것이라는 것은 철학적으로 하자 없는 논증이며 그럴 것입니다. 그런데도 그가 저녁이 아니라 점심을 먹을 것인지는 예측할 수 없습니다. 그가 너무 바쁘거나 속이 안 좋아서 점심을 건너뛸 수도 있으니까요.

철학은 영어로 옮기면 필로소피(philosophy)입니다. 한문으로는 밝을 철(哲), 배울 학(學) 자입니다. 이것은 일제 강점기의 번역 어투입니다. 처음에는 희철학(希哲學)이나 애지학(愛知學)이라고도 불렀습니다. 현명하게 하는 학문, 혹은 현명하기 위해 노력하는 학 정도로 해석이 가능합니다. 어원은 필로스(philos)+소피아(sophia)입니다. 필로스라는 말은 사랑입니다. 소피아라는 말은 지혜이구요. 희랍어 어원입니다. 지금의 그리스어지요. 그리스인들은 자신들을 헬레나(Helena)의 후손이라 하여 헬레네스(Hellenes)로 부릅니다. 이를 한자로 희랍(希臘)이라고 하고 그들의 말을 희랍어나 헬라어(Hellas語)라고도 합니다. 필로스라는 말은 필리아(philia)라는 말과 동일합니다. 필리아 또한 사랑이라는 말입니다.

일반적으로 플라톤(Platon, B.C. 427~347)이 사랑을 네 종류로 나누었다고 합니다. 아리스토텔레스(Aristotle, B.C. 384~322)가 구분하였다는 말도 있습니다. 첫 번째가 아가페(agape)입니다. 이것은 신의 인간에 대한 사랑입니다. 무조건적인 사랑입니다. 신이 인간을 사랑할 때는 그 사람이 선하건, 악하건, 부자이건, 가난하건 조건 없이 사랑합니다. 만약 당신이 나를 사랑한다면, 나 또한 당신을 사랑할 것이라는 말은 조건적인 사랑이지요. If~then~의 용법입니다. 조건적입니다. 당신의 나에 대한 사랑이나, 특정한 혜택 등의 조건이 대가로 주어진다면, 그 경우에 한해서 나도 당신을 사랑할 것이라는 조건을 말함입니다. 무조건적이라는 것은 그런 조건이 없다는 말입니다. 아가페는 인간의 신에 대한 사랑을 말하기도 합니다.

두 번째로 필리아(philia)입니다. 아가페와 더불어 최고 형태의 사랑으로서 이것은 필로스(philos)와 동일합니다. 아리스토텔레스는 『니코마코스 윤리학(Nicomachean Ethics)』에서 필리아를 친구들의 우정으로 말하기도 합니다. 즉 친구들의 사랑입니다. 친구 간의 우정은 어떤가요? 지속적입니다. 조건이나 대가가 없는 사랑이라고 말할 수도 있습니다. 우정은 영원하다고 할 때의 그 우정입니다. 그리스인은 우정도 사랑의 일종이라고 생각하였습니다. 그러나 인간적 대상으로서의 사랑이므로 실제로 영원할 수는 없습니다. 시간에 처해 있는 사랑이기 때문입니다.

세 번째는 스토게(Storge)입니다. 이는 자식에 대한 부모의 사랑, 부모에 대한 자식의 사랑입니다.

네 번째 마지막으로 에로스(eros)입니다. 이 사랑은 우리의 육체가 대상을 향해 정념을 발동하는 것입니다. 남녀 간의 사랑을 예로 들 수 있습니다. 조건적입니다. 만약 당신이 나를 사랑한다면, 나 또한 당신을 사랑할 것이라는 말에서 예를 찾을 수 있습니다. 육체적인 욕망과 탐욕으로서의 사랑입니다. 아가페, 필리아, 스토게, 에로스의 순서로 우등하고 우월합니다. 그렇지만 플라톤이 육체의 욕망에 기인한 에로스로서의 사랑을 전적으로 비하만 한 것은 아닙니다. 우리의 가슴이 지향하는 것들이 실제로 우리의 진정한 존재성을 가져다주는 경우도 많이 있습니다. 욕망의 대상이 무엇이느냐가 변수입니다.

철학의 어원은 이 세 가지 중에 필리아에 기원합니다. 소피아(sophia)는 지혜(wisdom)라는 말입니다. 지식(knowledge), 진리(truth), 에피스테메(진리, episteme) 등이 이 지혜라는 말에 해당합니다. 그렇다면 철학은 지혜에 대한 사랑을 뜻합니다. 지혜란 지식, 인식, 진

아테네 학당, 라파엘, 1511.

역사와 예술로 읽는 서양철학사(상)

리 등을 포함한다고 말했습니다. 그렇다면 지식이나 참다운 인식, 진리를 찾아가는 방법론이 철학이라는 학문의 정체성이라고 말할 수도 있겠습니다. 그래서 애지학, 희철학이라고 번역을 했을 것입니다. 현명하기를 바라는 것이고 진리로서의 지식을 갈구하는 것입니다. 철학이라는 말의 대략적 어원은 이렇습니다.

라파엘로(Raffaello Sanzio da Urbino, 1483~1520)의 '아테네 학당, The School of Athens(1511)'이라는 위의 그림을 보시지요. 그는 미켈란젤로, 레오나르도 다빈치와 더불어 르네상스기 회화의 3대 거장입니다. 젊은 대가였지요. 교황의 주문을 받아 그의 개인 서재에 벽면을 장식할 그림을 라파엘로가 그리게 됩니다. 라파엘로가 그림의 주제를 무엇으로 할까 고민합니다. 그러다가 중세의 절대적 신앙에 가려진 철학의 체계를 그리려 합니다. 중세에는 철학을 멀리합니다. 당시에는 철학은 신학의 시녀에 불과할 뿐입니다. 개인의 절대적인 신앙, 믿음이 중요할 뿐, 철학이 중요시하는 인식, 진리 이런 것들은 의도적으로 등한시됩니다.

철학은 스스로의 힘에 의한 획득을 중요시합니다. 반면 예를 들어 성서의 『전도서』(전도서 1장 12절~18절)에는 지식이 많아질수록 근심도 많아진다고 말합니다. 당대의 기독교는 세속의 지식을 적극적으로 포용하지 않는 면이 있던 것입니다. 이런 면은 지금의 기독교도 지니고 있습니다.

그러다가 기독교의 이론이 점점 더 정교해지면서 점점 더 철학을 신학의 내부에 포용하게 되지요. 중세 철학을 보면 그 전개과정이 신학의 내부에 철학을 포용하고 발전시키는 역사입니다. 대표적으로 고대 그리스의 양대 철학자인 플라톤과 아리스토텔레스 철학을 중세의 신앙에 포용합니다. 라파엘로는 이렇게 중세의 신앙 체계에 이성적 지식을 상징하는 철학자들을 등장시키면서 지식의 긍정성을 나타내고자 했습니다. 이보다 더 기독교 신앙의 지도자인 교황의 서재 벽면에 어울리는 그림이 있을 수 있나요?

이 그림을 살펴보면 디오게네스(Diogenes, ?~B.C. 320)가 있습니다. 그는 드럼통 같은 통 안에서 살았습니다. 소크라테스(Socrates, B.C. 470경~399경)도 있고 아리스토텔레스(Aristotle, B.C. 384~322)도 등장합니다. 플라톤(Platon, B.C. 427~347)도 있습니다. 수학자이자 기하학자 아르키메데스(Archimedes, B.C. 287경~212경)도 있습니다. 알렉산더 대왕(알렉산드로스 3세, Alexandros Ⅲ, B.C. 356~323)도 등장합니다.

아리스토텔레스는 알렉산더 대왕의 스승이었습니다. 플라톤은 직접 가르친 것은 아니지만 아리스토텔레스의 스승이었습니다. 디오게네스(Diogenes, B.C. 412년경~323년경)는 견유학파(犬儒 學派, 키니코스학파, Cynicism)의 철학자입니다. 견유라는 말은 개처럼 길에서 노닌다는 의미입니다. 디오게네스는 거지처럼 길바닥에 널브러져 통에서 살지요. 대왕 알렉산더가 그의 명성을 듣고 찾아와 통 앞에서 소원이 무엇인지 물어봅니다. 디오게네스는 이리 답했다고 합니다. "지금 내가 일광욕을 하는데 당신 때문에 방해를 받으니 좀 비켜서서 나를 비추는 태양 빛을 가리지 말아주시오"

세계의 원질

세계의 원질(原質)은 무엇인가? 원질은 아르케(arche)라고 합니다. 원질(原質)이라는 건 세계의 근본 질료(質料)입니다. 아리스토텔레스는 세계를 구성하는 재료들을 질료라고 지칭합니다. 그렇다면 '세계의 원질은 무엇인가'라는 물음은 '세계의 근본적 질료들은 무엇인가'라는 물음과 같습니다. 밀레토스 학파(Miletus 學派)의 탈레스(Thales, B.C. 640~546)는 세계의 근본 질료로서의 아르케를 물(水)이라고 했습니다. 물로서 상징되는 것과 연상되는 것은 무엇입니까? 물은 높은 곳에서 낮은 곳으로 흐릅니다. 물은 고여 있으면 썩습니다. 물은 본성상 흘러가야 합니다. 그렇다면 흐르는 물은 늘 새로움이지요. 물의 흐름에 장애물이 가로막고 있으면 물은 흐름을 돌려 그 장애물을 돌아갑니다. 시간이 흐르면서 그 장애물을 걷어내기도 하구요. 흐른다는 것은 변화한다는 것입니다. 새롭다는 것도 변화한다는 말입니다. 변화한다는 것은 운동한다는 말입니다. 이러한 상징적인 의미 외에 단순히 세계(世界)의 원래 질료가 물이라고 탈레스가 말한 측면도 있습니다.

그렇다면 원질이라는 것은 도대체 무엇입니까? 예를 들어, 인간 신체의 몇 퍼센트가 물, 즉 수분으로 구성되어 있습니까? 70프로 정도 되지 않나요? 아니 달리 보면 수분을 함유하지 않고 있는 지구상의 재료는 보기 드뭅니다. 식물과 동물, 그들을 키워내는 흙에도 수분이 있습니다. 이렇게 구성의 측면에서 물이라고 하는 면도 있지만, 본질, 본성, 그리고 그 속성을 통해서 세계의 본질은, 원질은 물이라고 하는 면도 있습니다. 철학적인 사고란 후자의 측면이 강합니다. 그래서 탈레스를 최초의 철학자라고 하는 것입니다. 탈레스는 세계의 본질에 대해서 사고를 한 것입니다.

철학에서 말하는 세계는 지리적 개념이나 지도로서의, 땅으로서의 세계보다는, 내 앞에 있는 사물(事物)로서의 세계 전부를 지칭합니다. 여기에서의 사물은 사건(事件)과 물건(物件)입니다. 발생하고 벌어지는 사건과 존재하고 있는 대상으로서의 물건들입니다. 그렇다면 그것을 목격하는 나는 누구입니까? 이를 철학에서는 주체(主體)라고 표현합니다. 주인 주(主) 자를 써서 주체라고 합니다. 내가 주체이고 내 앞이 세계입니다.

영국의 철학자 버트런드 러셀(Bertrand Russell, 1872~1970)은 '철학은 종교(宗敎)와 과학(科學)의 경계선에 있는 파수(把守)꾼'이라고 표현합니다. 종교는 과학적인 해명이나 철학적 논리가 필요하지 않습니다. 즉 합리적인 인식과 전개를 필요로 하지 않습니다. 종교의 근거는 전적으로 신앙이며 그 신앙을 지탱하는 믿음입니다. 저의 이야기는 학문의 관점에서 언급하는 것이므로 편견 없이 들으시길 바랍니다.

예를 들어, 기독교(基督敎)는 타력신앙(他力信仰)이며 불교는 자력신앙(自力信仰)입니다. 타자로서의 신(神)이 주체인 나를 구원한다는 사고방식입니다. 그래서 절대적으로 신이 주체를 구원한다는 것에 대한 믿음이 중요시되는 것입니다. 개인의 능력, 개인의 지성적 탁월함, 개인의 물리적 힘과는 전혀 상관없습니다. 나아가 주체가 선(善)을 쌓아 그 노력의 보답으로 구원을 받는 것도 아닙니다. 절대적인 것은 신앙이며 믿음입니다. 이것이 본질적인 것이며 이것을 부인하면 정통 기독교의 가르침에 어긋납니다.

반면 불교(佛教)는 숭배의 대상인 부처(Budda, 고타마 싯다르타, B.C. 624~544)에 대한 믿음보다는 중생 각자의 노력과 그 결실로서의 해탈(解脫)과 열반(涅槃, nirvana)에 이르는 중생 스스로의 깨달음을 절대적으로 강조합니다. 같은 종교라도 기독교와 불교는 이처럼 다릅니다.

다른 한편, 과학은 무엇입니까? 과학은 구체적인 사실과 데이터(data), 그것들로 구성된 신체의 경험(經驗)에 대한 신뢰를 기반으로 합니다. 경험과학이라고 말합니다. 경험은 감각을 동원하여 목격하거나 냄새 맡거나 만지는 것입니다. 느끼는 것입니다. 육체(肉體)의 오감(伍感)을 동원하여 실험(實驗)하고 검증(檢證)합니다. 육체의 감관으로 취합한 데이터를 정신으로 분류하는 것입니다. 과학은 인간 이외의 것을 깊이 사려(思慮) 하지 않습니다. 과학이 자연을 탐구할 때도 그 자연은 인간의 효용에 이바지하고 이바지해야 하는 대상으로서의 자연입니다. 따라서 과학이 발달할수록 인간의 삶은 편안해집니다. 과학이 인간의 효용에 이바지하고자 하는 정체성이 있으니까요.

그런데도 과학의 단점은 쉽게 말해, 숲과 나무와의 관계에서 전체적인 숲을 조망하지 못하는 것입니다. 세계를 전체로서의 큰 시야에서 보지 못하는 것입니다. 과학이 전체적 조망을 잃어버린 채 맹목적으로 발달하기만 한다면 전 인류의 문제들이 초래됩니다. 지금의 현대에서 나타나는 문제들이 그 예들입니다. 예를 들어 환경과 생태계의 파괴 문제, 핵 개발로 인한 지구 절멸의 위험성 등이 있습니다. 과학의 발달은 맹목적이기 쉽습니다. 특정한 가치를 지향하지 않기 때문이기도 합니다. 아니면 가치 중립적인 과학기술이 특정한 가치와 결합을 해도 위험할 수 있습니다. 그 가치가 인류의 존재와 미래를 위협하는 가치라면 말입니다. 인간을 위해 발달한 과학이 어느덧 인간을 위협하기에 이르렀습니다. 철학은 이러한 종교와 과학의 태생적 한계에서 드러날 수 있는 폐해를 경계합니다. 그래서 러셀이 말한 것처럼 철학이 그 경계에서 파수꾼 역할을 수행하는 것입니다.

제가 볼 때는 나아가 철학은 삶의 배후까지 사고하므로 종교와 친근성을 유지하며, 더 나은 앎을 위해 과학의 성과를 이용하여 자기의 정체성을 세우는 데 도움을 얻기도 합니다. 철학은 과학의 종교에 대한 무차별적 비판을 방어하며, 종교의 도그마로 과학의 발전을 저해하는 것을 또한 비판합니다. 그렇다면 왜 고대 그리스 자연철학자들은 원질을 생각하고 주장했을까 하는 문제로 돌아가 보겠습니다. 왜 그들은 이런 의문을 가졌을까요? 철학적 사고란 무엇입니까? 일반 사람들이 볼 때는 좀 허황된 주장이라고 생각할 수도 있습니다. 세계의 본질이 물, 불, 공기, 흙이나 수(數)… 이것들이 세계의 근본 질료라고 주장한다면 말입니다. 어떤 이는 미신으로 생각할지도 모르겠습니다. 하지만 이 물음은 그렇게 단순하게 치부할 물음이 아닙니다. 이 물음은 세계의 본래적이며 근본적 성격이 과연 존재하며, 존재한다면 무엇인지를 묻는 것입니다. 세계의 핵심을 물어보는 것일 수도 있습니다. 핵심은 본질이라도 봐도 되고요. 세계의 아르케는 무엇이냐는 물음은 세계의 근본적 질료는 무엇이냐는 물음과 같으며 이는 단순히 '세계의 본질은 무엇인가'라는 물음과 크게 다르지 않습니다. 세계는 무엇으로 존재하느냐는 근원적 물음입니다. 내 앞의 세계는 과연 무엇이냐는 물음은 그것과 대면한 나를 다시 사유해야 하는 문제이기도 합니다. 나와 세계는 분리되지 않습니다. 나를 말하려면 세계를 말해야 하며, 세계를 말하려면 다시 나를 말해야 합니다. 고대그리스 자연철학자들의 세계 물음에 뒤이어 소크라테스가 다시 자기의 문제로 철학의 방향을 돌려놓는 것도 이와 같습니다.

아낙시만드로스

세계에 대한 물음에 대해 탈레스는 물이라고 대답했고, 아낙시만드로스(An aximander, B.C. 610~546)는 아페이론(apeiron, 무한정자, 無限定子, 한정하지 않는 것)이라고 규정했습니다. 한정한다는 것은 한계가 있다는 얘기입니다. 경계를 가지고 있다는 말입니다. 한계를 그을 수 있으므로 정의할 수가 있습니다. 규정할 수가 있습니다. define 하면 경계를 긋는다, 한정한다, 정의한다는 말입니다. 즉 아페이론은 한정할 수 없는 것, 정의할 수 없는 것이니 무한정자입니다. 정의할 수 없는 것이 떠돌아다니면서 세계를 구성합니다. 그래서 방황하는 원인이라고 칭합니다. 어느 한 곳에 묶인 것도 아니고, 특별히 정해져 있는 것도 아니고 특정한 시간이나 공간에 얽매이는 것도 아닙니다. 끝없이 방황하면서 결과를 만들어냅니다. 방황하는 원인입니다. 이 원인들이 세계를 산출해낸다는 말입니다.

아낙시메네스

아낙시메네스(Anaximenes, 대략 B.C.[1] 585~525)는 아낙시만드로스의 제자입니다. 방황하는 원인이라고 말하면 구체적인 것으로 들리지 않습니다. 그래서 아낙시메네스는 아낙시만드로스의 철학을 관념적이라고 비판을 합니다. 대신 아낙시메네스는 만물의 아르케가 공기라고 이야기를 합니다.

관념론에 대비되는 말이 유물론입니다. 정신에 대비되는 말은 물질입니다. 그래서 아낙시메네스는 물리적인 실체로부터 아르케를 말해야 한다고 주장합니다. 그 결과가 공기입니다.

고대의 이 시기에는 과학적인 분석들이 발달한 시대가 아닙니다. 여기에서의 공기란 우리가 호흡하는 공기입니다. 과학으로 분석된 공기라기보다는 프시케(psyche), 즉 호흡하는 공기입니다. 공

---

1 참고로 B.C.와 A.D.에 대해 설명하자면 예수가 탄생한 1년을 Anno Dommini라고 하여 약자로 A.D.를 씁니다. '신의 권능 후, 주의 주권 후'라는 말입니다. B.C.는 예수 탄생 전, 즉 Before Christ를 말합니다. 기독교 시각으로 시간과 역사를 보는 것입니다. 지금 우리가 쓰는 달력도 태양력이고 서양의 달력입니다. 아직도 음력을 병행하기도 하지만요. 태음력은 주로 동양에서 사용했던 역법입니다. 아직도 우리는 설날이나 추석은 음력 기준으로 지냅니다. 서양에선 기독교 문명이 지배한 지 오래이니깐 그들의 시간관도 기독교적 시간관이 많이 지배하는 것입니다. 저 어렸을 적만 해도 단기(檀紀)를 방송에서 말하곤 했습니다. 단기는 단군(檀君)이 고조선을 건국한 후를 계산한 것입니다. 서양의 달력인 그레고리력(Gregorian Calendar) 기준으로 올해 2022년은 단기로는 4355년입니다. 기원전 2333년에 단군이 고조선을 건국하였으니까요. 불기(佛紀)는 불교에서 부처의 입적(入寂) 즉 죽음을 기준으로 합니다. 입적을 열반(涅槃)이라고도 합니다. 사회주의 국가는 혁명 이후를 세어 계산하기도 합니다. 지금은 서기 2022년입니다. 예수 탄생 후 2022년이 되었다는 말입니다.

라브와지에와 그의 부인, 자크 루이 다비드, 1788.

기가 그 신비적인 성질을 벗고 산소, 수소, 이산화탄소 등의 결합으로 밝혀지는 것은 프랑스의 화학자 라브와지에(Antoine-Laurent de Lavoisier, 1743~1794)가 중세의 영향을 받은 근대초의 연금술적 개념인 플로지스톤(phlogiston)이 공기 중 연소의 물질이라는 것을 반박하여 산소의 존재를 입증한 이후부터입니다. 라브와지에는 프랑스 혁명의 와중에 구명운동에도 불구하고 희생됩니다. 그의 직장이 민중들에 대한 세금 수탈과 관련되었기 때문이었습니다.

모든 식물, 동물, 인간은 물론, 어류나 균류 등 존재하는 모든 생명체들은 모두 호흡을 합니다. 균류를 생명으로 보아야 할지는 모르겠지만 균류 역시 호흡을 합니다. 확실하지는 않지만 아마 미생물들도 호흡을 할 거예요. 무기물들은 호흡을 하지 않을까요? 커다란 바위나 암석들은, 토양들은 그 속에 공기를 함유하고 있지 않을까요? 확실히는 모르겠지만 흙도 약간의 공기를 흡수하고 뿜어내는 작용을 큰 테두리 내에서 호흡으로 본다면 지구상에 호흡하지 않는 존재자는 매우 드물 것입니다. 호흡 없이는 어떤 존재자도 살아남지 못합니다. 아낙시메네스는 이런 차원에서 공기를 세계의 아르케라고 본 것입니다.

피타고라스

피타고라스(Pythagoras, B.C. 570~495)는 많이 들어 보셨을 것입니다. 수학에서 피타고라스의 정리로도 유명합니다. 피타고라스는 세계와 우주 전체를 조화로운 질서의 모습으로 봅니다. 수(數)는 1, 2, 3… 등의 수열을 지닙니다. 2+3=5, 4+6=10 등의 합을 말할 수도 있습니다. 각자의 수는 뺄셈도 가능하고, 곱셈과 나눗셈도 가능합니다. 수는 각자가 결합하고 조화하여 특정한 다른 수를 산출할 수 있습니다. 그러나 그 결과가 작위적이지는 않습니다. 특정한 질서와 조화의 체계를 따릅니다. 모으면 결합하되 흩뜨리면 개별자로 존재하고 있습니다. 수의 질서는 우리 사유 구조의 근본을 이루고 있습니다. 예를 들어 피타고라스는 10은 조화의 수라고 말합니다. 1

은 모든 수의 기본이며, 2는 최초의 짝수이자 소신, 3은 최초의 홀수이자 조화를, 4는 최초의 제곱수와 정의와 복수를 상징합니다. 5는 남성으로 결혼을, 6은 창조를, 7은 행성으로 경외를 상징합니다. 1에서 4까지 더하면 10입니다. 그래서 10은 우주의 수이자 신성한 수입니다. 수는 정해진 순서대로 움직입니다. 불규칙하지 않고 규칙적입니다. 수의 체계는 그 자체로 완전하다고 피타고라스는 생각한 것입니다. 이런 수의 성격들이 피타고라스를 매혹시켰습니다. 그에게서 세계와 우주는 수의 성격을 나타냅니다. 우주에 불협화음이란 존재하지 않습니다. 현의 길이는 비례입니다. 비례는 비율입니다. 낮은 음 '도'는 일정한 길이와 비례의 차이를 겪은 후에 다시 높은 음 '도'로 나타납니다. 이렇게 피타고라스는 자연스럽게 음의 조화를 중시하는 음악도 강조합니다. 음악은 무엇보다 화음입니다. 하지만 현대음악에는 쇤베르크(Arnold Schönberg, 1874~1951)처럼 불협화음을 음악적 테마로 이용하는 음악가도 있습니다.

피타고라스는 불교의 윤회설(輪迴說)과 비슷한 사상도 주장합니다. 그가 볼 때 영혼은 불멸합니다. 그러나 육체는 사그라듭니다. 그렇다면 영혼은 사후에도 떠돌다가 다른 생물로 태어나기도 해야 할 것입니다. 즉 인간은 개로도 태어나고 식물로도 태어날 것입니다. 이 설은 당대의 오르페우스교(Orpheus敎)의 영향을 받은 부분입니다. 다. 피타고라스가 오르페우스교에 속했다는 주장도 있습니다.

헤라클레이토스

헤라클레이토스(Heraclitus of Ephesus, B.C. 535~475)를 살펴보

겠습니다. 헤라클레이토스는 만물의 아르케를 불(火)이라고 주장합니다. 불의 성격은 어떻습니까? 불은 파괴를 상징합니다. 불이 건드리는 사물은 모두 타버립니다. 태우지 못하는 것일지라도 강한 충돌의 흔적을 남깁니다. 모두 태우고 재(灰)로 남깁니다. 타다 남은 재는 바람에 날려 사라지기도 하고요. 일체의 것을 모두 최초와 없음(無)의 상태로 돌립니다. 그러나 파괴되어 남은 재는 다른 사물을 생성하는 것에 관여하기도 합니다. 거름이 되어 도와주는 것이지요.

또한 불은 정해진, 규칙적인 형체가 없으므로 불규칙합니다. 예측이 불가능한 모습이 불의 모습입니다. 파괴가 본질이므로 전쟁과 투쟁을 연상시킵니다. 파괴하는 면이 있는가 하면, 생성시키는 면이 있습니다. 불은 최초와 최후, 시작과 끝, 생성과 무(無), 창조와 파괴에 관여합니다. 화전민(火田民)은 나무들을 다 태워서 그곳을 농토로 삼아서, 타버린 재를 거름으로 삼아 농사를 짓습니다. 죽음을 말하는 재가 새로운 생명의 훌륭한 거름이 되는 것입니다. 이렇듯 파괴와 생성이 맞물리는 모습이 바로 불의 모습입니다.

헤라클레이토스 철학의 특징입니다. 생성을 안고 있는 파괴, 파괴를 안고 있는 생성의 모습을 취합니다. 모든 것들이 불타고 다시 모든 것들이 파괴된다는 것은, 영원불변한 것이란 없고, 늘 변화한다는 것을 말합니다. 영원불변함이란 존재하지 않으니 영원하고 항구적인 진리를 바라는 철학자의 눈에는 비극적으로 보입니다. 비극적 인식입니다. 그러나 여기에서 말하는 비극적 인식이라는 것은 덧없고, 무용하며, 허무하다는 불교적 뉘앙스보다는 세계의 존립은 운동 자체로서 고정불변의 것이란 없다는 각성으로서의 인식을 말하는 것입니다. 세계 자체가 무한히 운동하고 움직이며 지속적으로 변화하니 동일한 것은 없다고 말합니다. 이렇게 만물은 변한다는 주장을 만물유전설(萬物流轉說)이라고 합니다. 만물은 흐르며 동일한 것은 없다는 말입니다. 세계 내 모든 존재자의 운동을 그 토대로 하는 사상입니다.

'같은 강물에 두 번 발을 담글 수 없다'라는 헤라클레이토스의 말은 유명합니다. 세계의 흐름과 무상한 운동 배후에는 이 운동과 흐름을 주관하는 영원한 법칙이 있습니다. 흐르고 변화하는, 이 운동의 현상을 배후에서 주관하는, 우주의 변화를 지속적으로 주관하는 영원한 법칙이 있습니다. 헤라클레이토스에게 고정되고 동일한 것이 있다면 바로 이것입니다.

헤라클레이토스는 무질서로서의 카오스($\chi\alpha o\varsigma$ Khaos)를 중시하는 점에서 조화를 중시하는 피타고라스와는 사상적으로 대립된 철학자입니다. 운동을 전적으로 긍정한다는 점에서 이를 전적으로 부정하는 파르메니데스와 대립되기도 합니다. 헤라클레이토스에게서 운동하지 않는 것은 존재하지 않습니다. 만약 있다면 존재자의 운동을 배후에서 영원하게 수행하고 긍정하는 법칙만이 그렇다고 할 수 있습니다.

파르메니데스

파르메니데스를 살펴보겠습니다. 파르메니데스의 생각은 다음과 같이 요약할 수 있습니다. 존재하는 것이 있다. 존재하지 않는 것은 없다. 즉, 존재하는 것은 존재하고, 존재하지 않는 것은 존재하지 않는다. 존재가 비존재일 수는 없고, 그 역도 마찬가지다. 아주 당연한 얘기입니다.

존재하는 것은 있고, 존재하지 않는 것은 없습니다. 존재하는 것을 존재하지 않는다고 하면 모순입니다. 그 역도 마찬가지이고요. 그렇다면 파르메니데스는 왜 이렇게 당연한 말을 굳이 하는 것일까요? 만약 존재하지 않는다면 우리가 그것들을 볼 수가 있습니까? 결코 볼 수 없습니다. 덧붙여 파르메니데스는 존재하지 않는 것들은 우리가 생각할 수도 없다고 말합니다. 인간이 감각으로 경험하고 머릿속으로 생각하는 것 이외에 세계의 사물을 발견할 수 있는 방법이 있습니까? 없습니다. 따라서 파르메니데스는 모든 것들은 존재할 뿐이며 존재하지 않는 것은 없다고 말합니다.

그렇다면 우리가 상상하는 동물들도 존재하는 것일까요? 유니콘 (unicorn, 一角獸)은 존재합니까? 메두사(Medūsa)는 존재합니까? 유니콘은 말의 몸체와 소의 뿔을 조합한 상상 속의 동물이지요? 메두사는 여성의 얼굴에 뱀을 머리칼로 가지고 있습니다. 만약 인간이 현실에 존재하는 말, 소, 여성, 뱀을 모르면 유니콘과 메두사를 상상에서라도 조합해내지 못합니다. 제가 볼때 파르메니데스가 하고자 한 얘기는 이것입니다. 우리는 존재하는 것만을 사고할 수 있을 뿐이며, 존재하지 않는 것을 사고할 수 있다는 생각은 허위와 가상에 불과합니다. 창조가 무에서 유를 말하는 것이라면 엄밀히 말해 창조란 불가능합니다. 유(有)를 만들기 위한 재료-이를 질료(質料)라고 하는데 데이터(data)라고 말할 수도 있습니다-는 이미 세계에 존재하고 있어야 하니까요. 질료 없이 사물을 창조할 수 있다는 생각은 기독교의 창조신으로부터 유래합니다.

엠페도클레스

엠페도클레스(Empedocles, B.C. 493년경~430년경)를 살펴보겠습니다. 엠페도클레스는 흙, 물, 불, 공기의 4원소를 세계의 아르케로 보고 있습니다. 동양에서는 지수화풍(地水火風)이라고 합니다. 4가지의 근원 물질이 있다고 보았으므로 다원론자입니다. 아르케를 물질에서 찾았다는 면에서 유물론입니다. 물질로 세계와 우주의 구성을 본 것입니다. 흙, 물, 불, 공기의 4원소가 세계의 근본 질료라는 생각은 이후 중세까지도 영향을 끼칩니다. 세계의 근원물질로서 이 4가지 질료들의 위치는 이후로도 공고합니다. 엠페도클레스는 의사이고, 시인이기도 합니다. 사멸하지 않는 불사의 신이 되겠다고 용암이 식지 않은 활화산에 뛰어들었다는 전설이 있습니다. 이를 근거 없다고 보는 학자들도 있습니다. 종교의 교주였다고도 합니다.

아낙사고라스

아낙사고라스(Anaxagoras, B.C. 500년경~428)는 누스(Nous)라고 불리는 정신적인 것이 세계의 아르케라고 주장합니다. 세계 내 모든 만물에 누스가 내재해 있다고 봅니다. 그러나 아낙사고라스가 말한 이 누스는 근대 철학에서 언급하는 정신(spirit)은 아닙니다. 일종의 영혼(soul, seele)으로 보아야 합니다. 근대 철학에서의 '정신'은 이 영혼보다는 상위의 '이성적 정신'을 지칭합니다. 굳이 비교한다면 누스는 동물들의 영혼 정도로 봐야 할까요? 중세시대까지도 동물들은 영혼을 지니고 있다고 보았습니다. 이러한 영혼으로서의 정신이야말로 세계의 원질이라고 주장을 하는 것입니다. 이 점이 나중에 플라톤과 아리스토텔레스에게서 비판을 받는 지점입니다. 정신에 대해 더 깊이 천착하여 정리하지 못했다고 말입니다.

데모크리토스

다음으로 데모크리토스(Democritus, B.C. 460~380)는 확연한 유물론자입니다. 원자론자로 잘 알려져 있습니다. 그는 세계의 아르케가 바로 원자라고 주장합니다. 이 원자는 우리가 말하는 아톰(atom)입니다. 레우키포스(Leucippus, B.C. 440년경)는 데모크리토스의 스승입니다. 이 두 철학자가 우리가 알 수 있는 최초의 유물론적 철학자들입니다. 고대 철학자들이라 두 사람의 저술들을 구별하기가 어려워 보통 같이 묶어서 언급을 하기도 합니다. 현대 과학의 연구 결과로 보면 원자 밑에 중성자, 양자까지 나옵니다. 그런데 지금으로부터 2500년도 넘는 과거에 이런 사상을 주장했다는 것을 보면 이들의 사상적 탁월성을 짐작할 수 있습니다.

이들은 우리의 정신조차도 원자들이 구성하고 조합한 결과로 얘기를 합니다. 그러나 유물론의 단점은 지나치게 결정론적이라는 것에 있습니다. 예를 들어, 원자의 성격은 나름대로 정해져 있을 것입니다. 우울한 원자도 있을 것이고, 쾌활한 원자도 있을 것입니다, 비뚤어진 원자, 슬퍼하는 원자도 있을 것입니다. 원자들은 그들의 성격대로, 그들의 본성대로 그대로 결과가 되어 나타날 것입니다.

우울한 원자들이 연합하여 있는 사물은 늘 우울할 것이고, 이 상태를 극복하는 방법은 우울한 원자들을 쾌활한 원자, 기쁜 원자로 바꾸는 방법밖에 없습니다. 그러기 위해서는 원자를 통째로 교체해야 할 것입니다. 그렇다면 원자는 다시 태어나야 할 것입니다. 만약 우울한 원자가 자신의 한계를 깨닫고 쾌활한 원자로 '의지'를 가지고 자신을 바꾼다면 그것은 이미 유물론의 영역을 넘어 관념론을 향하게 됩니다. 이때의 의지는 육체에서 일어나는 기질로서의 의지가 아닌 정신적 의지가 되는 것이니까요. 즉 유물론은 태생에서부터 결정론적이라는 한계가 있습니다. 우연과 자유의 여지가 없는 것이지요. 그래서 인간의 자유를 중시하는 철학자들은 이 유물론적 결정성이 내포하는 한계를 조심스럽게 경계하는 것입니다.

지금까지 세계의 원질로서 아르케는 무엇인지를 몇 명의 고대 그리스 자연 철학자들이 주장한 것을 토대로 몇 가지 살펴보았습니다. 그렇다면 그들이 주장하는 아르케가 세계를 구성하게 되면 그 세계의 모습은 어떠할까요? 이제는 세계는 무엇으로, 어떻게 존재하는지 그들이 주장한 것을 토대로 살펴보겠습니다. 소크라테스 이전을 고대 그리스 자연철학이라 합니다. 자연철학이란 자연에 대해 철학적으로 사유하는 것을 말합니다. 즉 과학적인 탐구방식이 작동하는 것입니다. 뉴턴(Isaac Newton, 1643~1727)의 만유인력이 실린 저서가 프린키피아(Principia)입니다. 원제는 『자연철학의 수학적 원리(Philosophiae Naturalis Principia Mathematica)』입니다. 자연철학은 세계의 물질성에 관해 탐구하는 것입니다. 세계 내 존재자의 존재 질서를 탐구하는 것입니다. 인간이 대면하는 세계는, 감각하는 세계는 물질로 충만해 있으니 주로 물질적인 질서를 탐구하는 것이라고도 할 수 있습니다. 아직 과학이 미발달하였으니 철학으로서 그 물질적인 기반을 해명하고자 하는 것이라고도 할 수 있습니다.

파르메니데스

언급했듯 파르메니데스는 존재하는 것만이 존재한다고 했습니다. 일종의 동어반복입니다. 존재하는 것이 존재하고 있음을 말하는 것이기 때문입니다. 있는 것은 있으며 없는 것은 없습니다. 다시 말하면 있는 것만이 존재한다, 즉 모든 것은 존재한다는 말입니다.

존재하는데 어떻게 있을 까요? 예를 들어, 고대에는 공기는 없는 것으로 바라보았습니다. 그러나 현대 과학으로 보면 공기는 존재하는 것입니다. 그렇다면 파르메니데스는 이것을 어떻게 설명하였을까요? 파르메니데스는 운동은 존재하지 않는다고 주장합니다.

제논의 역설

그의 제자인 제논(Zeno of Elea, B.C. 490~430)의 역설(Zeno's paradoxes)이 유명합니다. 운동이 아니라 정지만이 존재한다고 파르메니데스는 주장합니다. 만약 공기라는 것이 존재하지 않는다면, 즉 공기라는 것이 단지 빈 공간(empty space)일 뿐이라면 그 공간 사이를 이동하는 운동이 가능하게 됩니다. 만약 공기가 들어있는 공간이 비어있는 공간이 아니라 공기라는 것으로 들어차 있다면 실제로 빈 공간 사이를 이동하는 운동이 존재하는 것이 아니라 공기가 들어차 있는 공간을 포함해 그것을 밀어내는 방식만이 존재합니다. 운동을 부정했던 파르메니데스는 아마 후자의 방식으로 공기가 들어찬 세계를 보았을 것입니다. 그러니 빈 공간은 존재하지 않으며 온통 존재하는 것뿐이라고 주장을 할 수가 있는 것입니다.

요약하면 내가 A라는 지점에서 B라는 지점으로 움직이려면, 즉 운동을 하려 하면 그 사이의 공간을 건너뛰어야 합니다. 그러나 파르메니데스는 이 공간이 모두 다 채워져 있다고 보니 운동은 불가능하며 존재하지 않는다고 결론을 내는 것입니다. 제자인 제논의 역설은 운동이란 전혀 존재하지 않는다는 사실을 논리적으로 증명하고자 하는 노력에서 나온 것입니다.

예를 들어 달리는 거북이와 그리스 전사인 아킬레스가 경주를 하는데, 뒤에서 출발하는 아킬레스는 결코 거북이를 따라잡을 수 없다는 역설도 있고, 나는 화살은 항상 정지해 있을 수밖에 없다는 역설도 있습니다. 이것들 모두는 실재의 세계를 논리적 세계와 혼동하기 때문입니다. 최초에 거북이는 느리지만 아킬레스보다 앞선 거리에서 출발합니다. 지속적으로 거북이는 앞발을 뻗어 전진합니다. 아킬레스는 큰 걸음을 성큼 디딥니다. 그러나 거북이가 앞선 공간은 조금일지라도 아킬레스가 내디딘 발이 디디는 곳보다는 앞에 있습니다. 시간은 둘에게 동일하게 주어졌고, 거북이가 내딛는 공간은 조금이나마 아킬레스보다 더 앞섭니다. 이는 공간은 수학적으로 분할하면 무한하게 되기 때문입니다. 수학적, 논리적 공간이 실재의 공간을 대치하게 되는 것입니다. 그러니 이런 오류가 나타나는 것입니다. 한편 화살은 멀리 날아가기 위해서 특정한 공간을 점유해야 합니다. 즉 멀리 날아가는 화살은 지점을 점유하고 있어야 합니다. 운동하는 화살은 정지해 있어야 합니다. 이것 또한 위와 마찬가지 논리로 현실을 대체하면서 나타나는 오류입니다. 이 외에도 한두 개의 역설이 더 있습니다.

아낙사고라스

아낙사고라스는 아르케를 누스(Nous, 정신)라고 했고, 여기서 정신은 영혼과 유사하다고 언급했습니다. 영혼으로서의 정신이 사물에 내재해 있으니 범신론적인 뉘앙스도 보입니다. 그러나 아낙사고라스가 관념론자는 아닙니다. 그는 태양은 뜨거운 돌이고, 달은 미지근한 돌에 불과하다고 주장했습니다. 그리스의 황금시대인 페리클레스(Pericles, B.C. 495~429) 때 활동했는데, 페리클레스의 스승이자 친구라고 합니다. 태양과 달을 돌에 비유하니 당시 페리클레스의 반대파에 의해 탄핵을 당합니다. 그러나 페리클레스가 손을 써서 외국에 일정 기간 추방하는 것으로 마무리를 짓습니다.

이런 자연 철학자들의 시대보다 이전의 시대는 신화의 시대입니다. 그리스 · 로마 신들의 시대입니다. 기독교적인 보편 신이 아닌, 올림피아드 산에 있는 그리스 · 로마 신입니다. 이런 신들의 시대에서 드디어 인간의 시대로 진입을 하는 것입니다. 뮈토스(Mythos, 신화)의 시대에서 로고스(Logos, 이성)의 시대로 진입을 했다고 말합니다. 헤로도토스(Herodotus, B.C. 484~425)가 『신통기(神統記)』에서 이야기합니다. 신들의 시대에서 인간의 시대, 역사의 시대로 진입을 하는 것입니다. 이전에는 모든 세계의 움직임과 현상들을 신을 원인으로 설명을 합니다. 세계 현상의 원인을 신화의 신에게 귀속시키는 것입니다. 세계 현상의 물리적 원인은 올림피아드의 신들이 되는 것입니다. 태풍이 일면 포세이돈 신이, 번개가 치면 제우스 신이 노한 것으로 해석을 합니다.

그러나 자연 철학자들은 여기서 다른 방식으로 해석을 하고 설명하기 시작합니다. 언급했듯 아낙사고라스가 추방을 당합니다. 아테네에는 도편추방제(陶片追放制, ostracism)가 있었습니다. 도자기 파편에 특정인이 지도자가 되면 독재를 할 위험이 있다고 시민들이 그 사람의 이름을 도기 조각에 적어내면 실제로 10년, 길게는 30년까지 도시국가 밖으로 추방을 당합니다. 아낙사고라스는 극단의 형벌을 받을 위기에 처합니다. 그는 올림피아드의 신성한 신을 예찬하지 않습니다. 그리고 태양과 달은 뜨거운 돌에 불과하다는 둥 엉뚱한 이야기를 해댑니다. 거의 죽을 위기에 처한 그를 당시 정권을 잡았던 페리클레스가 해외로 도피시켜 살려줍니다.

시간이 흐른 뒤에 아테네 시민들이 소크라테스를 기소합니다. 소크라테스의 죄목들이 다음과 같았습니다. 신들을 부인하고 청년들을 현혹했으며 태양과 달은 돌덩이에 불과하다고 주장한다고 말입니다. 이에 대한 소크라테스의 변론 중 하나는 오래전 아낙사고라스도 이런 말을 했는데 나에게조차 그런 고리타분한 혐의를 덧씌운다고 항변합니다.

밀레토스 학파와 엘레아 학파

그리스 아테네는 해양 문명의 도시국가입니다. 스파르타나 테베 등은 발칸 반도의 내륙에 있습니다. 피타고라스는 그리스의 사모스섬 출신입니다. 밀레토스시가 있던 지방은 메소포타미아 문명의 영향을 받았습니다. 그래서 초기부터 자연과학이 많이 발달합니다. 지금의 과학적 수준을 생각하면 안되고 과학적 사고의 경향이라고 해야 할 겁니다. 철학자 탈레스는 메소포타미아 지방의 선진적 지식을 흡수합니다. 이집트에서도 최신의 학문을 흡수하고요. 지금의 터키, 시리아 지방입니다. 이 지역에서 발흥한 철학 학파를 밀레토스학파(Miletus 學派)라고 합니다. 밀레토스학파는 과학적 사고를 흡수하여 그들의 세계관을 형성하는 것입니다.

반면, 밀레토스학파와 친근하지만 거기에 대한 비판, 반동으로서 나타난 철학자들이 그리스 반도 옆의 이탈리아 반도에서 출현합니다. 지금 이탈리아의 동부지방입니다. 당시 그리스는 해양 문명이 지대하게 발달하였습니다. 바로 옆 이탈리아 반도까지 그들의 세력권이었습니다. 이 학파를 엘레아학파(Elea 學派)라고 하는데 이 학파는 영원불변에 대한 갈구를 가지고, 과학적 지식보다는 종교적인 사고들이 그 철학적인 경향으로 나타납니다. 이렇게 밀레토스학파와 엘레아학파라는 두 경향이 초기의 철학을 형성합니다. 단순화하면 종교적인 사고, 영원에 대한 갈구, 물질적인 것에 대한 경멸 등이 엘레아학파의 특성이고, 밀레토스학파는 과학적인 사조, 현실 생활에 대한 천착이 그 사상적 특징으로 나타납니다.

터키는 예전의 오스만 제국 당시에도 무슬림의 국가였습니다. 터키라는 말이 투르크라는 말입니다. 지금도 무슬림이 많으나 터키의 국부인 케말 파샤(Mustafa Kemal Atatürk, 1881~1938) 이후 세속의 정치와 종교가 분리가 되었어요. 케말 파샤가 터키에 이런 정교분리와 세속주의 원칙을 세웠습니다. 이란 같은 정교일치의 국가와 다른 점이지요. 좁은 보스포러스 해협(Bosporus 海峽)을 건너면 이곳은 오래전부터 기독교 국가로서 동로마제국의 영토로서 중세에는 비잔틴 제국(Byzantine 帝國)이었습니다. 이곳의 종교는 가톨릭교의 형제 정도 되는 동방 정교회(Eastern Orthodox Church)입니다. 이들이 서로 분리되는 이유는 기독교의 교리 문제입니다. 서쪽으로 이탈리아에는 교황청이 있습니다. 이곳은 정통 가톨릭교입니다. 기독교권의 핵심 보루입니다.

지금은 터키에 속한 이스탄불(İstanbul)은 동로마제국의 수도로서 멸망 전 이곳을 수도로 정한 콘스탄티누스 황제(Flavius Valerius Aurelius Constantinus, 274~337)의 이름을 따서 콘스탄티노플(Constantinople)로 불렀으며, 그전에는 비잔티움(Byzantium)으로 불렀습니다. 결국 무슬림 세력들에 의해 동로마제국은 멸망합니다. 동로마제국은 중세 천년을 버텨낸 제국입니다.

이제 지금까지 살펴본 고대그리스 자연철학자들의 주장을 대략 정리해 보고 앞에서 빠진 내용을 보충해 보겠습니다. 고대 그리스의 탈레스는 철학의 시작입니다. 그래서 철학의 아버지라고 합니다. 자연철학자들 이후의 소크라테스는 본격적인 철학의 시작입니다. 그래서 그 역시 철학의 아버지라고 부르기도 합니다. 세계의 본질이나 존재자의 기원에 관한 사유를 고대 그리스 자연 철학자들이 주로 수행했다면, 소크라테스는 세계와 자연에 관한 자연 철학자들의 관점으로부터 다시 인간의 본래 모습에 철학적인 시선을 집중합니다. '인간이란 무엇인가? 나는 누구인가? 나를 둘러싼 타인이란 누구인가? 나와 타자가 결합한 공동체라는 것은 무엇인가?'라는 어찌 보면 현대에도 늘 제기되는 그런 심원한 철학적 질문을 소크라테스가 최초로 던진 것입니다. 그런 의미에서 소크라테스를 철학의 아버지라고도 하는 것이죠.

그런데 정말 탈레스만이 최초로 철학적인 사유를 했을까요? 당시 철학적 사유들을 펼친 사람들이 종종 있었겠지만, 탈레스가 역사적인 전거로 구체적으로 남은 것이겠죠. 앞에서 얘기했듯 바빌로니아의 과학적 지식을 습득했고요. 물이 근본 물질로서 아르케라고 했지요. 원질인 물에서 만물이 생성된다는 것입니다.

피타고라스와 오르페우스교

피타고라스는 오르페우스교(Orphicism)의 영향을 받았습니다. 신비주의적 종교입니다. 오르페우스교는 그 당시에 메소포타미아 지방 쪽에 퍼져 있던 종교입니다. 불교의 윤회설과 유사한 것을 주장하고, 수(數)를 중요하게 생각합니다. 교리가 좀 독특합니다. 일례로 콩을 먹지 말라고 합니다. 악행을 일삼으면 개로 태어난다고 합니다. 당시 이를 비판하던 사람이 그렇다면 저 개는 우리의 동료인데 왜 저 개를 학대하느냐고 비꼬았다는 얘기가 있습니다. 당연히 식물이나 동물은 우리의 동료이니 살생을 하지 말라고 합니다. 그런데 오르페우스교도들도 식물은 먹을 것입니다. 설사 동물은 일체 먹지 않을지라도 말입니다. 이것을 버트런드 러셀이 그의 철학사에서 지적을 합니다. 실천적으로 모순이 있다고 말입니다.

오르페우스교는 초기의 그리스철학에 많은 영향을 끼칩니다. 수로 세계를 파악했으니 만물은 자연스레 수의 구성물이 됩니다. 수는 규칙, 질서, 조화, 화음, 완전함 이런 것들로 연결됩니다. 피타고라스

헤라클레이토스, 요하네스 모레엘스, 1630.

는 이 오르페우스교의 영향을 많이 받습니다. 그 자신 오르페우스교
도이었다고 합니다. 피타고라스 정리는 유명합니다. 이때는 무리수
(無理數, irrational number)가 없었고 모두 유리수(有理數, rational
number)를 말하는 것인데, 피타고라스의 정리에서 의도치 않게 무
리수가 나오게 됩니다.

헤라클레이토스와 변화

헤라클레이토스는 만물이 변화한다는 만물유전설을 주장했습니
다. 물은 늘 흐르며 새롭습니다. 그래서 우리는 같은 강물에 두 번
들어갈 수는 없습니다. 변화와 생성을 강조합니다. 세계는 늘 새롭
습니다. 세계의 아르케는 불입니다. 불은 파괴하며 생성하고, 정해
진 형태와 형체가 없습니다. 세계 자체란 변화입니다. 그런데 영원
한 진리에 대한 추구, 지(知)에 대한 사랑이란, 그 대상이 고정되어
있어야 우리가 그것을 분석하든지, 흠모하든지, 탐구하든지 할 것입

니다. 그런데 세계 자체가 늘 변화의 소용돌이에 처하고 변해간다는 것은, 결국 우리가 확실히 알 수 있는 것이 없다는 말과 같습니다. 그래서 헤라클레이토스의 인식은 비극적 인식입니다. 그의 별명은 우는 철학자입니다. 현재 남아있는 그의 초상화를 보면 확실히 우울함이 드러나 보입니다. 물론 후대에 상상하여 그린 것이지만요. 헤라클레이토스에 있어서 고정된 것이 하나 있다면 그것은 불로서 상징되는 법칙입니다. 그 법칙이란 모든 것을 파괴하고 태우는 것, 이 법칙이 고정되어 있고 세계와 그 변화를 이끄는 것입니다.

파르메니데스와 정지

반면 파르메니데스로부터 연원되고 대표되는 엘레아학파에서는 어떤 것도 변하지 않습니다. 모든 사물은 정지해 있습니다. 운동은 단지 우리의 착시효과일 뿐입니다. 헤라클레이토스와는 정반대되는 생각입니다. 유일하게 참된 존재는 일자(一者)입니다. 하나의 있는 것, 있는 전체로서의 하나의 것, 전체로서의 존재자 그런 말입니다.

앞에서 언급한 내용을 다시 볼까요? 운동이 가능해지려면, 진공(眞空)이 있어야 한다. 진공상태의 공간은 빈 공간(empty space)입니다. 빈 공간이 있어야 건너뜀이 가능합니다. 매질이 없는 공간이어야 도약이 가능합니다. 만약 빈 공간이 없다면 단지 운동은 공간이 밀리는 것 이외에 다른 것이 아닙니다. 공간이 그 무엇으로 가득차 있으니까요. 그런데 이 지구상에 비어있는 곳이 실제로 있습니까? 공기마저도 없는 빈 공간이 현실 세계에, 지구상의 어디에 존재합니까? 저는 지금 파르메니데스의 생각을 따라가고 있습니다.

손을 휘저으니 손이 자유스레 움직입니다. 그렇다면 손의 움직임은 빈 공간의 존재로 인해 가능한 것인가요? 혹시 손의 움직이는 힘에 의해 지금 여기에 가득 찬 공기층이 밀리는 것은 아닌가요? 즉 내 손은 공간을 단지 밀어내는 것에 불과한 것은 아닌가요? 운동을 건너뜀이고 도약이라고 가정한다면 지금 내 손의 움직임은 운동이 아닌 것으로 생각되지 않나요?

운동을 부정하는 제논의 논리적 역설

파르메니데스의 제자인 제논의 역설을 다시 살펴보겠습니다. 아킬레스와 거북, 나르는 화살 등 4~5가지의 역설이 있습니다. 아킬레스와 거북이의 경주를 다시 살펴보겠습니다. 거북이 아킬레스의 조금 앞에 있고 둘이 같이 출발을 합니다. 실제로 둘이 경주를 하면 아킬레스가 거북이를 금방 따라잡을 것이지만, 제논은 아킬레스가 결코 거북이를 따라잡을 수 없을 것이라고 주장합니다. 이것은 논리로 실재를 설명할 때 드러나는 모순에 관한 대표적 예입니다. 또 언어가 사물을 좇아갈 수 없음을 보여주는 것입니다. 그래서 역설(paradox, 逆說)이라고 합니다. 수와 공간은 수학적으로는 무한히 분할될 수 있습니다. 아킬레스(A)와 거북이(B)를 좌표상의 한 점으로 설정을 해보겠습니다. 아킬레스(A)가 이 공간들을 넘어서서 아무리 거북이(B)에게 점점 더 다가가도 결국 어느 지점(A와 B 사이의 특정한 점)에 늘 국한되어 있습니다. 둘 사이의 어느 지점에 얽매여 있습니다. 공간은 미분(derivative, 微分)적으로 무한히 분할 가능합니다. 이것이 실재를 수학적으로 설명하려 할 때 닥치는 모순입니다.

이것은 공간을 지성적으로 파악하는 것이기 때문에 그렇습니다. 공간을 무한히 분할할 가능성을 제논은 근거로 든 것입니다. 그런데 실제적 운동은 그렇지 않습니다. 현실에서는 아킬레스는 거북이를 한 걸음에 따라잡습니다. 제논 역시 스승인 파르메니데스를 따라 운동을 부정하기 위해 개발한 논리라고 볼 수 있습니다.

날아가는 화살의 예를 보겠습니다. 나는 화살은 항상 정지해 있다고 제논은 주장합니다. 나는 화살은 날지 않는다. 모순어법입니다. 제논의 설명은 이렇습니다. 화살이 날아가려면, 화살이 시위를 지나면서 날아가는 공간의 특정한 지점을 점유해야 합니다. 그런데 공간은 수학적으로 무한히 분할이 가능하다고 말했습니다. 화살은 특정한 지점에 있지 않으면 안 됩니다. 즉 날아가면서 동시에 정지해 있어야만 합니다. 즉 화살은 목표에 도달하지 못한다고 보아도 되나요? 나머지 두세 가지도 비슷한 논제예요. 이것들이 제논의 역설입니다. 그리고 이를 제논의 변증법(辨證法)이라고 부르는데, 이때의 변증법은 논변(辯)으로 증명한다(證)는 뜻입니다. 논리로 사물의 진리를 끌어내는 것이죠. 그런데 제논의 변증법에서는 논리와 사물이 대립하는 것을 보여줍니다. 제논은 현실 세계를 좀 더 정확히 반영하는 것은 논리라고 본 것입니다. 이는 스승 파르메니데스와 같지요. 논리적으로 세계를 파악하면 종종 이런 역설에 도달합니다. 이는 현대의 프랑스 철학자 베르그손이 그의 철학에서 잘 설명을 해내고 있습니다.

일자(一者)

다시 파르메니데스 얘기를 해보겠습니다. 유일하게 참된 존재는 일자(一者)입니다. 일자라는 이야기는 전체로서의 하나만이 존재한다는 얘기이기도 합니다. 그렇다면 앞에서 설명했듯 지구상에, 세계에 빈 공간이 없다는 말이기도 합니다. 빈 공간이 있어야 구분이 될텐데, 전부 연결이 되어있습니다. 세계의 사물 사이에 빈틈이 없다는 말입니다. 그래서 세계에는 있는 것뿐이라고 그는 말하는 것입니다. 존재하는 것은 있습니다. 존재하지 않는 것, 즉 비존재는 없습니다. 없는 것, 즉 무(無)는 없습니다. 단순한 동어반복입니다만, 파르메니데스는 세계에는 있는 것뿐이라고 말하는 것입니다. 이것이 일자(一者)입니다.

파르메니데스는 사유할 수 있는 것과 존재할 수 있는 것은 같다고 말합니다. 이 말은 우리가 사유할 수 있다면 그것은 실제로 존재한다는 말이기도 합니다. 유니콘은 상상 속의 동물이지만, 파르메니데스의 주장으로 보면, 존재한다는 말이죠. 단지 발견하지 못했을 뿐이라고 할 수도 있고요. 생각할 수 있는 것은 모두 존재한다는 것입니다. 이 말을 좀 더 풀어보겠습니다. 유니콘이 앞으로 어디에선가 발견될 가능성이 있다는 말인가요? 그것은 아닌 것 같습니다. 만약 말이 없으면 우리가 유니콘을 생각할 수 있습니까? 파르메니데스 편에서 생각해보면, 말이 있으니 유니콘을 생각할 수 있다고 말해야 합니다. 또 소나 양에서 보았던 긴 뿔이 없다면 우리가 어떻게 유니콘의 뿔을 생각할 수 있을까요? 이런 측면에서 파르메니데스는 우리가 사유할 수 있는 것은 분명 대상으로서 존재한다고 말을 하는 것입니다.

종교적 사유, 영원에 대한 갈구, 이런 것들이 엘레아학파의 특성이라고 말을 했습니다. 이런 사유의 영향들이 지속적으로 철학사의 한 갈래로 지속이 됩니다. 다른 갈래로는, 밀레토스학파의 사유 경향, 즉 엠페도클레스와 같은 과학적 사유 경향, 현실 세계에서 관찰하여 그것을 논변하는 경향입니다. 이런 양쪽의 사유들이 서로 긴장 관계를 형성하거나 대립하면서 철학사에 지속적으로 반복하면서 나타납니다. 엠페도클레스는 세계는 4원소, 흙, 물, 불, 공기(地水火風)로 구성되어 있다고 주장했습니다. 사랑과 다툼, 사랑과 증오에 의해서 이 4개의 원소, 즉 질료들이 결합하거나 분리한다고 말했습니다. 세계 내 모든 사물들은 흙, 공기, 물, 불이 일정 정도 서로 배합하여 구성된 것이라는 말입니다.

프로타고라스

프로타고라스(Protagoras, B.C. 490 or 485~415 or 410)는 인간은 만물의 척도(尺度)라고 주장한 소피스트(sophist)입니다. 원래 소피스트라는 말은 현자이자 스승이라는 말입니다. 철학의 어원에 들어있는 sophia(지혜)가 바로 소피스트라는 말의 어원입니다. 그런데 플라톤이 이들을 비판하면서 뜻이 부정적으로 굳어졌습니다. 소크라테스가 기소될 때도 역시 소피스트로 기소됩니다. 이른바 궤변론자라는 말입니다.

프로타고라스는 인간은 존재하는 것에 대해서는 존재한다는 척도이고, 존재하지 않는 것에 대해서는 존재하지 않는다는 척도라고 주장합니다. 여기서 척도라는 것이 중요한데, 척도란 규준으로서 기준을 말합니다. 존재하는 것에 대해서 인간이 존재한다고 판단하면 존재하는 것이고, 존재하지 않는 것에 대해서는 인간이 존재하지 않는다고 생각하면 존재하지 않는 것이라는 말입니다. 그렇다면 예를 들어 동일한 대상을 A라는 사람은 존재한다고 주장하고, B라는 사람은 존재하지 않는다고 주장한다면, 이 중에 누가 옳다고 우리는 말할 수 있습니까? 프로타고라스는 둘 다 옳을 수 있다는 겁니다. 그래서 상대적(相對的) 진리관입니다. 절대(絶對)라는 것은 하나밖에 없다는 말입니다. 하나 이외의 것, 대립할 수 있는 것을 없앤다는 말입니다. 결국 A만이 옳다는 말입니다. 그러나 상대라는 것은 동격으로서의 대립 관계를 인정하는 말입니다. 즉 A도 옳을 수 있고, B도 옳을 수 있다는 얘기입니다.

엄밀하게 말하면, 진리는 하나입니다. 만약 진리가 2개가 있다고 한다면, A도 옳고 not A도 옳다라면, 이 진술은 모순입니다. 즉 진리가 아닙니다. 엄격히 말하면 절대적 진리만이 진리입니다. 하지만 현대에는 '진리란 무엇인가'라는 물음에 몇 가지 답을 합니다. 예를 들어 실용주의(實用主義的) 진리관에서는 어떤 이익, 쓰임새, 유용성(utility)이 있으면 이것도 일종의 진리라고 주장하기도 합니다.

버트런드 러셀은 사람들은 철학이 유용하지 않다고 주장하는데 이것은 편견(偏見)이라고 말합니다. 일례로 철학을 공부하면 특정한 상황에 관한 정확한 판단을 잘하게 된다고 합니다. 이것은 곧 현명해진다는 말입니다. 철학을 공부하면서 상당한 유용성을 얻게 된다고 그는 얘기합니다.

지금 우리가 사는 사회는 눈에 보이는, 가시적인 이익에만 치중을 하는 사회입니다. 감각적으로 경험할 수 있는 것을 우선하니 감각에 자극을 주는 물질이나, 그 물질을 구입할 수 있는 돈이 우선인 사회입니다. 돈의 축적이 능력의 잣대로 변하고 있습니다. 황금만능주의입니다. 자본주의(資本主義)이니 어쩔 수 없는 면도 있습니다. 자본 자체가 돈으로 환산할 수 있는 지표에 우선을 두니 말입니다. 그렇다고 해도 지나치게 가시적인 것들에만 가치가 치중이 되다 보니, 비가시적인 것들, 눈에 보이지 않는 것들이 주는 이익에 대해서는 상당히 소홀합니다. 살펴보면 진정한 재산은 그런 것들이 아닙니다. 누구에게도 뺏기지 않고 누구로부터도 뺏을 수 없는 재산은 우리의 머릿속에 담긴 지식입니다. 지식이라고 해도 좋고 깨달음이라도 해도 좋습니다. 경험이라고 해도 좋고요. 다시 보면 누구도 빼앗아갈 수 없는 지식, 깨달음, 경험들이 우리에게 가장 확고하고 확실한 이익을 가져다줌에도 우리는 일상에서 그것들을 상당히 무시합니다. 황금만능주의는 그것이 각 개인이 가진 본연의 능력들을 폄하하고 훼손하므로 비판을 받아야 하고 마땅히 경계해야 합니다.

상대적 진리에 대해 계속 살펴보겠습니다. 상대적 진리관은 정해져 있는 진리는 없으며, 상황에 따라 진리는 다르다는 혹은 다르게 나타난다는 논리로 귀결됩니다. 결국 이 말의 의미는 지금의 현재는 현재의 상태로 있는 만큼, 현재에 대한 타당한 근거가 있다는 말이 됩니다. 특별하게 현재에 대한 개혁이나 변화를 요구할 필요는 없습니다. 지금의 상황은, 지금의 사건은, 현재는 나름대로 일리가 있게 됩니다. 결과적으로 프로타고라스의 상대주의적 논리는 법과 관습,

기존의 전통 도덕을 옹호하게 됩니다.

그러나 철학과 이데올로기(Ideologie, ideology)로서의 이념은 다릅니다. 철학에서의 이념(理念, Idee, Idea)은 이상(理想)입니다. 헤겔(Georg Wilhelm Friedrich Hegel, 1770~1831)에게서 이념(Idee)은 플라톤에서의 이데아(Idea)와 같습니다. 현대의 사회학이나 정치학에서 말하는 이념은 대개 이데올로기를 말하는 것입니다. 우리는 철학과 이데올로기를 구분해야 합니다. 철학은 정치적 보수나 진보, 정치적 좌파나 우파와는 무관합니다. 단지 정치를 목적으로 하는 사람들이 철학을 자기들에게 유리하게 해석할 뿐입니다.

철학은 진리를 추구하는 학문입니다. 철학은 이데올로기가 아닙니다. 철학은 종교도 아닙니다. 그러나 철학은 자주 이데올로기화합니다. 예를 들어 헤겔의 철학은 헤겔-좌파, 헤겔-우파, 혹은 청년-헤겔, 장년-헤겔 등으로 나뉘어 불립니다. 한 명의 철학자의 사상에서 특정한 사상적 강조점을 끄집어내어 강조하는 차이가 이렇게 분파로 나뉘어 불리게 됩니다. 이러한 강조점의 차이는 그것이 이데올로기가 될 때 정치적 입장의 차이들을 만들어냅니다. 유명한 카를 마르크스(Karl Marx, 1818~1883)는 청년-헤겔이면서 헤겔-좌파로 분류가 됩니다. 그러나 철학은 이데올로기로 해석이 될 뿐이지, 철학 자체는 그런 이데올로기와 무관합니다. 철학은 언급했듯 지혜에 대한 사랑입니다. 지혜는 진리이며 지식이기도 합니다. 이데올로기로 진리를 설명하려는 자들, 혹은 진리를 이데올로기화시키려는 자들은 모두 비판받아 마땅합니다. 그들은 비유하자면 현대판 소피스트들에 다름아닙니다.

소피스트

언급했듯 소피스트라는 말의 어원은 소피아에서 나온 겁니다. 지혜로운 자라는 말인데, 소크라테스 당대에 가면 이 말의 뜻이 변합니다. 소피스트들은 상대적 진리를 주장한다고 말했습니다. A도 옳고 B도 옳다. 소피스트들은 논리, 지식이라는 것을 이익을 얻기 위한 수단으로 사용을 합니다. 특히 직접 민주정 체제인 아테네에서 법정에서의 자기 변론은 생사의 문제가 달려있어 당시에 아주 중요한 기술이기도 했습니다.

소피스트들은 법정에서 단지 이기기 위한 논쟁의 기술로 논리를 변용시킵니다. 이런 소피스트들을 적극적으로 비판하는 사람이 바로 소크라테스입니다. 소피스트들의 폐해와 그 영향은 상당했습니다. 진리도 없고 객관적인 실체적 사실도 없고, 오로지 현란한 말의 기술, 그리고 소피스트들을 고용하는 돈이 실제의 사실과 진리를 대체했습니다. 논리학은 단지 법정에서의 이기기 위한 기술로 그 효용을 다하게 됩니다. 소피스트들을 온건하게 비판한다고 해도 그들은 단지 생계를 위해서 진리를 부인하고 자신들을 철학자인 양 사칭하는 자들일 뿐입니다. 그들은 단지 논쟁에 도움이 되는 지식만을 가르칠 뿐입니다. 소피스트들을 소크라테스가 강하게 비판할 수밖에 없는 이유입니다.

고르기아스

고르기아스(Gorgias, B.C. 485~385)도 소피스트들 중의 한 명입니다. 고르기아스는 극단적인 회의주의자이자 허무주의자입니다.

그는 아무것도 존재하지 않고, 존재하더라도 알려질 수 없으며, 알려질 수 있더라도 전달할 수 없다고 주장합니다. 그는 존재하는 것은 없다고 합니다. 이 말은 세계 내 모든 대상의 실재성을 부정하는 것입니다. 존재하더라도 알 수 없다. 이는 대상들이 존재한다고 하더라도 우리가 알 수 있는 방법은 없다는 말입니다. 이를 철학에서는 불가지론(不可知論, agnosticism)이라고 합니다. 인식의 불가능을 말하는 것입니다. 또 알 수 있더라도 전달할 수 없다고 말하는데 이는 설령 우리가 대상을 알 수 있다고 해도 언어로 제대로 표현할 수 없으며 따라서 타자에게 제대로 전달할 수 없다는 주장입니다. 긍정적으로 말하면 언어의 한계와 그 개선의 당위를 지적한 것이지만 부정적으로 보면 일체의 언어에 대한 회의적 입장을 표현한 것입니다. 즉 존재를 부정하고, 인식 능력을 부정하고, 표현 능력 혹은 언어 능력을 부정한 것입니다. 이런 면에서 고르기아스는 완전한 회의주의자이자 허무주의자입니다.

제2장

소크라테스

소크라테스, 4대 성인

소크라테스(Socrates, B.C. 470~399)를 살펴보겠습니다. 세계 4
대 성인 중의 한 명이라고 말합니다. 4대 성인 하면 서양에서는 소
크라테스, 동양에서는 공자(孔子, B.C. 551~479), 석가모니(釋迦
牟尼, Siddhārtha Gautama, B.C. 560~480), 예수(Jesus christ, B.C.
4~A.D. 30 or 33)입니다. 독일의 철학자 칼 야스퍼스(Karl Jaspers,
1883~1969)가 분류를 하였다고 합니다.

석가, 즉 고타마 싯다르타는 불교의 성인입니다. 불교도들은 부
처(Budda)라고 합니다. 깨달으신 분(覺者)이라는 말입니다. 예수
는 기독교의 성인입니다. 기독교인들은 예수 그리스도이자 메시아
(Messiah)라고 부릅니다.

공자는 유교라고 하는데, 엄격히 말해서 유가(儒家)입니다. 종교
(宗敎)라고 했을 때는 지난번에 자력 신앙, 타력 신앙에 대해 설명
했습니다. 자력신앙이란 자기 스스로의 힘에 의한 구원, 즉 불교에
서의 해탈을 말하는 것입니다. 타력신앙이란 자기가 아닌 타자의 힘
에 의존한 구원을 말하는 것으로서 기독교에서의 신에 대한 전적인

신앙과 구원에 대한 믿음을 말하는 것입니다, 이는 기독교와 불교의 차이점입니다. 보편 신(普遍 神)이라고 하면, 기독교적인 신이 보편 신입니다. 무슬림(Muslim)이라고도 하는 이슬람(Islam)의 신도 보편 신으로서 이슬람교는 유대교와 일부 경전을 같이합니다. 유대교 (유태교, 猶太敎, Judaism)에서 기독교가 탄생합니다. 구약[(성서), 舊約聖書, Old Testament], 신약[(성서), 新約聖書, New Testament] 했을 때, 구약은 유대교에서 비롯하고, 기독교도 같이 공유하는 경전입니다. 신약은 새로운 약속인데, 이는 신과 인간의 새로운 언약이라는 말입니다. 예수는 육화(肉化, Incarnation)한 신이기도 합니다. 예수의 말씀과 그의 행적 이후를 신약이라고 하고요. 예수 이전을 구약, 즉 Old Testament라고 합니다.

유대교에서는 예수는 한 명의 선지자일 뿐 신으로 인정을 하지 않습니다. 무슬림에서도 마호메트(Mahomet, 570~632)가 신은 아닙니다. 알라(Allāh, 神)로 착각하시면 안 됩니다. 무슬림에서는 유대교의 일부 경전만 같이 공유를 합니다. 동방 정교[(회), 東方正敎 (會), Eastern Orthodox Church]를 아시나요? 그 아래에 그리스 정교, 러시아 정교 등의 교파들이 있습니다. 모두 정통 기독교, 즉 구 가톨릭에서 파생된 교회들입니다. 역사적으로 공의회 등의 회의를 거쳐서 분리를 하는 것입니다. 교리상, 그리고 그 교리의 해석상의 차이에 기인합니다.

또한 가톨릭인 천주교(天主敎)에서 새로운 개신교(改新敎)가 나타납니다. 모두 기독교 교리와 이론에 대한 해석상의 차이로 갈라선 것으로 알면 될 듯합니다. 영국 성공회(聖公會)나 루터 교(Lutheran

Church) 등은 개신교가 등장하면서 교리의 해석이 역사적인 양태와 배경과 혼합되어 나타나는 교회들입니다. 요즘 코로나-19와 관련하여 TV에 나오는 뉴스에서 기독교 장로회, 예수교 장로회 등이 언급됩니다. 이런 것들도 성서에서의 일부 경전의 해석에 대한 입장의 차이로 나타납니다.

불교의 석가모니가 기독교적인 보편 신은 아닙니다. 성불(成佛)이라고 합니다. 스스로 깨달아서 열반(涅槃, nirvana)에 드는 것입니다. 윤회의 고리를 끊는다고 말합니다. 촛불이 꺼진 상태로 들어갑니다. 윤회의 고리를 끊으면 열반에 들어갑니다. 절에 가면 사천왕상이나 산신각이 있습니다. 염라(대)왕[閻羅王, 閻魔王(불교)]도 있습니다. 전통적 샤머니즘(Shamanism)이 불교와 결합하는 것입니다. 불교도 소승불교(小乘佛敎, Hīnayāna Bhuddism), 대승불교(大乘佛敎, Mahāyāna Buddhism)로 나뉩니다. 역시 많은 종파들이 있습니다.

유교를 종교라고 말하는 사람들이 있는데 유가는 종교가 아닙니다. 유교는 내세(來世)라는 개념이 없습니다. 종교는 내세의 개념이 필수적입니다. 유가에서는 인간이 죽으면 육체나 영혼은 다 흩어져 없어지는 것으로 봅니다. 이를 취산(聚散)이라고 부릅니다. 우리가 지금도 지내는 제사는 아버지, 할아버지, 증조부, 고조부까지만 해당합니다. 4대조까지만 지냅니다. 4대조의 위부터는 취산되어 완전히 없어집니다. 혼백(魂魄)도 마찬가지입니다. 혼백의 혼(魂)은 영혼이고, 백(魄)은 육체입니다. 제사는 돌아가신 조상들이 오셔서 같이 식사를 하는 것으로 생각하시면 됩니다. 그렇기 때문에 숟가락, 젓가락을 꽂아놓습니다.

소크라테스 두상   플라톤 두상

4대 성인 중에 3명을 얘기했습니다. 그런데 소크라테스를 신으로 숭배하는 사람은 없습니다. 소크라테스는 확실한 철학자입니다. 물론 유가에서의 공자도 철학자이기는 합니다. 우리가 4대 성인이라고 하는데 이것은 아마 동양적인 개념일 것입니다. 예를 들어 마호메트는 성인이 아니라고 했을 때 무슬림들이 인정할까요? 무슬림들이 들으면 화를 낼 일입니다. 마호메트를 평가절하했다고 말입니다.

루브르 박물관의 소크라테스 두상

왼쪽에 있는 이가 소크라테스이며 그의 두상(頭像)입니다. 대리석으로 만들었으며 루브르 박물관(Louvre 博物館)에 있습니다. 이 소크라테스의 두상은 기원전 4세기 유명한 그리스의 조각가 리시포스(Lysippos)가 만든 청동상을 1세기 로마시대에 대리석으로 복제한 작품으로 추정하고 있습니다. 프랑스 파리에 있는 루브르 박물관 아시죠? 유명한 나폴레옹(Napoléon Bonaparte, 1769~1821)이 이집트에 원정을 간 적이 있습니다. 그런데 나폴레옹은 그 전에 전쟁하던 장군들과는 사뭇 달랐습니다. 그는 원정군에 문화나 역사를 연구하는 고고학자나 역사학자, 전문적으로 유물을 감정하고 수집하는 사람들을 별도로 편성하고, 전쟁에 꼭 동반하고 출전합니다. 전쟁터에서 군인들은 싸우고, 학자들은 적국의 유물을 수집하여 연구하는 것입니다. 말이 수집과 연구이지 그냥 유물 약탈로 봐도 될 것입니다.

우리나라에서도 이런 예들이 있습니다. 병인양요(丙寅洋擾, 1866)란 조선과 프랑스와의 전투를 말하는 것입니다. 강화도에 프랑스 전함이 침공하죠. 그때도 프랑스가 강화도에 있는 조선의 외규장각 도서들, 국왕 인장, 은괴 등을 다 훔쳐갑니다. 왕실의 의례가 적혀 있는 『조선왕조의궤(朝鮮王朝儀軌)』 297권도 훔쳐갑니다. 그런데 프랑스는 그것을 완전히 반환하는 것도 아니고 5년 한도의 임대를 지속 갱신하여 사실상 영구적으로 우리에게 빌려주는 형식을 취합니다. 미국이 신미양요(辛未洋擾, 1871) 때 약탈해간 어재연의 수(帥)자 장군기도 그런 형식으로 우리에게 빌려줍니다. 제국주의의 약탈은 늘 이런 식이었습니다. 나폴레옹이라고 예외는 아니었습니다.

아마 소크라테스의 두상도 약탈했을지도 모릅니다. 그리스에 있는 것을 말입니다. 아마 머리만 잘라갔을 수도 있겠네요. 그 아래는 빼버리고 말입니다. 애초에는 흉상(胸像)이나 전신상(全身像)이었을 수도 있습니다. 소크라테스가 실존 인물인 것은 분명합니다. 전해져 내려오는 회화에서 묘사된 소크라테스와 조각상의 얼굴이 모두 같은 것을 보면 실제로 이렇게 생긴 것 같습니다. 추남이었고, 조

삼미신, 소크라테스의 조각품

각가로도 유명했습니다. 아테네 탑의 출입구를 장식했던 삼미신(三美神, The three graces)이라는 작품이 현재 루브르 박물관에 남아있습니다. 소크라테스가 조각한 작품으로 당대 그리스인들의 자랑거리였다고 합니다.

그 옆에는 플라톤(Plato, B.C. 428 or B.C. 427 or B.C. 424~348 or B.C. 347)입니다. 영어로는 Plato이라고 적습니다. 라틴어로 하면 플라톤, n을 하나 더 붙이고요. 플라톤의 조각에 쓰인 돌은 루니

(Luni) 지방의 대리석 조각이네요. 실라니온(Silanion)이라는 사람이 그린 초상화의 복제본이라고 적혀 있습니다. B.C. 370년에 제작을 했다고 되어있습니다. 아카데미아(Acadēmeia)는 플라톤이 세운 학교 명칭입니다. 지금의 아카데미(Academy)라는 말의 어원입니다. 아리스토텔레스(Aristotle, B.C. 384~322)가 세운 학교는 리케이온(Lykeion)이라고 합니다. 아카데미아와 리케이온 모두 아테네 근교에 있었습니다.

다비드의 [소크라테스의 죽음]

이제 소크라테스를 살펴보겠습니다. 『소크라테스의 죽음(The Death of Socrates)』(1787)이라는 그림은 아주 유명하죠, 자크 루이 다비드(Jacques-Louis David, 1748~1825)라는 프랑스 신고전주의(新古典主義, neo-classicism) 화가의 작품입니다. 프랑스 혁명기 때 등장한 화가인데, 회화사에서 신고전주의란 대상을 사실적으로, 디테일하게 그리는 화풍입니다. 자크 루이 다비드가 유학시험에 합격해 국비로 5년간의 이탈리아 유학을 다녀와 이탈리아의 고전주의 화풍을 자기의 작품에 담으면서 신고전주의라 불리게 되었습니다. 곰브리치(Sir Ernst Hans Josef Gombrich, 1909~2001)의 『서양미술사(The Story of Art)』(1950)와 같은 책을 교양서적으로 한번 읽어보시기 바랍니다. 현재 16판까지 발행되었습니다. 미술의 탄생부터 그 역사적 변천까지 잘 설명해주고 있습니다. 예를 들어 고대의 이집트 화가들이 고전주의 화가들처럼 사실적이고 세밀하게 그리는 기법을 몰라서, 사람 머리에 늑대 얼굴을 그려 넣는 것은 아닙니다. 이집트의 화가들은 그림을 통해 사람들에게 메시지를 전하고자 했습니다. 다른 예술 사조들 모두 마찬가지지만 회화에도 당대의 도덕적·문화적인 가치관들이 들어가 있습니다. 성당에 가면 스테인드글라스(stained glass) 창문에 회화들이 그려져 있습니다. 예수의 일대기 또는 가톨릭 성인의 일대기 등이 그것들입니다. 왜 그랬을까요? 당시는 문맹률이 매우 높은 시대입니다. 문맹인 사람들에게 읽지도 못하는 글씨를 적어놓으면 무슨 필요가 있겠습니까? 그래서 그림으로 이들에게 설명을 해주는 것입니다.

유럽에 가면 마을이나 도시마다 큰 시계가 있습니다. 영국의 런던은 빅벤 시계탑(1859년 준공)으로 유명합니다.

시계는 종소리 등으로 농부들에게 하루의 일과를 알려줍니다. 또 씨뿌리는 시기, 수확하는 시기 등의 절기를 알려주는 정교한 시계들도 있습니다. 마을 사람들에게 들으라고 수도원에서 종을 칩니다. 당연히 예배보는 시간에 종도 치겠지만 정오나 자정이 되면 마을 사람들에게 시간을 알려주는 역할도 합니다.

조선 시대에 한양 사대문의 통행 개시와 차단을 알려줄 때 인정을 칩니다. 2경, 즉 밤 10시경에 통행금지를 알리는 종을 칩니다. 그리고 5경, 즉 새벽 4시경에 통금해제를 알리는 종을 칩니다. 통행금지를 알리는 종은 인정(人定)이라고 하고, 통행금지 해제를 알리는 종은 파루(罷漏)라고 합니다. 각 시대의 문화들은 나름대로 그 시대의 합리성을 지니고 있습니다. 그렇게 각자의 문화적 합리성들을 이해하기 위한 한 방편이 인문학입니다. 철학에도 그러한 상대적인 문화적 요소들이 없다고 할 수는 없습니다. 한편으로는 진리라는 영원

소크라테스의 죽음, 자크 루이 다비드, 1787.

의 문제를 다루고, 다른 한편으로는 역사와 예술, 문화 등을 통해 그 시대에 살았던 사람들의 가치관을 들여다보는 것이기도 합니다.

「소크라테스의 죽음」을 그렸던 자크 루이 다비드는 1787~1789 년 프랑스 혁명기 때 활동했던 자코뱅(Jacobins) 당원입니다. 미술 사에서 신고전주의 화풍을 개척하기도 했던 인물이라고 언급했습니다. 마라(Jean-Paul Marat, 1743~1793), 당통(Georges Jacques Danton, 1759~1794), 로베스피에르(Maximilien François Marie Isidore de Robespierre, 1758~1794) 등이 프랑스 혁명기에 활동했던 유명한 인물들입니다. 모두 자코뱅의 핵심 지도자입니다. 그중 「마라의 죽음(La Mort de Marat)」(1793)이라는 그림은 유명합니다. 프랑스 혁명기에 공포정치(恐怖政治, Reign of Terror, 1793년 6월 2일~1794년 7월 27일) 시대가 있었습니다. 로베스피에르로 대

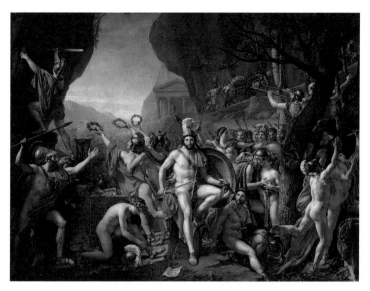

테르모필레 전투에서의 레오니다스, 자크 루이 다비드, 1814.

표되는 시대입니다. 나폴레옹이 본격적으로 등장하기 바로 전입니다. 「마라의 죽음」은 마라가 욕조에서 샤를로트 코르데(Marie-Anne Charlotte de Corday d'Armont)라는 여성에 의해 암살된 직후(1793년 7월 13일)의 장면을 그리고 있습니다. 그가 그린 또 하나의 유명한 그림이 바로 여러분들이 보시는 「소크라테스의 죽음」이라는 그림입니다. 소크라테스는 독이 든 잔을 스스로 마시고 죽습니다. 독이 든 잔, 즉 독배(毒杯)죠. 소크라테스가 마신 독배는 hemlock이라고 합니다. 미나리과의 독초를 써서 만든 독입니다.

소크라테스의 제자들

그림을 보면 소크라테스 주변에서 애통해하는 사람들이 그의 제자들입니다. 그중에 알키비아데스(Alkibiades, B.C. 450~404)[1]도

---

1 그리스의 역사에서는 알키비아데스가 상당히 중요한 사람입니다. 당시는 스파르타와의 전쟁 시기였습니다. 펠로폰네소스 전쟁(Peloponnesian War, B.C. 431~404)이라고 합니다. 그리스의 패권을 놓고 아테네와 스파르타가 서로 전쟁을 합니다. 펠로폰네소스 전쟁이 28년 정도 지속이 되는데 아테네에서는 알키비아데스가 이 전쟁을 실제적으로 이끕니다. 페리클레스의 조카이기도 합니다. 젊었을 때 소크라테스랑 같이 전쟁에 참전하기도 합니다. 알키비아데스에 의하면 소크라테스는 페르시아 전쟁에서 패한 동료 아테네 전사들을 질서 있게 후퇴시켜 사상자를 줄이기도 하였다고 합니다. 알키비아데스는 소크라테스가 당한 모함보다는 당시의 정치적 격동에 주로 휩쓸립니다. 당시 시라쿠사, 오늘날의 시칠리아와 전쟁을 하기 위해서 사령관으로서 군대를 인솔하고 출전해야 하는데, 반대파의 계략에 의해서 출전을 못하게 됩니다. 그리고 다른 사람이 대신해서 군대를 인솔하여 나갑니다. 알키비아데스는 매파 즉 강경파였는데, 비둘기파인 온건파가 알키비아데스 대신 군대를 이끌고 나간 것입니다. 시라쿠사 근처에서 전투가 벌어집니다. 여기에서 아테네가 참패를 해서 5만에 가까운 아테네 병사들 태반이 전사합니다. 이후 아테네의 국운은 급격히 쇠약해지게 됩니다. 도시국가들에서 인구가 얼마나 있겠습니까? 많은 수의 병사들이 죽었다면 복구도 쉽지 않고 도시국가로서는 국운이 쇠하는 것이 당연한 일입니다. 이후에 알키비아데스가 정치적 모함을 받아 정적들이 죽이려고 하니 알키비아데스는 스파르타로 망명을 합니다. 당시 아테네는 여전히 스파르타와 전쟁 중이었는데 적국 스파르타에 가서 아테네를 공략하는 현실적인 전략들을 알려주기도 합니다. 그러니 아주 융숭한 대접을 받지요. 그가 아주 뛰어난 장군이었던 것은 분명합니다. 지략도 뛰어나고 웅변술도 뛰어났습니다. 그러나 도덕적인 행실은 그러지 못했습니다. 그래서 주변에 모함하는 사람들이나 해하려는 정적들이 많았습니다. 또 인간적으로도 인기가 없었던 인물입니다. 게다가 스파르타에서 왕비하고 스캔들이 납니다. 스파르타에서는 왕이 두 명입니다. 전시를 대비하여 한 명의 왕이 더 있습니다. 전시에 한 왕이 군대를 이끌고 다른 왕이 남아서 스파르타를 다스리는 방식입니다. 레오니다스 왕(Leonidas I, B.C. 540~480)으로 유명한 영화 「300」을 아시나

있습니다. 소크라테스의 연인이었다거나, 동성애자였다는 얘기도
있습니다. 실제로 알키비아데스가 소크라테스를 많이 흠모하고 따
라다닙니다. 소크라테스의 친구들에 대해 질투를 하기도 합니다. 지
금은 동성애를 좀 터부(taboo)시하고 금기시합니다. 아직은 한국에

요? 이 영화에서 페르시아와 벌어지는 전투가 유명한 테르모필레 전투(Battle of
Thermopylae, B.C. 480)입니다. 레오니다스가 떠나간 스파르타에는 레오티키다
스 2세라는 다른 왕이 있었던 것입니다. 이를 공치제(共治制)라고 합니다. 알키비
아데스는 스파르타의 왕비와 스캔들이 일어난 끝에 왕비를 임신시키기에 이릅니
다. 스파르타를 빠져나와 페르시아로 도망을 갑니다. 그리스에서 바다만 건너면 바
로 페르시아입니다. 테르모필레 전투는 그리스와 페르시아 사이에 일어났던 전투입
니다. 알키비아데스가 페르시아로 도망을 간 때는 펠로폰네소스 전쟁 시기입니다.
이전의 페르시아 전쟁에서는 페르시아가 그리스 연합군에게 패하고 쫓겨납니다.
페르시아는 아테네가 이끄는 그리스 연합군에게 마라톤 전투(Battle of Marathon,
B.C. 480)에서 패배를 하고, 이어지는 살라미스 해전(Battle of Salamis, B.C. 480)
에서도 패합니다. 테미스토클레스(Themistocles, B.C. 524~459)가 활약한 살라
미스 해전은 세계 4대 해전 중 하나로 꼽힐 만큼 유명합니다. 세계 4대 해전은 위
의 살라미스 해전, 로마의 옥타비아누스(Gaius Julius Caesar Octavianus, B.C.
63~A.D. 14)가 안토니우스(Marcus Antonius, B.C. 83~30), 와 이집트 클레
오파트라 여왕(Cleopatra VII Philopator, B.C. 69~30)의 연합군을 격파한 악
티움 해전(Battle of Actium, B.C. 31년), 유럽 연합 함대가 오스만 제국을 방어
한 레판토 해전(Battle of Lepanto, 1571), 그리고 보나파르트 나폴레옹의 프랑
스가 영국의 넬슨(Horatio Nelson, 1758~1805) 제독에게 패한 트라팔가르 해
전(Battle of Trafalgar, 1805)입니다. 우리나라 조선에서 이순신 장군이 거둔 한
산도대첩이 세계 4대 해전 중에 포함되는지 안 되는지는 논쟁 중인 듯합니다.
살라미스 해전 이후 그리스와 페르시아는 소강상태를 유지합니다. 이 뒤의 상황이
아테네와 스파르타 사이의 그리스 패권 싸움인 것입니다. 알키비아데스는 페르시아
로 갔다가 페르시아 지방 총독이 자기를 죽이려고 하니 다시 아테네로 돌아옵니다.
입지전적인 인물입니다.

서는 말입니다. 전통 유교에서는 물론이고, 여기에는 기독교의 영향도 있을 것입니다. 그러나 고대 그리스의 아테네에서는 동성애란 하나의 문화였습니다.

지난번에 필리아가 주로 남자들의 우정을 말하고 이것도 사랑의 한 단계라고 언급했습니다. 필리아는 육체적인 접촉으로서의 동성애를 말하는 것이 아닙니다. 육체적 탐욕이 전적으로 배제된 영원한 사랑을 필리아라고 하는 것입니다. 흡사 남자들의 우정과 같은 것입니다. 고대에서의 문화의 하나라고 생각하시면 됩니다.

알키비아데스는 미남이었고 현재 남아있는 조각도 잘생긴 얼굴입니다. 그는 웅변도 잘하고, 무용(武勇)도 뛰어나며 리더십(leadership)도 있었습니다. 실제로 전쟁에 출전할 때마다 전략을 잘 짜고 큰 전공을 세웁니다.

소크라테스의 제자 중에는 크리티아스(Critias, B.C. 460~403)라는 유명한 인물도 있습니다. 아테네가 주축이 되어 페르시아와의 전쟁에서 승리한 이후 그리스 도시국가들은 아테네가 주도한 델로스 동맹(B.C. 477)을 체결합니다. 이후 아테네가 전 그리스 도시국가들과 그 주위에 동맹의 맹주로서 직접적인 영향을 끼치게 됩니다. 아테네의 판도는 확장되고 영역도 넓어집니다.

스파르타는 내륙의 도시국가입니다. 순혈의 스파르타인은 소수입니다. 제1계급은 시민권자로 스파르티아타이(Spartiates), 제2계급은 주변인들과 항복한 자들인 페리오이코이(Perioeci), 제3계급은 노예로 헤일로타이(Helots)입니다. 스파르타식 교육을 받는 시민 계급은 전체의 5~10% 정도로 시민들은 노예들의 생산 활동으로 정치와 군사에만 전념할 수 있었습니다. 제3계급은 놀랍게도 같은 민족들인 이웃의 도시국가 메세니아(Messenia)인들입니다. 정치적 참정권은 스파르타 시민들에게만 주어지고 제2계급은 자유민이지만 참정권이 없습니다. 주로 상공업에 종사합니다.

근 30년 동안 지속되었던 펠로폰네소스 전쟁에서 결국 스파르타가 아테네를 이기게 됩니다. 이후 스파르타는 자기들이 직접 정복한 도시국가들에 대해 직접적인 통치를 못하니까 대리 통치를 시킵니다. 당연히 친스파르타 인물들을 지도자로 임명할 것입니다. 바로 이들이 참주(僭主, tyrant)라 불리는 자들입니다. 크리티아스도 참주 중의 한 명입니다. 그런데 크리티아스는 아주 과격한 참주였습니다. 나중에 민주파에 의해서 참주에서 쫓겨나게 됩니다.

「소크라테스의 죽음」 회화에 등장하는 유명한 철학자가 있습니다. 소크라테스가 앉아있는 침상의 끝에서 머리를 소크라테스 맞은편으로 숙이고 있는 사람이 유명한 플라톤입니다. 그림에서는 머리가 하얀 백발로 나옵니다. 이 시기 소크라테스는 70세 정도 됩니다. 플라톤은 현대까지도 서양철학 전반에 지대한 영향을 끼치고 있는 대철학자입니다, 서양철학은 고대로부터 중세, 그리고 근대까지도 플라톤 철학이 지대한 영향을 끼칩니다. 여기에 아리스토텔레스를 더한다면 플라톤과 아리스토텔레스 두 철학자의 영향 아래 서양철학이 놓여있다고 해도 과언이 아닙니다.

영국에 알프레드 노스 화이트헤드(Alfred North Whitehead, 1861~1947)라는 유명한 현대 철학자가 있습니다. 그는 버트런드 러셀과 같이 『수학 원리(Principia Mathematica)』(1910-1913)를 저술합니다. 『과정과 실재(Process and Reality)』(1929)라는 두꺼운 형이상학 저서도 유명합니다. 화이트헤드는 플라톤에 대해 극찬하기를 지금까지의 서양철학의 역사는 플라톤 철학에 대한 주석(注釋)에 불과하다고 말합니다. 그만큼 플라톤 철학이 심오하고 방대하다는 말입니다. 그래서 화가 자크 루이 다비드는 이 위대한 철학자 플라톤을 감히 젊은 사람으로 그릴 수는 없다고 생각했습니다. 어떻게 보면 소크라테스보다 더 뛰어난 철학자인데 말입니다. 그래서 이렇게 플라톤의 머리를 존경의 의미로 하얀 백발로 그려 넣었다고 합니다. 플라톤 당시의 사람들은 그를 가리켜 현명한 아폴론(Apollon) 신의 아들로 알고 있었다는 말도 있습니다. 너무 인물이 뛰어나니까 그렇게 믿어버리는 것입니다.

소크라테스에게 물을 붓는 크산티페,
오토반빈(Otto van Veen), 1607.

부인 크산티페

그림의 왼쪽 뒤에서 계단을 올라가고 있는 여인은 소크라테스의 부인인 크산티페(Xanthippe)입니다. 악처(惡妻)로 유명하고, 악처의 대명사라고 하는데, 글쎄요. 소크라테스와 그의 부인 크산티페와의 일화들이 좀 있습니다. 청년들과 대화를 나누고 있는 소크라테스의 옷을 찢었다는 얘기가 있습니다. 또 집에서 청년들과 대화를 하는 소크라테스에게 크산티페가 소리를 지르니 소크라테스가 집 앞으로 이들을 데리고 가서 얘기를 계속합니다. 이에 화가 난 크산티페는 집의 2층에서 소크라테스에게 양동이에 물을 담아 끼얹었습니다. 이때 소크라테스는 "내가 자네들에게 얘기했듯, 천둥과 번개가 치면 반드시 비가 내리는 것이 자연의 이치라네"라고 말했답니다.

소크라테스는 아버지가 조각가이고 어머니는 산파(産婆), 즉 조산원(助産員)이었습니다. 당시 소크라테스가 살던 아테네는 노예제가 기반이었던 사회였습니다. 소크라테스가 가난했다는 얘기들이 있습니다. 물론 그가 부자는 아니었습니다. 그렇다고 먹고살기 힘들었다는 것은 조금 과장된 얘기인 듯합니다.

참전과 팔랑크스 전술

소크라테스는 펠로폰네소스 전쟁에 세 번이나 참전을 합니다. 대표적으로 델리온 전투(Battle of Delium, B.C. 424)에 참전을 했다고 합니다. 중보병으로 참전을 합니다. 당시 아테네의 중보병은 스스로 군장(軍裝)을 마련해야 합니다. 그렇게 본다면 소크라테스가 부자는 아니었지만 그렇다고 군장을 마련 못할 만큼 가난하지도 않았다는 말이 됩니다. 아마 소크라테스의 가난은 철학자로서 선택한 가난이었을 것입니다.

펠로폰네소스 전쟁 이후 아테네의 중보병은 중장보병(hoplites, 호플리테스)과 경(장)보병((ekdromí, 에크드로모이)으로 나뉩니다. 중장보병은 보다 무겁고 튼튼한 갑옷을 갖추고 경장보병은 그보다는 가

팔랑크스 전술, B.C. 335년 트라시안과의 '카트(Carts) 전투에서 팔랑크스진을 형성한 알렉산드로스의 마케도니아 군대의 모습, 빅토리아 시대의 회화'.

볍고 보다 활동적인 갑옷을 입습니다. 중장보병은 투구와 갑옷이 매우 튼튼합니다. 대신 갑옷이 튼튼하면 잘 움직이지를 못합니다. 기동에 제한이 있습니다.

그리스 전사들의 밀집 대형 전술인 팔랑크스(Phalanx) 전술은 아주 유명합니다. 팔랑크스 전술은 이후 알렉산더 대왕(Alexander The Great, B.C. 356~323)의 마케도니아를 거쳐 로마 제국에도 계승되어 쓰이는 전술(레기온, Legion)이기도 합니다. 팔랑크스 전술은 나의 방패로 좌측의 전우를 가려줍니다. 따라서 밀집대형으로 인한 기동성 부재가 단점입니다. 전열이 흐뜨러지면 적군의 공격에 각개격파당합니다. 그래서 강한 연대와 신뢰가 그 기반입니다. 그래서 테베군의 팔랑크스는 이 연대를 강화하기 위해 동성애자로만 구성된 팔랑크스 군도 있었다고 합니다. 사랑하는 사람을 지키는 것이지요.

또 맨 우측의 전사는 자기의 오른편을 가려줄 방패가 없어 대개 정예병을 배치했습니다.[2]

중세 말 정도 접어들어 냉병기(冷兵器)인 창과 칼의 시대에서 열

---

2 영화 「300」[감독 : 잭 스나이더(Zack Snyder), 2007년, 미국]에 보면 중장보병들이 팔랑크스를 갖추는 전술이 나옵니다. 중세에도 무거운 갑옷(중갑, 重鉀)을 입은 기사들은 말에서 싸우는 것이 아니라 주로 말에서 내려서 싸우고 이동할 때만 말을 타고 이동합니다. 말 위에서 싸우는 기술은 말 등에 얹어 발을 지탱하고 균형을 잡는 등자(鐙子, Stirrup)가 발명됨으로써 가능한데 중국에서는 2세기부터 유럽에서는 8세기에서야 등자가 도입됩니다. 중세의 기병은 지금의 탱크와 같은 역할을 한다고 보면 됩니다. 유럽의 말은 몽골의 말과 달리 덩치가 커서 위압감이 큽니다. 흙먼지를 일으키며 달려오는 커다란 말들과 중장기병의 위용은 이를 지켜보는 보병들을 겁에 질리게 했습니다. 기병은 순식간에 보병의 전열을 깨뜨리고 대형을 파괴하며 쓰러뜨렸습니다. 더 킹: 헨리 5세 [The King, 감독: 데이비드 미코드, David Michod, 2019, 미국]에서 다루는 아쟁쿠르 전투(Battle of Agincourt, 1415)가 바로 백년전쟁(the Hundred Years' War, 1337~1453) 시기 프랑스의 중무장 기사들과 기병을 영국의 장궁병과 보병이 대패시키는 전술의 전환을 맞이하는 전투입니다.
그래서 말과 혼연일체(渾然一體)가 되어 움직이는 몽골군의 전술이 무서운 것입니다. 몽골군은 유목민들이라 말과 같이 살고 같이 자랐던 민족입니다. 어릴 때부터 말을 타니 몽골인에게는 안짱다리가 많았다고 합니다. 또 늘 말을 타고 다니니 하체 쪽의 질환도 많았다고 하고요. 몽골의 말들은 아랍이나 유럽의 말에 비해서 자그마합니다. 그러나 지구력은 뛰어나다고 합니다. 그러니 멀리 동유럽까지 정복하러 드넓은 중앙아시아 대륙을 횡단하는 것입니다. 몽골의 말은 군인들이 말에서 내릴 필요가 없을 정도로 기사들과의 호흡이 잘 맞고 훈련이 잘 되어있었다고 합니다. 일례로 수풀 더미에 매복할 필요가 있으면 말에서 내릴 필요도 없이 말과 같이 넘어져 있으면 되었다고 합니다. 다시 일어날 때는 말에 앉은 채로 말과 같이 일어나고요. 이렇듯 말이 생활의 일부가 되어있었으니 말을 중요시 여겨 고려 때 원(元) 제국이 우리나라 제주도에까지 목장을 만들어 말을 키웠던 것입니다. 칭기즈칸도 중국 대륙을 정복하고 그곳에 거대한 말 목장을 만들 생각이었으나 금나라 출신 거란인으로 몽골의 재상인 야율초재(耶律楚材, 1190~1244)가 이를 말렸다고 합니다.

몽골 말

유럽과 아랍의 말(서러브레드)

(나폴레옹의) 취리히 전투, 프랑수와 부쇼, 1837.

병기(熱兵器)인 총과 대포가 등장합니다. 나폴레옹 전쟁에서도 군인들이 총을 사용합니다. 그 당시에도 중기병 즉 무거운 갑옷을 입은 기병이 있고 가벼운 갑옷을 입은 경기병이 있었습니다. 흉갑기병이 있고 경기병이 있습니다. 경기병에서도 창을 사용하는 창기병이 있고 총을 사용하는 총기병도 있습니다. 보병도 마찬가지입니다.

소크라테스는 가벼운 갑옷을 입은 보병으로 참전을 해요, 노예들은 참전을 하지 않습니다. 노예란 자유민이 아니었으므로 부역을 하는 대신에 일체의 시민으로서의 의무는 면제가 됩니다. 언급했듯 갑옷은 스스로의 돈으로 마련을 합니다. 즉 소크라테스는 자기 돈으로 전비를 갖추고 참전을 하는 것입니다.

근대 이전에는, 고대와 중세에는 전부 스스로의 돈으로 전쟁에 드는 비용을 충당합니다. 중세의 기사들도 마찬가지입니다. 아무튼, 전쟁에 세 번 참전을 하고, 제자이자 연인인 알키비아데스도 같이 참전을 합니다. 알키비아데스가 같이 참전하는 전우이자 스승인 소크라테스를 보면서 적은 기록이 있기도 합니다.

소크라테스에게는 크세노폰(Xenophon, B.C. 430~354)이라는 제자도 있었습니다. 크세노폰 또한 스승 소크라테스를 굉장히 흠모했습니다. 그런데 너무 흠모하고 좋아한 나머지 크세노폰이 쓴 소크라테스에 관한 기록을 보면 오히려 신뢰성이 떨어진다는 비판을 듣기도 합니다. 당대의 세간의 평에 어긋나는 행태를 보인 소크라테스의 철학적 기질을 이해 못하고, 이를 오히려 세평에 부합하게 각색했다는 비판을 듣기도 합니다. 그는 소크라테스가 받은 혐의에 대해서 변호하면서 혐의를 제시한 자들을 비판합니다. 크세노폰은 스승인 대 철학자 소크라테스에 대해서는 잘 이해를 못한 것으로 보입니다. 소크라테스는 당대 시민들에게 신이라든지, 신의 본성이라든지, 정의란 무엇인지 등의 깊은 논쟁을 즐기는데, 크세노폰은 소크라테스를 당시의 가치관 아래 단지 너무 잘 형식적으로 꾸며놓기만 했습니다. 스승을 너무 흠모한 부작용입니다.

소크라테스는 한 대상에 대해 생각하면 시간 가는 줄도 모르고 깊이 사고하는 습관이 있었습니다. 러셀은 그의 철학사에서 이것을 일종의 정신질환으로 해석을 했는데 이는 러셀이 지나치게 의학적으로 해석을 한 것입니다. 기록에는 추운 겨울밤에 신발도 신지 않은 채 밤새 막사 밖에서 골똘히 몰두하며 새벽녘까지 움직이지 않고 서 있었다고 합니다. 추운 겨울밤 소크라테스가 옷이 없어서, 예를 들어 디오게네스같이 거지 같은 행색을 한 것은 아닙니다. 소크라테스는 철학자였습니다. 그래서 그런 것들을 중요하게 생각하지 않았던 것입니다. 그에게는 훌륭한 제자들이 많이 있었습니다. 그리스 당시의 세계, 즉 지금의 서양으로 칭할 수 있는 유럽 세계는 그리스가 패권 국가였습니다. 동방의 대제국 페르시아와 대결을 하여 승리한 서양의 패자입니다. 소크라테스의 제자들이 그런 강대국 그리스의 판도를 휘어잡고 있는 것입니다. 엄청난 제자들이 소크라테스의 주변에 포진하고 있었습니다.

크산티페 얘기를 하다 여기까지 왔습니다. 소크라테스는 아테네의 자유 시민이라 길거리에 나가서 많은 청년들과 대화를 하고 그랬던 것입니다. 소크라테스가 생업을 완전히 등한시해서 그의 부인인 크산티페(Xanthippe)가 악처일 수밖에 없었다는 식으로 비판적으로만 바라볼 것은 아닙니다. 당대의 그리스는 유럽의 패권을 쥐고 있었고 해외에서 사로잡은 수많은 노예들의 생산력이 여전히 뒷받침되었으므로 당시 아테네의 자유 시민들은 모두 경제적 여유로움이 있었던 시대를 살고 있었습니다.

그래서 아테네의 시민들은 누구나 광장, 즉 아고라(Agora)에 모여서 정치적인 토론을 하고 시간을 보냅니다. 당시 아테네의 공무원은 모두 1년 임기제입니다. 장군도 시민 중에서 선출을 합니다. 아테네에는 직업 군인이 없고 모두 선출합니다. 50세 이하의 시민들은 전쟁이 나면 참전해야 되는 병역의 의무가 있었습니다. 이들이 일반 병사들을 구성합니다. 여러 지원자들 중에서 뛰어난 자를 장군으로 선출합니다. 유명한 사람이 테미스토클레스(Themistocles, B.C. 524~459) 같은 인물입니다. 유명한 살라미스 해전(Battle of Salamis, B.C. 450)을 승리로 이끌었습니다.

탁월한 웅변가들도 많이 나옵니다. 좀 자유분방한 분위기라고 말할 수 있습니다. 물론 자유민에 한한 이야기입니다. 여자나 노예는 결코 자유롭지 않았습니다. 집 밖으로도 잘 못 나가고 제약이 상당했습니다. 이것을 착각하시면 안 됩니다.

알키비아데스도 그렇습니다. 직업 군인이 아닌데도 불구하고 훌륭한 장군이 된 것입니다. 아테네 시민들은 아고라 광장에 모여서 정치적 현안에 대해서 투표를 하고 배심원이 되어 판결도 내립니다. 직접 민주주의 정체인지라 많은 사람들이 모여서, 배심원들도 시민 중에서 무작위로 선출하여 실제로 판결을 합니다. 유죄, 혹은 무죄, 그리고 유죄라면 그에 맞는 형량도 실제 투표로 결정을 합니다.

앞서 도편추방제(Ostracism)에 대해 언급했습니다. 도기 껍데기에 장차 정치적 독재자가 될 우려가 있는 사람의 이름을 적어 제출하는 제도입니다. 여기에 이름이 많이 나온 사람은 10년 길게는 30년 동안 외국으로 추방을 합니다. 소크라테스 이전의 자연 철학자인 아낙사고라스도 이렇게 추방이 되었습니다. 알키비아데스는 여기에서 도망쳐 스파르타나 페르시아로 망명을 하는 것입니다.

언급했듯 크산티페가 실제로 악처였는지는 논쟁의 여지가 있습니다. 악처로 이미지가 굳어진 측면이 있지 않나 합니다. 소크라테스의 아버지는 앞에서도 말했듯 조각가였습니다. 소크라테스 또한 조각을 하였고 그렇다면 조각소를 운영하였을 것입니다. 그런데 소크라테스가 철학에 지나치게 심취해 있으므로 부인인 크산티페가 실질적으로 조각소를 운영하지 않았을까 하는 추측은 합니다. 소크라테스의 죽음을 보고 크산티페가 많이 슬퍼했다고 합니다. 플라톤은 크산티페에 대해 악처로서 전혀 기술을 하지 않고 있는데 이 부분만 부정적으로 그녀를 언급하였다고 합니다. 과연 남편이 죽었는데 부인이 슬퍼우는 모습이 부정적인 모습일까요? 잘 이해는 되지 않습니다.

소크라테스는 아들 셋이 있었습니다. 청년들과 대화하는데 제자 한 명이 결혼을 해야 하는지 아니면 하지 말아야 하는지 묻자, 소크라테스는 이렇게 대답했다고 합니다. '현명한 부인을 만나면 인생이 행복할 것이고, 악처를 만나면 나같이 철학자가 될 것'이라고 말입니다. 결혼은 해도 후회, 안 해도 후회, 이 말은 키르케고르가 했습니다. 그림을 보면 뒤쪽에는 계단을 오르면서 크산티페가 아들들과 나가는 장면입니다.

소크라테스의 대화법(산파술)

부모의 영향이 자녀에게 오래 지속됩니다. 부모의 직업 또한 자식 한테 많은 영향을 끼칩니다. 부모의 직업을 따라 직업을 택한 사람들이 주변에도 많이 있지 않나요? 조각이 무엇입니까? 조각이란 돌덩이에서 모양을, 형체를 만들어내는 것입니다. 무형의 돌을 깨서 형체를 만들어내는 것입니다. 아무것도 없는 것에서 형상을, 목적을 도출해내는 것입니다. 미켈란젤로는 자신의 조각이란 숨어있는 형체를 천연의 암석에서 끄집어 내는 것으로 비유했습니다. 소크라테스의 화법은 이것과 관련합니다.

또 산파라는 건 무엇입니까? 산부의 출생을 돕는 것입니다. 신생아가 외부로 나오게 돕는 것입니다. 생명을 외부로 발현시키는 것입니다. 그래서 소크라테스의 대화법을 산파술 혹은 산파법이라고도 부르는 것입니다. 소크라테스가 직접 저술한 저서는 없습니다. 단지 제자들이 기록한 목격담만이 그들의 저술을 통해, 혹은 당대 사람들의 저술을 통해 소크라테스의 말과 행적으로 전해오는 것입니다. 무형의 돌에서 유형의 형체를 끄집어내듯, 말로써, 대화로써 스스로 진리를 끌어내게 하므로 대화법이자 산파술이라고 부릅니다. 어디에서 끌어내는 것입니까? 전적으로 본인을 통해서, 본인의 무지(無知)에 대한 자각을 통해서 스스로부터 도출시키도록 하는 것입니다.

또 이는 도와주는 역할입니다. 출생을 돕는 것입니다. 나타남을 돕는 것입니다. 생명이 드러나게, 나타나게 돕는 것입니다. 하나의 진리, 지식, 지혜, 앎을 산파의 도움을 통해 산부를, 진리, 지식, 앎을 본래 지니고 있는 인간으로 하여금 그것을 출생시키도록 돕는 것입니다. 이것이 소크라테스의 산파술입니다. 타자가 내게, 내가 타자에게 일방적으로 가르치고 강요하는 것이 아닙니다. 스스로 깨닫게 하는 것입니다. 대화를 통해서 도와주는 것입니다. 그래서 대화법이기도 합니다. 본인이 알고 있던 지식이 사실은 참지식이 아니라는 것, 이것을 알게 해주는 것입니다. 이렇게 보면 철학자의 역할은 각자로 하여금 그 자신의 힘으로 진리를 깨닫게 도와주는 역할이라고 소크라테스에 비유해보면 말할 수도 있겠습니다.

소크라테스는 직접 쓴 저술이 없었다고 했습니다. 소크라테스의 말들은 주로 그의 제자인 플라톤이 저술한 저서를 통해서 나타납니다. 어쩌면 플라톤이 스승 소크라테스의 이름을 빌려 자신의 말을 하는 것일 수도 있습니다. 플라톤의 저서에는 소크라테스가 친구들이나 지인들과 편하게 대화하는 것을 기록한 대화체 저술이 많습니다. 예를 들면 저서 명이 곧 대화 상대자의 이름입니다. 카르미데스(Charmides), 크리톤(Kriton), 테아이테토스(Theaetetus)… 등 플라톤의 많은 저서가 사람의 이름입니다. 내용은 소크라테스와 대화를 하는 것입니다. 대화체라서 플라톤의 책이 읽기 어려운 것은 아닙니다. 물론 내용 자체는 심오하지만 그것이 독해를 어렵게 하는 정도까지는 아닙니다. 그런데 소크라테스의 모습을 빌린 플라톤의 말과 진짜 소크라테스가 한 말을 어떻게 구분을 할까요? 학계에서는 초기 플라톤의 저술이 대체로 진짜 소크라테스의 모습이라고 보며, 후기의 저술은 소크라테스의 모습을 빌려 플라톤이 얘기하는 것이라고 봅니다.

중세의 회화를 보면 소크라테스가 글을 쓰는데 그의 등뒤에서 플라톤이 글을 지도하는 모습이 보입니다. 당시에도 소크라테스의 말이 사실은 어느 정도 플라톤의 말인 것으로 다들 짐작을 했었다는 예가 될 것입니다. 소크라테스는 주로 시장을 누볐습니다. 예나 지금이나 시장에는 사람이 많습니다. 그렇게 소크라테스는 길에서 만나는 모든 사람들과 대화를 합니다. 그래서 사람들이 소크라테스를 보면 애초에 멀찌감치 피했다고 합니다. 예를 들어 소크라테스가 아무개를 만나서 정의(Justice)란 무엇인지 꼬치꼬치 캐묻는 것입니다. 아무개는 정의는 올바름이라고 대답을 합니다. 소크라테스는 아무개에게 다시 당신이 말하는 올바름이란 무엇을 의미하냐고 묻습니다.

이에 아무개는 올바름은 행위의 옳고 바름이라고 대답을 합니다. 소크라테스는 다시 만약 행위만이 옳고 바르면 괜찮은 것인지, 그 행위를 일으키는 마음은 옳고 바르지 않아도 되는지 묻습니다. 또 옳은 행위가 꼭 옳은 결과를 낳는 것은 아닌데 그런 경우의 옳은 행위는 옳은지 그른지 등을 지속적으로 아무개에게 재차 묻는 것입니다. 이렇게 지속적으로 주고받는 대화를 거쳐 결국 아무개는 자기가 앞에서 주장했던 올바름과 정의에 관한 관계에 관한 모순을 깨닫고 다시 정리합니다. 그리고 다시 자기의 견해를 철회하거나 교정하여 소크라테스에게 반박하는 것입니다.

이때 소크라테스는 아무개의 논리 중 허점을 지적하여 자기모순에 빠지게 만들거나, 논리의 부족함을 지적하거나 다시 질문을 통하여 답변의 정확한 의미를 파악하고자 합니다. 또 아무개가 자신이 사용하는 말의 의미, 논리 전개에서 자신이 사용하는 개념을 스스로도 잘 이해하지 못한 채 사용한다는 것을 폭로합니다. 결국은 아무개는 자신이 답하고 있는 것을 진정으로 알지 못한다는 것을 스스로 인정하고야 맙니다.

이것이 유명한 소크라테스의 대화법의 전개 구조입니다. 이렇게 지속되는 질문은 정말 질문받는 사람을 난처하게 만들었을 것입니다. 지겹기도 했을 것입니다. 말을 맺으려 하면 다시 말꼬리를 잡고 늘어지니 얼마나 귀찮았겠습니까? 그래서 귀찮기 그지 없으니까 소크라테스를 보면 실제로 사람들이 도망갔을 법도 합니다.

등에

그래서 소크라테스가 자신을 등에(gadfly)로 비유합니다. 등에는 엄밀히는 다르지만 쇠파리의 일종입니다. 어렸을 때 농촌에서 자라신 분 있나요? 지금은 농촌에서도 소를 보기 힘듭니다. 소를 거의 식용으로 사육하고, 도로에서 떨어진 축사에서만 키우니까요. 그러나 제가 어릴 적 농촌에서는 길거리에 소들이 많이 있었습니다. 농사에 쓰이는 말들도 종종 있었습니다. 농부에 이끌려 길을 걷는 소의 엉덩이에 보면 쇠파리가 늘 붙어있었습니다. 똥 찌꺼기도 소 엉덩이에 늘 말라붙어 있었습니다. 소가 똥을 싸면서 길을 걸을 때가 있습니다. 그러면 쇠파리들이 소의 꽁무니에 붙어서 윙윙대며 소를 귀찮게 합니다. 소는 꼬리를 계속 휘저어 쇠파리들을 쫓아냅니다. 길을 걷거나 쉬고 있는 소에게는 정말 귀찮은 벌레가 쇠파리일 듯합니다.

하마 새는 하마의 등에서 상주를 합니다. 하마 새는 실제 이름은 OX-pecker로 아프리카산 찌르레기과의 새라고 합니다. 하마 새는 하마의 등을 청소해 줍니다. 하마는 이 하마 새가 늘 귀찮지만 사실은 하마 새가 자기의 등에 난 먹이를 먹어줌으로 인해서 건강을 지키는 것입니다. 소크라테스는 자기를 이 등에로 비유를 합니다. 소크라테스는 정말로 아테네 시민들을 귀찮게 하는 사람입니다. 그들이 평소에 관심을 전혀 두지 않고 당연하게 생각했던 문제들을 다시 끄집어내고, 그들이 일상적으로 가지고 있는 편견을 지적하여 일깨우는 철학자이니 말입니다. 소크라테스를 통해 아테네 시민들은 자신들의 영혼의 건강을 유지하고 있었던 것이지만, 어리석은 시민들은 소크라테스를 자기들을 그저 귀찮게만 하는 등에나 하마 새 정도로만 취급했던 것입니다.

신탁

'너 자신을 알라(그노티 세아우톤, $\gamma\nu\tilde{\omega}\theta\iota\ \sigma\epsilon\alpha\upsilon\tau\acute{o}\nu$, Gnothi Seauton)'. 아주 유명한 말입니다. 이것은 그리스의 델포이 신전 기둥에 적혀 있는 문구입니다. 델포이(Delphi)는 아폴로(Apolo) 신을 숭배하는 신전입니다. 올림푸스(Olympus) 12신 중 아폴로는 의술, 음악, 시 등을 담당하는데 그의 소관에 예언도 들어갑니다. 당시 올림푸스 신에 대한 숭배는 그리스인의 주류 문화였습니다. 그래서 올림푸스의 신을 숭배하기 위한 신전들이 건축이 많이 되었습니다. 그리스인들은 자신들의 현세와 미래에 관해 아폴론 신에게 델포이에서 신탁을 구하는 것입니다.

소크라테스가 받은 신탁에도 몇 가지 설이 있습니다. 소크라테스는 근 2500년 전의 인물입니다. 당시에는 기록이 지금처럼 치밀하지도 않았습니다. 그래서 여러 설들이 남아있는 것입니다. 소크라테스의 친구가 델포이 신전에 가서 신탁을 받습니다. 신의 계시를 받는 것인데 신전의 사제(司祭)나 신녀(神女)가 대신 신탁을 전합니다. 델포이 신전에는 피티아(Pythia)라는 여사제가 있어 그녀가 델포이 신탁을 다루었습니다. 그런데 돈을 많이 낸 사람은 자세히 신탁을 내려 주고, 돈을 적게 내는 가난한 사람은 간단히 신탁을 내렸나 봅니다. 돈이 없는 사람은 '예(Yes)' 아니면 '아니오(No)'로 하는데, 친구가 돈이 없어 조금만 냈나 봅니다. 친구가 "소크라테스보다 현명한 사람이 아테네에 있습니까?" 하고 물어보니 여사제에게 내려온 신탁은 '아니(No)'였습니다.

다른 얘기도 있습니다. 소크라테스의 친구이자 제자였던 카이레폰(Chaerephon, B.C. 470?~403?)이 델포이 신전에 가서 아폴로 신의 신탁을 구했습니다. "아테네에서 가장 현명한 사람이 누구입니까?" 이때 피티아는 "소포클레스(Sophocles, B.C. 497~406)는 현명하다. 에우리피데스(Euripides, B.C. 480~406)는 더욱 현명하다. 그러나 소크라테스는 모든 사람 중에서 가장 현명하다."라고 아폴론 신의 신탁은 답하였다고 합니다. 그래서 소크라테스가 이것을 확인하려고 델포이 신전에 직접 가서 확인을 해봤더니 그 말이 사실이었다고 합니다.

그러나 소크라테스는 자기가 아테네에서 가장 현명한 이유를 알지 못했습니다. 그래서 그 이유를 알기 위해서 고민하며 많은 사람과 대화한 후에 내린 결론은 다른 사람들은 알지 못하는 것을 자기들 스스로 안다고 자부하는 반면에 자기는 진정으로 아는 것이 없다는 것을 안다는 면에서 더 현명하다는 것을 알았다고 합니다. 이를 무지의 지(無知의 知)라고 합니다. 아테네의 사람들이 당시의 신탁에 관한 소문을 듣고 소크라테스를 찾아 많이 몰렸다고 합니다.

음미하지 않는 삶은 살 가치가 없다

'음미하지 않는 삶은 살 가치가 없다(ὁ δὲ ἀνεξέτ αστος βίος οὐ βωτὸς ἀνθρώπῳ).' 소크라테스가 한 유명한 말 중의 하나입니다. 여기서 음미는 반성(反省)입니다. 살필 성(省) 자입니다. 반성문을 쓰라고 할 때의 반성도 물론 반성이지만, 그런 의미로 읽으면 어감이 이상해지고 소크라테스의 의도가 잘 전해지지 않습니다. 그의 이 말은 너의 잘못을 인정하라는 반성문의 요구가 아닙니다. 진정한 뜻은 늘 나를, 자기를 살피고, 되돌아보라는 말입니다. 영문으로 하면, retrospection입니다. retro는 되돌린다는 말입니다. spect는 본다는 말입니다. 영문으로 하면 'Unexamind life is not worth to live.' '검증되지 않은 삶은 살 가치가 없다'고 번역됩니다. examination은 검증, 검토, 반성 등을 말합니다. 제가 볼 때는 반성하고 음미(吟味)하라는 의미가 큽니다. 너의 과오를 (과학적으로) 검증하자는, 이런 의미는 아닙니다. 만약 그렇다면 범죄자는 살 가치가 없냐는 반문이 가능합니다. 물론, 범죄자는 더 잘 살아야 된다는 얘기는 더더욱 아닙니다. 소크라테스는 그런 차원의 얘기를 하는 것은 아닙니다. 그런 식의 화법이 아닙니다. 매일 매일 반성하고 네 삶을 되돌아보며 성찰하고 네 삶을 음미하라는 의미입니다.

나는 내가 아무것도 모른다는 사실을 알고 있다. 무지의 지라고 합니다. 아이러니(Irony)라고 합니다. 아이러니는 반어(反語)라는 말입니다. 논리적으로는 말이 안되는 것을 아이러니라 부릅니다. 모순입니다. 모르는 것을 어떻게 알 수가 있습니까? 무지(無知)한데 그것이 어떻게 지(知)가 될 수 있습니까? 무지와 지는 반대 개념으로서 모순입니다. 모르는 이상 알 수는 없는 노릇입니다. 그래서 반어법(反語法)이라고 합니다. 소크라테스는 여기저기 돌아다니면서 많은 사람들을 만납니다. 정의(正義)를 알고 있다는 사람, 행복(幸福)을 알고 있다는 사람, 선(善)을 알고 있다는 사람, 덕(德)을 알고 있다는 사람, 스스로 장인(匠人)임을 자부하는 사람 등등 말입니다.

소크라테스가 꼬치꼬치 따지며 대화를 해보니, 이 사람들은 본인의 장담대로 모두 알고 있는 것은 아니었다는 것을 알게 됩니다. 그런데 왜 아폴로 신의 신탁은 나를 보고 가장 똑똑하고 현명하다고 했는지 앞에서 언급했듯 자문합니다. 소크라테스는 예를 들어 정의, 선, 덕 등이 무엇인지 정말 알고 싶어서 그들에게 물어보았습니다.

그런데 그들은 자기들이 안다고 주장만 할 뿐이지 막상 캐물으면 전혀 안다고 말할 수 있는 것이 없더라는 것입니다. 결국 그들은 자기네들이 모르고 있다는 사실을 전혀 모름에도 불구하고, 겉으로는 알고 있는 척합니다. 하지만 소크라테스는 스스로 잘 모른다는 사실을 알고 있는 점에서 그들보다 훨씬 우등하다는 것을 깨달았습니다. 그러므로 소크라테스가 아테네에서 현명하다고 일컫는 모든 자들보다 더욱 더 현명하다는 아폴로 신의 신탁은 옳다는 얘기입니다.

아리스토파네스

아리스토파네스(Aristophanes, B.C. 448~380)는 아테네의 희극 작가입니다. 작품으로 「개구리」나 「구름」 등이 있습니다. 그는 '구름(Nephela)'(B.C. 423경)이라는 희곡에서 소크라테스를 풍자합니다. 아리스토파네스는 당시 횡행했던 소피스트들의 궤변이 판치는 세상을 풍자해서 이를 비판하고자 했습니다. 그러나 그는 진정한 철학자 소크라테스를 궤변자들인 소피스트의 대열에 넣는 오류를 범했습니다. 희곡 「구름」의 내용은 이렇습니다. 아버지가 빚쟁이들에게 당하는 독촉이 싫어 자식을 소크라테스 학원에 보내 논설을 배우게 합니다. 그래서 더 이상 빚쟁이들에게 시달리지는 않게 되었는데 이제는 오히려 자식이 아버지인 자신을 폭행하고 이를 궤변으로 합리화한다는 내용입니다. 지금도 이런 면들은 좀 보이지요. 궤변으로 정당한 주장과 합리적인 대화를 망가뜨리는 경우들 말입니다.

당시의 그리스 사람들은 대개 신화적 세계관에 빠져 있었습니다. 그리스의 3대 비극 작가로는 아이스킬로스(Aeschylus, B.C. 525~456), 소포클레스(Sophokles, B.C. 497~406), 에우리피데스(Euripides, B.C. 480~406) 등이 있었습니다. 에우리피데스는 소크라테스의 합리적 세계관의 영향을 받습니다. 소크라테스의 합리적 관점을 자신의 비극에 도입을 합니다. 예를 들어 데우스 엑스 마키나(deus ex machina, 기계로부터의 신)라는 용어는 극의 전개, 즉 플롯(plot)이 인과적 고리에 의해 전개되는 것이 아니라, 난데없이 신(神) 등이 나타나 모든 사건을 해결하고 결말짓는 방식을 말합니다. 플롯이 철저한 인과성에 기반을 해야 하는 합리적 관점에서는 이러한 극의 구성은 지양해야 하며 비판받아야 할 것입니다.

소크라테스의 변론

이제 소크라테스의 변론을 살펴보겠습니다. 아테네 시민들은 직접 배심원이 되어서 피의자와 고소인의 변론을 듣기도 합니다. 본인이 당사자일 경우는 변론도 직접 하기도 합니다. 물론 직접 자기를 변호하기가 어려우면 대가를 주고 변호인을 고용하기도 합니다. 그래서 사람들이 법정에서 쓰이는 실용적 수사학이나 변론술을 배우려고 당시의 교사들, 즉 소피스트를 찾는 것입니다. 또 소피스트들이 변론의 원고를 제공하기도 합니다.

이제 소크라테스의 사건에서 배심원들이 1차 투표를 합니다. 1차에서 소크라테스가 변론을 마치는데, 1차 투표에서는 유죄에 280표, 무죄에 220표를 받아 60표의 차이로 배심원들의 유죄 결정이 내려집니다. 여기서 만약 소크라테스가 적절한 타협을 했으면 본인도 살 수 있었고, 또 그리 심한 형벌도 받지 않았을지 모릅니다. 그러나 소크라테스는 자신은 무죄이며 자신에게 부과된 벌금도 내지 못하겠다고 재차 자신을 변론합니다. 이에 배심원들은 일종의 괘씸죄를 적용하여 2차 투표에서는 유죄에 360표, 무죄에 140표를 받아 220표의 차이로 소크라테스에게 유죄를 확정 짓고 사형을 선고하게 됩니다.

이 당시 아테네의 법정에서는 사건의 당사자가 본인의 형량 또한 제시합니다. 그래서 피의자를 유죄라고 주장하는 기소자, 지금으로 말하면 검사 측에서는 피의자를 징역 10년에 처해주라고 요구를 한다면, 반대쪽, 즉 지금의 변호인 측에서는 만약 당사자인 내가 죄가 있다고 인정하여도 징역은 과하고 벌금 100만 원 정도면 충분하니 벌금을 부과해달라, 이렇게 자기의 형량을 배심원들에게 제시하는 것입니다. 만약 유죄로 결정이 되면 다시 이 사람이 정한 형량을 따를 것인지 말 것인지의 결정을 다시 하게 됩니다. 그리고 이때는 간수를 금전이나 현물로 매수하는 것도 얼마든지 가능했던 시대입니다. 그것이 지금과 같이 불법의 범주에 있었던 것은 아닙니다. 더구나 당시는 직업으로서의 전문적인 법률가도 없는 시대였습니다.

사형당할 범죄자지만 몇 년간의 외국으로의 추방으로 대신할 것을 청탁을 하고 그 대가를 주면 그것이 허용이 되었던 시대이기도 합니다. 소크라테스의 제자들 중에서는 권력과 부를 가지고 있는 제자들도, 탁월한 정치가인 제자들도 있었습니다. 크리티아스나 알키비아데스 같은 인물은 탁월한 정치가들이자 권력자들입니다. 물론 당시는 친스파르타파인 참주파와 아테네파인 민주파 사이의 권력 투쟁이 벌어지는 시기였습니다.

소크라테스가 기소되는 시점은 민주파들의 저항으로 참주 정치가 끝난 후 약 1년간의 시기였습니다. 그럴지라도 제자들의 영향력은 스승 소크라테스 한 명 도피시킬 힘은 충분했습니다. 그들은 평범한 정치가나, 국회의원 정도가 아니라, 직접 정권을 잡았던 사람들입니다. 제자인 플라톤도 귀족 가문에 상당한 부자였습니다. 플라톤은 실제로 소크라테스의 신원(身元)도 보증을 합니다. 벌금형을 받으면 벌금도 대납해주기로 합니다. 지금으로 말하면 공탁금(供託金)을 내고 보석(保釋)을 받는 것과 비슷합니다.

그런데 문제는 정작 소크라테스 자신에게서 발생합니다. 여기서 소크라테스가 적당히 몸을 굽히고 빠져나갈 구멍을 만들었으면 그냥 그러려니 하고 아테네 시민들도 그를 살려주었을 것입니다. 소크라테스도 살아남고 아테네 시민들과 배심원들의 자존심도 건드리지 않는 방식, 아마 이것이 누이 좋고 매부 좋은 방식이었을 것입니다.

게다가 소크라테스는 얼마든지 제자들을 동원해서 탈출하거나, 간수나 배심원들을 매수해서 사건 자체를 적당하게 처리할 수 있었습니다. 실형을 감수한다 해도 이 사건은 벌금형 선에서 충분히 무마 가능한 사건이었습니다. 더구나 소크라테스가 찢어지게 가난한 처지도 아니었고, 분명히 자유 시민의 신분이었습니다.

그런데 소크라테스는 1차 배심원 평결이 끝난 후 다시 진지하게 본인은 완전히 죄가 없다고, 전적으로 무죄라고 2차로 변론을 하는 것입니다. 왜 아테네 시민 여러분은 터무니없는 죄명으로 나를 모함하고 누명을 씌우느냐고 항변합니다. 나아가 사실은 지금 잘못을 저지르고 있는 자들은 소크라테스인 나 자신이 아니라 아테네 시민과 배심원 여러분들이라고 질타합니다. 여러분들은 지금 선한 사람을 죽이려 하는 것이라고 비판합니다. 이렇게 소크라테스는 결코 잘못을 인정하지 않고 아테네 시민들에게 허리를 굽히지 않습니다. 그는 죽음이 닥칠지 모르는 순간에서조차 원칙에 충실하고자 했습니다. 자기를 기만하지 않고자 했습니다. 이 대 철학자에게 삶의 융통성은 변명에 그칠 뿐입니다. 시민들의 요구에 자기를 굽히는 것은 오류 앞에서 진리를 포기하는 것으로 그는 생각했던 것입니다.

제자 플라톤이 『소크라테스의 변론(Apology of Socrates)』에서 언급하는 소크라테스의 혐의점으로는 첫째, 아테네가 믿는 신을 믿지 않는 것, 둘째, 아테네의 청년들을 타락시켰다는 것입니다. 이는 아테네의 고발인이었던 시인 멜레토스(Meletus), 민주파 지도자 아니토스(Anytus), 그리고 웅변가 리콘(Lycon)이 내세운 혐의입니다. 마찬가지로 제자이자 당대 유력한 군인이었던 크세노폰(Xenophon)이 열거한 죄목도 비슷합니다. 주의할 점은 플라톤은 소크라테스를 직접 변호하고자 하는 측면에서 간접적으로 스승의 혐의를 기술하였다면 크세노폰은 당대 아테네인들의 소크라테스에 대한 시각을 직접적이고 구체적으로 열거하고 있다는 것입니다. 둘 다 공통적인 죄목은 '신에 대한 불경'과 '청년들을 타락'시켰다는 혐의입니다.

소크라테스는 변론합니다, 시민들이 내게 씌운 죄목인 '신에 대해 불경'하고 '청년들을 타락시켰다'라는 죄명은 억지이다. 예를 들어, 나는 아테네 시민들, 아테네의 청년들에게 선과 정의의 본질이 무엇이냐고 물었더니 시민들과 청년들은 정작 자신들의 장담과 달리 하나도 모르는 것을 나는 보았다. 그래서 나는 그 사람들과 선과 정의의 본질에 관해 깊이 대화하고 토론한 것밖에는 다른 아무 것도 없다. 이렇게 변론합니다.

소크라테스가 질문을 하는 방식은 다음과 같습니다. 여러분들은 국가에 관해 대화를 할 때 국가란 무엇이며 어떠해야 하는지보다는 아테네라는 일개 국가의 이익만 취하고자 하지 않았는가? 그러나 나는 국가란 무엇인지에 관해 본질적인 의문을 제기하고, 그렇다면 아테네 시민들이 어떻게 올곧게 살아가야 하고, 아테네 국가가 어떻게 올바르게 존재해야 하는지에 관해 얘기한다. 이것이 진정으로 죄가 되는가? 나는 아테네 시민들을, 청년들을 현혹하는 것이 아니라 진정으로 올바른 길로 이끌려고 했다고 변론합니다.

소크라테스가 신에 불경했다는 죄목은 어떻습니까? 제우스(Zeus)나 헤라(Hêra) 같은 그리스 로마 신화의 신들을 보면, 이 올림푸스의 신들은 우리 인간들과 똑같은 삶을 삽니다. 질투도 하고, 전쟁도 하고 인간들이 저지르는 온갖 악행은 그들 신들도 다 저지릅니다. 인간과 간통도 하고, 동료들을 배신도 합니다. 그리스 로마의 신과 인간의 차이점은 인간은 죽어야 할 운명인 것에 반해 그리스 로마 신은 죽지 않는다는 차이밖에는 없습니다. 이것을 제외한 나머지는 인간들의 못되고 악한 행위들을 올림푸스의 신들도 다 행합니다. 소크라테스가 여기서 그런 면들을 지적하는 것입니다. 그런 악한 본성을 가진 존재자를 어떻게 신이라고 말할 수가 있는가? 간통하고 살인하며 질투하는 신이 우리가 의탁하고 의거하는 신일 수 있는가? 그건 제우스신이 아니다. 여러분들은 신도 잘못 보고 있고, 잘못 말하고 있고, 국가에 관해서도 잘못 보며 잘못 말하고 있는 것이다.

나아가 옳음이 무엇이고 선이 무엇인가? 좋은 것이란 무엇인가? 정의와 선, 덕에 관한 것들도 우리는 모르고 있다. 나는 그것을 알고자 했으며 알려주려 했던 것이라고 주장하는 것입니다. 나는 진정한 정의, 선, 덕에 관해 알고자 하는 것이고 말하고자 하는 것이다. 이렇게 그는 변론을 하는 것입니다. 이걸 듣는 배심원들이 가만히 있을 리가 없습니다. 소크라테스가 그들의 자존심을 너무 상하게 한 것이지요. 그는 우리 배심원들에게 지금 살려달라고 해도 모자랄 판인데, 저렇게 우리 배심원들을 꾸짖고 잘못했다고 비난하는 저 소크라테스는 도대체 제 정신인가 하고 생각했을 것입니다.

소크라테스와 예수의 죽음

소크라테스의 죽음은 예수의 죽음과도 비교를 할 수 있을 것 같습니다. 로마인 유대 총독 본디오 빌라도(Pontius Pilatus)도 예수를 살려주려고 했습니다(요한 18:31, 요한 18:38, 누가 23:20~23, 마태 27:19, 개역개정). 그러나 유대인들이 예수를 죽이라고 소리 지릅니다. 이런 이유로 유대인들은 예수의 죽음에 책임이 있다 하여 그 이후로 서양의 기독교 문명에서 엄청난 배척과 탄압을 받았습니다. 중세 성당의 부조(浮彫), 즉 벽의 조각을 보면 유대인은 돼지의 젖을 먹는 자로 묘사되고 새겨져 있습니다. 돼지는 성서의 신약에 보면 귀신, 사탄, 탐욕과 관련이 있습니다(마가 5:13, 마가 8:30~31, 개역개정). 빌라도는 자기가 예수를 죽였다는 죄책감에 괴로워하다 나중에 이탈리아 로마의 인근 화산에 몸을 던져 자살합니다. 아무튼 이게 소크라테스의 변론의 요지입니다. 당연히 배심원들의 2차 평결에는 유죄에 표가 많이 몰립니다. 소크라테스의 마지막 변론은 아주 유명합니다. 극적이기도 하고요.

소크라테스의 죽음

이제 앞에 보았던 그림 「소크라테스의 죽음」으로 다시 돌아갑니다. 이곳은 회화의 배경인 감옥입니다. 감옥에서도 제자들은 간수를 매수라도 할 테니 제발 스승에게 탈출하라고 부탁합니다. 이것은 현실적으로 가능한 방안이라고 이미 얘기했습니다. 지금이라도 어서 도망치라고, 국외로라도 망명하라고 스승에게 간청합니다. 그러나 소크라테스는 냉정히 거절합니다. 소크라테스는 말합니다. 내가 왜 죽음을 두려워하겠는가? 오히려 나는 내게 다가오는 이 죽음을 고맙게 여긴다. 이제 고통 없는 편안한 세계로 나는 갈 것이다. 또 여기 아테네에서처럼 내가 누구를 잡고 말을 걸고 길게 대화를 해도 그 누구도 나를 귀찮게 취급하지는 않을 것이다. 죽음 이후의 세상에서 그들과 더불어 나는 덕을, 정의를, 행복을 길게 얘기할 것이라고 말합니다. 그 세계에는 죽음도 존재하지 않으니 내게 세계와 삶의 본질들을 나보다 앞서 그곳에 있는 현자들과 더불어 토론할 그 많은 시간이 얼마나 좋지 않겠느냐고 말을 합니다. 그러니 그 좋은 세계를 왜 거부하겠느냐고 말입니다.

악법도 법이다?

'악법(惡法)도 법(法)이다.' 소크라테스가 했다고 하는 유명한 말입니다. 그러나 이런 말은 소크라테스가 결코 한 적이 없습니다. 소크라테스가 말하는 법(法)은 실정법(實定法)이 아닙니다. 독재자들이, 고대의 왕들을 비롯한 권력자들이 자기들 마음대로 정하는 법은 소크라테스가 말하는 법이 아닙니다. 소크라테스가 말하는 법은 보편적인 법, 즉 보편법(普遍法)입니다. 그러니 악법도 법이라는 말을 소크라테스가 했을 리 만무합니다. 이 말은 1930년대 일본의 경성제국대학 법철학 교수 오다카 도모오(尾高朝雄)가 그의 저서『법철학』(1937)에서 소크라테스가 독배를 마신 건 악법도 법이므로 이를 준수한 것이라고 멋대로 적은 구절이 와전된 것에 불과합니다. 즉 일본의 해석가가 제멋대로 만든 구절일 뿐입니다.

그렇다고 해서 소크라테스가 보편법이 아닌 모든 공동체의 법은 준수할 필요가 없으니 폐기하자고 얘기를 했을까요? 그것도 아닙니다. 그것도 착각하시면 안됩니다. 소크라테스는 감옥에서 탈출을 권유하는 제자들에게 나를 길러준 공동체가 아테네라고 말합니다. 내가 여태껏 아테네의 보호를 받고, 아테네 덕분에 내가 한 사람의 시민으로서 잘 성장을 했다. 나 스스로도 아테네라는 국가를 위해서 전쟁에도 세 번이나 참전을 했다. 그런 내가 여기서 무책임하게 어떻게 아테네를 버리고 도피할 수 있느냐며 탈출을 권하는 제자들에게 반박했습니다. '그런 행위는 아테네의 시민에게 어울리지 않는다. 더구나 나 같은 철학자에게는 말이다'라며 독배를 수용하기까지 합니다.

소크라테스가 죽어야 했던 이유들

소크라테스가 죽어야 했던 이유를 다른 관점에서 살펴볼 수는 있습니다. 소크라테스의 제자들 중에 참주 출신이자 친스파르타파였던 크리티아스 같은 인물은 상당수의 아테네인이 싫어했을 것입니다. 그래서 아테네인들, 대표적으로 민주주의파는 크리티아스와 스승이기도 했던 소크라테스를 죽일 명분을 찾고자 했을 수는 있었을 것입니다. 일종의 배후 세력이나 주변 세력을 제거하는 것일 수 있습니다. 그래서 사소한 트집으로 소크라테스를 모함했을 수도 있습니다. 소크라테스의 죽음은 당대의 정치적 박해와 조작의 산물이라고 할 수도 있습니다. 그를 기소한 사람들 중의 한 명이 민주주의 당파의 지도자 아니토스였던 것으로도 이를 짐작할 수 있습니다. 불과 일 년 만에 친스파르타파들의 참주 정치가 끝나고 민주주의 당파가 집권을 합니다. 아테네의 정세가 요동을 치는 것입니다. 참으로 혼란한 시기였던 것입니다.

불안한 시대

이때는 페리클레스의 황금시대가 막 지난 뒤입니다. 페리클레스의 말년에는 역병(疫病)도 유행을 합니다. 지금은 감염병이라고 하죠. 전염병입니다. 사람들이 많이 죽습니다. 전반적인 혼란기입니다. 결국 아테네는 스파르타에 패하고 페리클레스와 아들들은 모두 역병으로 죽습니다. 이때의 역병은 장티푸스나 페스트 혹은 흑사병이라고 추정됩니다. 지금도 그렇지만 당시의 전염병, 역병은 엄청난 파괴력을 지녔습니다. 전쟁 중에는 전사자보다 전염병에 걸려 죽는 사람들이 더 많고는 했습니다. 군대의 특성상 인구 밀집도가 높고 비위생적인 환경에서 살다 보니 전쟁 중에는 흔히 전염병이 돌고는 했습니다.

중세에는 흑사병(黑死病, Pest)을 신의 형벌로도 여겼습니다. 말 그대로 몸이 검게 변하며 72시간 안에 죽습니다. 두 번째 유행하던 시기가 14세기에서 19세기까지인데 이때 유럽 전 인구의 3분의 1이 흑사병으로 사망했다고 합니다. 쥐벼룩에서 옮는 전염병입니다. 1차 세계대전 때 스페인독감이 유행했는데, 이때 우리는 일제 강점기였습니다. 1915년 한 해에만 국내에서 조선인들, 대한 제국의 국민 15만 명이 죽습니다. 당시 전염병이 온 세계를 휩쓸었습니다.

소크라테스가 죽음을 맞이하는 시대는 이처럼 뒤숭숭했습니다. 민주주의 당파 아니토스, 비극 시인 멜레토스, 웅변가 리콘. 이 세 사람이 대표주자로 소크라테스를 기소했다고 말했습니다. 아마 스승을 기소한 이 세 사람이 플라톤에게 좋지 않은 감정을 충분히 주었을 것입니다.

플라톤의 적개심

플라톤 철학에서 예술가 추방론이 나옵니다. 시인 추방론이라고도 합니다. 스승에 대한 기소자 중의 한 명이 시인이니 플라톤의 시인에 대한 감정이 좋을 리가 없었을 것입니다. 또 그의 철학에서 이데아론이 나오는데, 이데아론에 의하면 현실은 오직 하나이고 완전한 이데아에 대한 모사(模寫)일 뿐입니다.

그런데 예술이나 시, 문학이나 이런 장르들은 현실을 다시 한번 더 모사합니다. 그러니 원본인 이데아에서는 두 단계나 떨어져 있는 장르들입니다. 이래서 플라톤은 예술가 추방론을 주장합니다. 나아가 당대의 소피스트들은 호메로스 등을 숭앙했고, 소피스트들의 수사학은 그러한 시의 영향을 많이 받았습니다. 시나 문학은 현실적 엄밀성을 상실해있고, 더구나 논리적인 대화법이 아닙니다. 주로 인간의 감정에 호소하는 장르입니다. 이에 반해 소크라테스의 대화법, 변증법은 엄밀한 논리에 기반을 두고 전개됩니다. 결국 소크라테스의 변증법으로서의 대화법이 소피스트들의 시적 수사학을 이기게 됩니다. 그런데 나중에 다시 플라톤에 대립하여 시를 변호하는 이는 시인들이 아니라 플라톤의 먼 제자인 철학자 아리스토텔레스였습니다.

이 부분은 플라톤에서 다시 설명을 하겠습니다. 그러나 소크라테스가 인간의 감성을 전적으로 무시하고 너무 지성과 정신 위주로 치우쳤다는 것은 오해입니다. 소크라테스는 그의 꿈에 신, 즉 다이몬(daimon, demon)이 나타나서 '음악을 하라'라고 말했다고도 얘기합니다. 여기에서의 다이몬은 기독교적 보편 신이 아닙니다. 그냥 일종의 샤머니즘적 잡신(雜神)이라고 생각하시면 됩니다. 데카르트의 철학에서는 사유의 확실성을 의심케 하려는 악령이나 악마로 이 다이몬이 언급이 됩니다. 그리스신화의 올림푸스 신들 정도라고 할까요? 그런 신 말입니다.

소크라테스는 신을 부인하는 무신론자이다. 그래서 태양은 돌이며 달은 땅이라고 말한다고 기소장에 적힙니다. 그런데 이건 페리클레스 시대 자연 철학자 아낙사고라스를 모함하는 내용과 똑같습니다. 자연 철학자들을 이런 식으로 옭아매는 것입니다. 이것을 보면 갈릴레이(Galileo Galilei, 1564~1642)가 떠오르지 않습니까? 갈릴레이는 지구가 태양의 주위를 회전한다고 말했다가 교회의 특별 종교재판소에서 추궁을 당하자 그것을 다시 부인합니다. 중세의 재판에서 종교나 반역 등의 문제는 일반사법재판소가 아닌 특별 재판소에서 취급을 합니다.

갈릴레이의 조금 전 인물인 브루노(Giordano Bruno, 1548~1600)라는 철학자는 유물론(唯物論)과 무신론(無神論)적 입장에서 범신론(汎神論, pantheism)을 주장했습니다. 또 무한우주론을 주장했는데 이는 우주는 무한하며, 태양은 하나의 항성에 불과하다는 주장입니다. 그는 가혹한 고문에도 자기의 주장을 굽히지 않습니다. 마침내 교황과 예수회 사제들에 의해 7년간의 투옥 후 발가벗겨져 화형을 당합니다.

갈릴레이는 특별 종교재판에서 천동설이 옳다고 하며 시인하고 뒤돌아서서 '그래도 지구는 돈다'라고 했다는 얘기가 아주 유명합니다. 실제로 그런 얘기를 하지 않았다는 연구도 있습니다. 갈릴레이의 시대가 이미 근대의 입구로 진입한 시기였는데도 불구하고 새로운 이론을 대하는 종교적 교설이나 도그마(dogma)의 억압은 이토록 위험천만했고, 폭력적이었습니다.

근대 초입의 시기도 이러했는데 무려 기원전의 소크라테스가 살았던 당대는 오죽했겠습니까? 우리는 철학자 소크라테스가 가졌던 담대한 용기에 관해서도 다시 조명을 해봐야 합니다. 소크라테스의 후예, 즉 플라톤의 제자였던 대철학자 아리스토텔레스는 나중에 유사한 상황이 자신에게 닥치자 과감히 탈출을 합니다. 그리스인들이 철학에 두 번 죄를 저지르는 것을 예방하기 위해서라고 변명을 하면서 말입니다.

소크라테스는 합리적이고 인본주의적입니다. 당대의 시인들의 영향을 받은 소피스트들이 현실과는 동떨어진 허무맹랑한 얘기들을 하니 소크라테스에게서 비판을 받았을 것입니다.

이제 소크라테스 철학의 영향을 간단히 정리해보겠습니다. 소크라테스의 사상은 스토아학파(Stoicism)와 키니코스학파(Cynicism, 견유학파, 犬儒學派)에 영향을 줍니다. 이들은 최고의 선은 덕(德)이며, 세속적 선은 경멸되어야 한다고 주장합니다. 진정한 선은 따로 있다고 말합니다. 플라톤 철학에서는 선(善)의 이데아(Form of the Good)가 나옵니다. 세속적 선이라면 쾌락 등을 말하는 것이겠죠. 인간적 정욕을 만족시키는 것들도 포함이 되고요.

소크라테스는 과학의 문제보다는 윤리의 문제에 몰두했습니다. 과학은 자연철학이라고 봐도 됩니다. 세계와 자연에 대한 구체적 탐구의 경향을 말합니다. 소크라테스 이전의 자연 철학자들이 세계의 본질, 즉 아르케에 관심이 많았다면 소크라테스는 그것들보다는 본연의 인간의 문제에 관심이 많았고 사유의 방향을 그것으로 돌립니다. 근대 독일 철학자 헤겔이 소크라테스를 가리켜 철학을 천상에서 지상으로 끌어 내렸다고 표현합니다. 이 말은 소크라테스에 대한 비판의 의미도 있지만 긍정적으로 말하면 곧 소크라테스가 비로소 자연에서 인간의 문제로 철학적 관심을 돌렸다는 말입니다.

소크라테스의 영향에서 그의 위대한 제자 플라톤을 빠뜨릴 수는 없을 것입니다. 플라톤의 저서들을 살펴보겠습니다. 『카르미데스(Charmides)』. 사람 이름입니다. 여기서는 절제(sōphrosynē)와 자기 인식에 관해 플라톤이 논의하고 있습니다. 『리시스(Lysis)』에서는 덕에 관한 정의의 문제를 다룹니다. 『라케스(Laches)』에서는 용기의 문제를 다룹니다. 이것들 모두는 특정한 덕이 본질적 덕인 이유, 그리고 그 덕이 참으로 존재해야 하는, 그러한 방식으로 존재해야만 하는 타당한 근거들을 탐구합니다. 어떤 것이 진정한 절제이며 자기 인식이고, 어떤 것이 진정한 덕이며, 왜 그것이 용기로 불려야 하는지를 다룹니다.

플라톤은 덕과 지식의 밀접한 관계, 행위와 지식의 밀접한 관계를 주장합니다. 주지주의(主知主義)라고 합니다. 아는 이상 행하지 못할 리가 없습니다. 아는 이상 그 앎에 어긋나는 행위를 할 수가 없습니다. 어긋나는 행위를 한다면 그것은 진정한 앎이 아니기 때문입니다. 우리는 선을 아는 이상 악할 수는 없습니다. 참으로 법을 안다면 그 법에 어긋난 범죄를 저지를 수가 없습니다. 아는 이상 어리석을 수도 없습니다. 이렇게 소크라테스는 주장합니다. 아니 플라톤이 스승 소크라테스의 입을 빌려서 주장합니다.

소크라테스, 플라톤, 제논, 근대의 헤겔… 모두 변증법이라고 합니다. 소크라테스에게서는 대화법으로서의 변증법입니다. 물음과 답변의 연속, 질의와 응답의 연쇄를 거쳐 지식을 탐구하는 방법입니다.

소크라테스의 방법은 보편 개념의 형성과 그 보편 개념 자체에 의한 사고방식입니다. 사람들의 대답에 대해 소크라테스가 던지는 반문(反問)은 항상 똑같았습니다. 예를 들어 소크라테스는 덕에 관한 보기 즉, 하나하나의 덕을 나열한 것에 만족하지 않았습니다. 덕에 관한 예들은 소크라테스와 논쟁자들이 주로 사용했던 대화의 방식입니다. 그러나 덕에 관한 예들이, 그 하나하나의 덕들이 개념으로서의 덕 그 자체는 아닙니다.

이것이 중요합니다. 어떤 하나하나의 덕. 예를 들어 즐거움이란 무엇인가 물었을 때 대답하기를, 먹는 것입니다, 자는 것입니다, 노는 것입니다, 신체 일부의 쾌락입니다 등으로 대답할 수 있습니다. 그렇다면 소크라테스는 다시 이렇게 물어보았을 것입니다. 노는 것이 즐거운 것이라고 말하는 것은 무엇 때문인가? 신체 일부의 쾌락이 좋은 것은 무엇 때문인가? 그렇다면 상대방은 이렇게 다시 대답할 수 있었을 것입니다. '노는 것은 나의 기분을 좋게 하기 때문에 선한 것입니다'라고. 그렇다면 다시 소크라테스는 이렇게 반문할 수도 있습니다. '그렇다면 당신의 기분을 좋게 하는 모든 것들은 과연 좋으며 따라서 선합니까?'라고. 그렇다면 예를 들어 당신의 기분을 좋게 하기 위해 마약이나 환각제를 당신에게 투여합니다. 그렇다면 이것은 좋은 것이며 선한 것입니까?

나를 기분 좋게 하는 것이니 무엇이나 좋습니까? 만약 그것이 결국 당신의 신체를 파괴하는 것인데도 좋은 것입니까? 당신이 좋아하는 모든 것이 남에게도 동일하게 좋습니까? 일부에게는 좋지 않은 것을 우리는 진정으로 좋은 것이라고 말해도 됩니까? 그것은 선입니까? 선은 무엇입니까? 이런 식으로 소크라테스의 대화법은 전개되는 것입니다. 대화의 변증법적 진행입니다. 개념의 본질을 찾아가는 것입니다. 완전한 개념을 찾아가는 것입니다.

그렇게 질문과 대답을 통해, 대화의 범주는 구체적으로 개념의 본질에 접근합니다. 응답에 사용된 단어와 개념들을 다시 정의하면서 단어나 개념에 대한 새로운 지식들은 정리가 되고 새로 산출됩니다. 그러므로 산파술입니다.

소크라테스의 방법은 정답을 알려주는 것이 아닙니다. 만약 질문을 받은 자가 '그렇다면 질문하시는 당신께서는 정답을 알고 있으시겠네요?'라고 물어보면 소크라테스는 '글쎄요, 나도 아직은 잘 모르겠습니다. 그러나 해답을 탐구 중입니다. 단지 우리 둘은 아직 그 해답을 모르고 있다는 것은 확실한 듯합니다'라고 답변을 했을 것 같습니다.

하브루타 방식으로 공부하고 있는 유대인의 도서관(예시바)

러셀은 소크라테스의 대화법을 유도신문에 비유하였는데, 그것은 아닙니다. 소크라테스는 자기가 원하는 답을 듣기 위해서, 혹은 그런 목적을 가지고 대화에 임했던 것이 아닙니다. 소크라테스는 그 차원을 넘어섰습니다. 대화를 통해서 상대방의 무지를 깨닫게 하는 것에 그의 주요한 목적이 있었습니다. 그 무지를 알게 된 전과 후는 엄청난 차이가 있습니다. 그래서 소크라테스가 세계인들의 존경을 받는 것입니다. 여러 면에서 살펴보아도 소크라테스는 진정 위대한 철학자라는 존경을 획득할 만합니다. 그의 방식은 참으로 철학적인 방식입니다.

유대인들의 교육법은 유명합니다. 2021년까지 수여된 노벨상의 25% 이상이 유대인들에게 수여되었습니다. 유대인들은 인구 수로 따질 때 전 세계인의 0.1% 정도밖에 되지 않는데도 말입니다. 이런 유대인들의 전통적인 교육법이 바로 질문과 토론입니다. 유대인들의 도서관은 우리가 생각하는 한적하고 조용한 도서관이 아닙니다. 유대인들의 도서관은 시끌벅적합니다. 유대인들의 도서관을 예시바(yeshiva)라고 부르며, 이렇게 서로 토론하고 설명하면서 학습하는 유대인의 전통적 학습방법을 하브루타(havruta)라고 부릅니다. 도서관이 흡사 장터 같습니다. 좌석도 1인으로 구분되어 따로 떨어져 앉는 방식이 아니라 2인 이상으로 좌석이 같이 놓여있습니다. 칸막이도 없습니다. 연구하면서 토론하라는 취지입니다.

소크라테스도 진리를 대화에서 끌어냅니다. 그의 방식은 구체적인 사례로서의 개별적인 것을 관찰하고 토론하다 보면, 이 개별적인 것들의 바탕에는 예외 없이 동일한 것이 기초 지워져 있다는 것을 발견하는 것입니다. 개별적 사례들의 밑바탕에는 보편적인 근거가 있다는 것입니다. 공통적이고 모든 것들에 꼭 같은 한 가지의 형상이 있는 바, 이 형상 때문에 이것이 덕이라고 불린다는 것입니다. 플라톤의 철학을 이야기할 때 더 언급하겠습니다. 『메논(Menon)』도 플라톤의 저서입니다. 역시 사람 이름입니다. 이 저서는 탁월함의 획득 방식에 대해 다루고 있습니다. 플라톤 중기의 저서인데 형상이 언급되는 것으로 봐서 소크라테스의 철학을 빌려 이제 플라톤 철학이 본격적으로 등장하기 시작합니다.

소크라테스에게 있어서 중요한 것은 그 이전의 자연 철학자들인 이오니아 지방의 밀레토스학파처럼 지식의 재료나 전체로서의 자연이 아닙니다. 우리가 자연이나 세계에서 취합하고 경험하는 구체적인 질료, 그 질료로서의 데이터(data), 이런 것들보다는 어떻게 하면 우리가 순수하고 확실한 앎에 도달할 수 있는가의 문제에 소크라테스는 더 관심이 있었습니다. 소크라테스는 조각가와 산파의 아들답게 삶은 조각하는 것이고 철학자는 출생을 돕는 산파라는 것을 그의 철학에 담아내고자 했습니다. 철학이란 새로운 삶을 출생시키는 것이고, 새로운 영역을 창조하는 것입니다. 그리고 그 출생과 창조는 살아있음, 생명이어야 합니다. 비록 소크라테스의 철학이 과연 그것이었는지는 논쟁의 여지가 있지만 말입니다.

소크라테스의 영향을 받은 학파들을 살펴보겠습니다. 앞에서 잠깐 언급했습니다. 플라톤 철학을 제외하고는 현재로서는 그리 많은 연구가 되지는 않았습니다. 앞으로 좀 더 연구가 되어야 할 것입니다. 소크라테스의 영향으로 메가라학파(Megarian school), 엘리스-에레트리스학파(Elis-Eretriaion school), 키니코스학파가 형성이 됩니다. 키니코스학파는 냉소적 성향을 가졌습니다. cynical(냉소적인)이라는 말의 어원입니다. 관조를 중요시하는 스토아학파와 유사하네요. 감각론, 유물론, 자족론… 이것들은 디오게네스로 상징이 됩니다. 드럼통 속에 있는 디오게네스 얘기해줬죠? 알렉산더의 스승이 아리스토텔레스지만 알렉산더는 디오게네스의 영향도 많이 받습니다. 스토아학파들은 세계시민주의(世界市民主義, Cosmopolitanism)를 지녔거든요. 알렉산더가 이집트를 거쳐 페르시아, 중앙아시아를 비롯한 동방을 점령하고 정식으로 결혼을 합니다. 원정 때까지는 결혼을 안 했는데 페르시아 지방, 박트리아의 귀족인 록산나(Roxanne)와 결혼을 합니다. 그리고 아들 둘을 낳습니다. 그러나 알렉산더 사후 아들들을 그리스로 데리고 왔는데 암살을 당합니다. 정략과 정변에 의해서 희생을 당한 것입니다. 이렇듯 타민족과 결혼까지 하는 알렉산더의 세계관에 당시의 스토아 철학인 세계시민주의 등이 영향을 주는 것입니다. 키레네학파(Cyrenaics)도 쾌락주의의 일종으로서 극단적 쾌락주의입니다. 이제 중요한 철학자 플라톤이 나옵니다. 아직은 동양권에서는 서양철학을 얘기할 때 소크라테스 다음에 바로 플라톤을 얘기하죠. 유럽에서는 소크라테스의 영향을 받은 이러한 다른 학파들의 이야기를 많이 하고 있어요. 우리가 좀 더 연구를 해야 할 방향입니다.

제3장

플라톤

화이트헤드(Alfred North Whitehead, 1861~1947). 이 사람이 버트런드 러셀과 함께 『수학의 원리』를 쓴 사람으로 유명한 영국의 현대 철학자입니다. 버트런드 러셀과 함께 기호논리학(記號論理學, Symbolic Logic, 수리논리학, mathematical logic)을 완성한 철학자입니다. 『과정과 실재(Process and Reality)』를 펴내면서 형이상학 쪽으로 선회를 했는데 그는 자신의 철학을 유기체(有機體) 철학이라고 칭했습니다. 화이트헤드가 플라톤에 대해 평하기를, 지금까지의 서양철학의 역사는 플라톤 철학에 대한 주석(註釋)에 불과하다고 평가를 합니다. 그 정도로 플라톤이 서양철학에 끼친 영향은 깊고 방대합니다.

이제 플라톤 철학을 살펴보겠습니다. 저는 니체 철학을 전공했는데요. 한국니체학회같이 서양 철학자 니체를 연구하는 학회에서 니체의 책을 온전히 번역해내는 작업을 마친 해가 2005년이니 햇수로 15여 년 정도밖에 되지 않습니다. 서양철학의 역사는 2500년이 넘습니다. 철학이라는 학문이 가진 역사가 이렇게 유구한데도 불구하고 우리나라에서 서양철학을 직접 수입하고 이해하기 시작한 때는

1910년대 정도밖에 안 됩니다. 일제 강점기 때 외국으로 유학을 다녀온 사람들이 잠깐씩 소개하는 정도였습니다. 완역된 니체 전집 같은 경우도 역사가 짧습니다. 그 전에는 니체 철학에 대한 불완전한 이해상태에서, 마찬가지로 불완전한 번역들이 많았습니다. 청하출판사 같은 곳에서 불완전하게나마 니체의 책을 일부분 번역해서 출간은 했습니다. 국내에서 플라톤 저서에 대한 번역은 니체보다 상황이 더 안 좋은 것으로 보입니다. 플라톤 연구회라는 곳에서 플라톤의 저서들을 체계적으로 번역하고 있는 중인데 아직은 완역이 안 된 것으로 알고 있습니다.

플라톤은 서양철학사에서 굉장히 중요한 철학자임에도 불구하고 연구가 온전히 깊고 넓게 되었다고는 자신할 수 없는 형편입니다. 그런데도 철학을 전공하는 사람은 그가 어떤 철학의 분야를 전공하든지 플라톤 철학과 그의 저서를 언급하지 않고서는 제대로 연구를 이어나갈 수가 없을 정도로 비중이 막대한 철학자입니다. 그렇게 본다면 화이트헤드의 언급대로 서양철학을 한다는 것은 플라톤 철학과의 기나긴 지적 투쟁일지도 모릅니다. 칸트(Immanuel Kant, 1724~1804), 데카르트(René Descartes, 1596~1650) 같은 철학자 이름은 많이 들어 보셨을 것입니다. 이런 위대한 철학자들을 능가하는 대 철학자입니다. 철학과 철학사에서의 비중 또한 그렇습니다.

기형도(奇亨度, 1960~1989)라는 시인을 아시는지 모르겠습니다. 경기도 광명시에 그를 기리는 '기형도 문학관'이 있을 정도로 꽤 유명한 시인입니다. 『잎 속의 검은 잎』이란 시집이 그의 유일한 시집입니다. 이 단 한 권의 시집도 출간을 앞두고 요절한 시인인데 만으로는 28세, 우리 나이로 30세에 극장에서 영화를 보다가 요절합니다.

　제가 이 시인을 소개하는 까닭은 원래 좋아하던 시인이기도 하지만 「대학 시절」이라는 그의 시에서 플라톤이 인용이 되기 때문입니다.

> 나무의자 밑에는 버려진 책들이 가득하였다.
> 은백양의 숲은 깊고 아름다웠지만
> 그곳에는 나뭇잎조차 무기로 사용되었다.
> 그 아름다운 숲에 이르면
> 청년들은 각오한 듯 눈을 감고 지나갔다.
> 돌층계 위에서 나는 플라톤을 읽었다.
> 그때마다 총성이 울렸다.
> 목련철이 오면 친구들은 감옥과 군대로 흩어졌고
> 시를 쓰던 후배는 자신이 기관원이라고 털어놓았다.
> 존경하는 교수가 있었으나
> 그분은 원체 말이 없었다.
> 몇 번의 겨울이 지나자 나는 외톨이가 되었다.
> 그리고, 졸업이었다.
> 대학을 떠나기가 두려웠다.

　당시 전두환 군사정부의 독재 치하에서 대학생들이 시대의 현실이 이리 엄혹한데도 불구하고 현실의 개혁으로 나아가지 못하는 안타까운 심정을 읊은 시입니다. 이런 현실임에도 불구하고 상아탑이라는 고상한 대학 내에 갇혀서 단지 책밖에 읽을 수 없는 현실, 학문이 현실을 위한 지침과 구현이 되지 못하고, 스스로 고립되어서 현실을 외면할 수밖에 없는 상황과 자신의 처지에 대한 안타까움을 표현했습니다. 목련철이면 4월이나 5월경이겠네요. 80년 5월 18일의 광주민주화운동은 이후 5월만 되면 전국의 대학가를 시위의 현장으로 만드는 기폭제가 되었습니다. 80년대는 내내 그랬습니다.

친구들은 시위로 인해 감옥으로 잡혀가든지, 군대로 강제 징집되고, 시를 쓰던 후배는 자신이 기관원, 지금으로 말하면 국정원, 당시는 안전기획부 정도 되었나요? 정보기관의 기관원이라고 털어놓았다고 적어놓았습니다. 당시는 대학 내 사찰이라고 합니다. 정보경찰들이 대학교 내에 상주하던 시절이었습니다. 이 기관원들을 프락치(фракция)라고 불렀습니다. 러시아말로 프락치라고 합니다. 즉 기관의 기관원이 대학 내에 들어와 상주하면서 학생들의 시위동향 등의 정보를 사찰하고 그랬던 시기입니다.

존경하던 교수가 있었으나 그는 학문에만 몰입하는 교수였습니다. 그는 원체 말이 없고, 당시의 시대에 관해 어떤 발언도 하지 않았습니다. 그리고 몇 번의 겨울이 지나자 외톨이가 되었고 졸업을 맞이했습니다. 대학을 떠나기가 두려울 수밖에 없었습니다. 이렇게 흘러가는 시입니다. 그런데 여기서 플라톤을 표현하는 구절이 마치 그를 현실과 동떨어지고 고귀하기만 한 철학자로 묘사를 하고 있습니다. 지금도 현실과 일체 관련하지 않고 오로지 학문적 이상만 꿈꾸는 철학자로, 그렇게 플라톤을 읽는 경향이 있습니다. 나아가 철학이라는 학문에 대해서도 시대나 현실과의 관련에 대해 부정하며 바라보는 오해들도 있습니다. 그러나 실제로 플라톤의 철학을 읽으면 플라톤은 전혀 그렇지 않은 철학자임을 알 수 있습니다. 우리는 플라톤에 대한 오해를 버려야 합니다. 그래서 이 시를 잠깐 소개를 해드렸습니다.

여기 플라톤의 '동굴의 우화'를 묘사한 그림이 보입니다. 이것에 대해서는 조금 있다가 다시 설명을 해드리겠습니다. 여기 플라톤의 책이 보입니다. 3권이라고 쓰여 있습니다. 제3권 32쪽에서 33쪽입니다. 출간연도가 1578년입니다. 스테파노스(Stephanos) 판입니다. 현재 플라톤 철학의 정통 판으로 인정받고 아마 플라톤 철학의 공인 판본으로 되어있을 것입니다. 저서 명은 『티마이오스(Timaeus)』입니다. 플라톤의 우주론을 보여주는 후기의 저서입니다. 라틴어 번역으로 되어있습니다. 장 드 세레스(Jean de Serres, 1540~1598)의 주석이라고 되어있습니다, 주석을 같이 포함하고 있는 라틴어 판본 번역입니다. 1578년이면 중세 말, 근세 초에 해당합니다. 중세에도 플라톤이 여전히 중요하게 다뤄졌다는 얘기입니다.

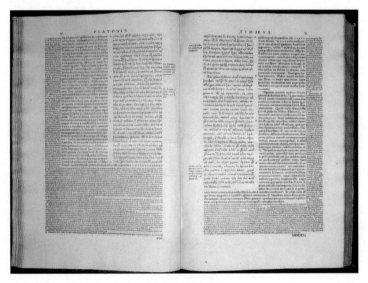

플라톤의 티마이오스

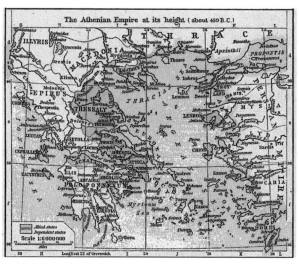

아테네 제국(델로스동맹)의 전성기, B.C.450, William R. Shepherd의 지도, 1926.

제가 소크라테스를 강의할 때도, 당시의 시대 상황을 얘기했습니다. 펠로폰네소스 전쟁에 관해 얘기를 했는데, 이 전쟁은 아테네와 스파르타의 그리스 반도 내 패권 싸움입니다. 이 전쟁에서 아테네가 패배합니다. 그 전에는 아테네가 델로스 동맹(Delian League)을 통해서 실제적으로 그리스의 패권을 잡고, 페리클레스의 황금시대로 비유되는 전성기를 맞이합니다. 그러나 전염병이 돌아서 시민들이 많이 죽고, 페리클레스도 죽습니다. 더구나 펠로폰네소스 전쟁에서 스파르타에 패배하여 주도권을 넘겨주고, 이런 시국에 소크라테스가 죽음을 맞이하는 것입니다. 당시 시대 상황이 30인 참주 시대가 민주주의자들에 의해 전복된 시대입니다.

스파르타는 독특한 정치 체제를 가지고 있습니다. 왕이 두 명입니다. 그리고 시민, 참정권 없는 시민, 노예들이 있습니다. 실제적으로 스파르타인은 참정권을 지닌 시민 정도만 해당이 됩니다. 자유인도 참정권이 있는 사람이 있고 참정권이 없는 사람도 있습니다. 이 사람들은 노예는 아닐지라도 외국인이거나, 아니면 전공을 세운 노예들이 포상으로 자유인 신분을 획득한 것입니다. 스파르타에서 노예를 제외한 사람들의 수는 소수입니다. 전쟁에 나가면 이 사람들이 전사가 되어 싸웁니다.

그렇다면 소수의 시민들이 다수의 사람들을 지배해야 하는 사회는 어떻게 운영해야 효율적일까요? 자연히 엄격한 군사훈련과 교육이 강조됩니다. 스파르타식 교육은 유명합니다. 이를 아고게(agoge)라고 부릅니다. 이는 소수와 강자를 위한 교육입니다. 또 전사들의 수가 부족하므로 강인한 전사로 양성하기 위한 체육 활동이 굉장히 중요시됩니다. 전쟁을 수행하는 전사로서 단련을 하는 것입니다. 전사로서 전시에 최고의 전투 역량을 발휘할 수 있게 하기 위함입니다. 이 소수의 전사들이 스파르타가 벌이는 각종 전쟁에서 싸우는 것입니다.

스파르타 전사들은 단연 그리스 내에서 최고의 전사들이었던 것은 틀림없습니다. 페르시아 전쟁에서도 아테네는 스파르타의 참전을 필수 조건으로 삼고 참전을 독려합니다. 물론 스파르타는 수락합니다. 그리스는 도시국가들의 연합체입니다. 그래서 폴리스들의 연합 국가입니다. 펠로폰네소스 전쟁 이후의 아테네는 소수의 참주들이 통치하는 참주 정치시대입니다. 스파르타가 워낙 소수들이 다스리는 폴리스 국가이다 보니 아테네를 패배시키고도 이후 직접 통치를 못하고 위임통치를 하는 것입니다. 식민통치 비슷한 것입니다. 이중 한 명이 소크라테스 제자인 크리티아스라고 말했습니다.

그리스가 도시국가의 연합이고 서로 같은 민족이라고 해서 전쟁 중에 서로 관용하고 신사적으로 타협하지는 않습니다. 외국의 침입으로 인해 서로 어려울 시기에는 연합을 하지만 나머지 기간은 서로 싸우고 죽이고 정복합니다. 최초에는 아테네가 패권을 쥐고 있다가 펠로폰네소스 전쟁 이후에는 스파르타, 그리고 스파르타가 테베(Thebes)에 패한 이후로는 테베에, 다시 이후에는 북부의 마케도니아와 알렉산더 제국으로 그리스 패권이 넘어가게 됩니다. 테베와 스파르타의 전쟁에서 테베는 스파르타의 시민들을 모조리 학살하기도 합니다. 스파르타의 인구는 소수인데 이 전쟁을 통해서 많이 희생당합니다. 그래서 스파르타인들은 그 뒤로 재기하지를 못합니다. 스파르타의 인구가 현격히 감소했기 때문입니다. 테베 이후에는 마케도니아의 알렉산더 대왕이 등장합니다. 알렉산더의 스승은 플라톤의 제자인 아리스토텔레스였습니다. 물론 아리스토텔레스는 플라톤의 직접적 제자는 아니었습니다. 이런 상황들과 시대 배경을 참고하시기 바랍니다. 플라톤은 소크라테스에 대한 부당한 판결과 그로 인해 존경하는 스승이 죽었다는 현실에 크게 상심하고 실망합니다. 그리고 직접 현실정치에 뛰어들어 스스로의 이상의 실현을 시도했으나 이것 역시 실패합니다. 총 3회를 시라쿠사, 오늘날의 시칠리아 섬으로 현실에 이상을 구현하기 위하여 정치에 뛰어들었습니다.

그리스 지도를 보시면 발칸 반도에서 그리스의 우측, 터키의 동쪽이 밀레토스학파가 활동했던 지역입니다. 그리스는 당시 아테네가 이끌던 해양 문명국가입니다. 그리스의 영토는 지금도 터키에 인접한 섬과 일부 해안까지 뻗어져 있습니다. 당시에도 그리스의 영토와 식민지는 발칸 반도와 소아시아, 그리고 이탈리아까지 뻗쳐 있었습니다. 그래서 그리스가 지금처럼 이 정도에 국한된 것이 아니고 당시는 지금의 터키가 있는 소아시아, 아나톨리아 반도의 서쪽이 밀레토스, 이탈리아 반도의 동쪽에 엘레아(Elea)가 있었으며, 모두 그리스의 세력권이라고 말할 수 있습니다. 그리스, 즉 발칸 반도의 아래에는 크레타섬이 있습니다. 크레타 문명 혹은 미노스 문명이라고 불렀습니다. 이곳이 속해 있는 곳이 에게해인데 이것을 따서 에게 문명이라고도 부릅니다. 이 또한 그리스 문명의 일부입니다.

이쪽이 이탈리아 반도입니다. 이탈리아의 동쪽에서 번성한 학파가 엘레아학파입니다. 밀레토스학파는 바다를 건너 소아시아 지방입니다. 이 지방이 과학 문명의 영향을 받아서 과학적인 탐구 정신이 강했습니다. 초기의 자연철학자들로서 밀레토스학파가 그 영향을 받았다고 볼 수 있습니다. 철학의 아버지라 불리는 탈레스도 이 영향을 받습니다. 소크라테스 이전 자연 철학자들의 만물의 원질을 밝히려는 사고는 이러한 사조의 영향을 받은 것입니다.

엘레아학파는 이와 달리 영원함, 불변함, 지속하여 변하지 않는 것… 이런 것들을 추구합니다. 이집트의 종교적 사고의 영향이 있습니다. 피타고라스는 소아시아의 사모스(Samos)섬에서 활동하였습니다. 조금 아래쪽에는 이집트가 있습니다. 이집트는 피라미드(pyramid)로 유명합니다. 피라미드는 내세에 대한 사고가 반영된 건축물입니다. 이집트는 내세에 대한 관심이 많았고 엘레아학파도 이집트의 이런 영향들을 받게 됩니다.

플라톤이 세 번이나 방문했던 지역은 이탈리아의 시라쿠사(Siracusa)

입니다. 지금은 시칠리아 주로 이탈리아 땅입니다. 이탈리아 반도가 장화처럼 생겼는데, 여기 장화의 끝부분 앞에 위치한 섬이 시라쿠사입니다. 아르키메데스(Archimedes, B.C. 287년경~212년경)가 이곳 시라쿠사 출신입니다. 아르키메데스가 목욕하면서 물이 넘치는 걸 보고 물질의 밀도에 따라 물이 다른 양으로 넘치는 걸 발견하고 옷 입는 것도 잊고 돌아다니면서 '유레카(Eureka)'라고 외쳤다는 얘기가 있습니다. 카르타고와 로마가 전쟁을 벌였던 포에니 전쟁시기에 시라쿠사는 카르타고와 동맹관계였습니다. 아르키메데스는 로마인들이 시라쿠사를 침공할 때 해변의 모래 위에서 기하학 계산을 하고 있다가 로마 병사에 의해 죽임을 당합니다. 로마의 장군인 마르켈루스가 아르키메데스는 해치지 말라고 부하들에게 당부하였는데도 말입니다. 나중에 이 소식을 듣자 장군은 화를 많이 내었다고 합니다. 시라쿠사는 로마 제국 이전에는 페니키아에 속하기도 했고, 독립 왕국이기도 했으며, 로마에 복속을 당하기도 했습니다. 아르키메데스 때문에 로마에서 시라쿠사를 정복하는 데 애를 먹었습니다. 성을 방어하는 데 효과적인 최신 방어무기를 발명해서 로마군을 힘들게 했거든요. 집광경이라는 거울에 햇볕을 모아 반사시켜 로마의 전함을 불태우기도 했다고 합니다. 이 집광경으로 로마의 전함을 공격하는 그림들이 지금도 전해지고 있습니다.

플라톤이 시라쿠사로 건너갈 때 시라쿠사는 디오니소스 1세가 다스리고 있었는데, 그때만 해도 시라쿠사는 그리스 영향권이니까 지속적으로 서로 왕래를 합니다. 시라쿠사에서 플라톤을 초빙하고, 플라톤이 이에 응해 시라쿠사로 갑니다. 그러나 디오니소스 1세의 정치는 폭력적이어서 플라톤은 그의 정치를 비난하고 귀국하려 하는데, 간교한 왕은 플라톤을 속여서 노예로 팔아버립니다. 노예선에다 플라톤을 태웠습니다. 결국 플라톤은 노예로 팔려 갔는데 타렌툼의 통치자인 아르키타스와 소크라테스의 영향을 받은 키레네학파 중에 안니케리스라는 철학자가 몸값을 대신 지불하고 플라톤을 살려줍니다. 몸값은 20미나였다고 하는데 상당한 거액이었다고 합니다. 플라톤이 무사히 돌아와서 그 돈을 갚으려고 했더니 내가 철학자를 살렸는데 무슨 돈을 받느냐고 안 받았다고 합니다. 플라톤이 그 자금으로 만든 것이 아카데미(Academy)라고 합니다.

두 번째로 플라톤이 다시 시라쿠사로 향합니다. 이때는 디오니소스 3세 치하입니다. 플라톤이 자기의 신념인 철인정치를 구현하려고 다시 가는 것입니다. 그러나 이번에도 실패하고 돌아옵니다. 마지막으로 세 번째, 플라톤의 친구라는 얘기도 있고, 조카라는 얘기도 있는데 디온이라는 시라쿠사의 재상이 초빙을 합니다. 플라톤을 초빙해서 현실정치에 도움을 받으려고 했는데 불행히도 디온이 정치적 암투로 암살이 되고 맙니다. 플라톤은 여기서 현실정치를 완전히 포기하고 아테네로 돌아와서 그 뒤로는 제자들을 가르치는 데에만 매진을 합니다.

중국을 볼까요? 플라톤의 몇백 년 후 정도 됩니다. 동양의 중국에서도 공자, 맹자 같은 철학자들이 현실정치에 자기의 뜻을 펴기 위하여 전국을 돌아다닙니다. 공자는 춘추 시대의 인물이며 맹자는 전국 시대의 인물입니다. 때로는 제후의 초빙을 받아서, 아니면 순유(巡遊) 중 제후를 만나서 자기의 위민 정치론을 납득시키고 구현하기 위해서입니다. 천자(天子) 즉 황제는 전쟁을 할 때 수레 만 개를 동원할 수 있다고 해서 만승지군(萬乘之君)이라고 부릅니다. 제후(諸侯)는 천 개를 동원할 수 있다고 해서 천승지군(千乘之君)이라고 부릅니다. 맹자는 제후의 대우를 받아서 이동할 때마다 많은 수의 수레가 따라다녔다고 합니다. 동양에서 그렇고 서양에서도 마찬가지였던 것입니다.

제1차 페르시아 전쟁은 페르시아 군대가 그리스의 위쪽으로 침입하던 중 폭풍우를 맞아서 실패합니다. 다시 제2차 때는 마라톤 평원을 지나는 루트로 침입을 합니다. 아테네와 스파르타를 위시한 그리스 연합군이 마라톤 평원에서 일차로 페르시아 대군과 대치를 합니다. 그리고 결과는 그리스 연합군 측의 승리로 끝났습니다. 제3차 페르시아 전쟁이 다시 벌어집니다. 육로로 침입한 페르시아 군은 페르모필레에서 스파르타 연합군을 제압합니다. 그리고 해로로 들어오는 페르시아 대군은 아테네를 주축으로 한 그리스 함대와 살라미스 해협에서 조우합니다.

살라미스 해전이 세계 전쟁사에서 유명하죠. 데미스토클레스가 이끌었던 전투입니다. 영화 「300」의 속편[300: 제국의 부활, 감독: 노암 머로, 2014, 미국]이 바로 이 살라미스 해전을 다룬 것입니다. 세계 4대 해전 중의 하나입니다. 이 전쟁도 미리 신탁을 받습니다. 소크라테스가 아폴로 신전에서 신탁을 받듯 말입니다. 그 신탁은 나무 성벽에서 싸우라는 것입니다. 그렇게 그리스 연합군은 해전에서 페르시아에 승부를 걸어서 이깁니다.

지난 시간에도 설명을 해드렸지만, 소크라테스가 살던 시대는 너무 혼란스러웠습니다. 궤변을 일삼는 소피스트들이 나타나서 자기의 이익, 금전과 같은 현실적이고 실용적인 가치들만을 위해 자신의 지식을 팔았던 시대입니다. 객관적 진리란 존재하지 않으며 단지 이기는 것이 진리인 시대로 타락하고 있었습니다. 당연히 철학자 소크라테스는 이런 풍조에 거세게 저항을 합니다. 결국 소크라테스는 희생이 됩니다. 타락한 사회에 의해 희생이 되었다고도 볼 수 있었습니다.

플라톤은 그런 시대 상황을 보면서 각성을 하게 됩니다. 처음에 스승의 죽음을 목격하면서, 그리스 현실정치를 개혁하지 않는 한 올바른 철학이라는 것도 불가능하겠다고 판단을 합니다. 그러나 실제로 현실정치에 나서다가 실패를 하고 그 뒤에는 학문에만 매진을 한 것입니다. 이론과 실천의 차이는 이런 것입니다. 이론적으로 보기에는 아무리 완벽하고 건전한 논증이며 논리적 하자가 전혀 없더라도 그것을 현실에 적용하여 이루어 낸다는 것은 다른 차원의 얘기입니다. 칸트를 예로 들어 본다면 그가 이론 이성인 순수이성과 현실에서의 실천적 판단의 문제인 실천이성을 구분한 이유가 바로 이런 것입니다. 이성적 판단이 도덕적 실천을 보장하지는 않습니다.

이제 유토피아(utopia) 얘기가 나옵니다. 유토피아를 이상향으로 간주해서 버트런드 러셀의 철학사에서는 이상 국가론으로 다룹니다. 플라톤의 저서 『국가』를 근거로 하는 것입니다. 유토피아라는 말은 토머스 모어(Thomas More, 1478~1535)가 쓴 용어입니다. 국가는 영문으로 Republic입니다. 공화국이라고도 번역되고 그렇게도 씁니다. 그러나 정확히 말하면 이것은 하나의 국가론이자 정치 체제론, 즉 정체론(政體論)입니다. 정치 체제가 어떻게 구조화되어야 사회와 문화를 비롯한 공동체로서의 국가가 완전하게 되는지를 논변하는 것입니다. 유토피아는 플라톤이 『티마이오스』와 『크리티아스』에서 서술한 내용을 근거로 합니다. 유명한 '아틀란티스(Atlantis)'라는 대륙의 얘기도 여기서 언급합니다.

플라톤 철학에서 형상론(theory of ideas, theory of form)이 중요합니다. 형상론, 이데아론이라고 일반적으로 번역하고 이상론이라고 번역하는 사람도 있습니다. Idea는 생각, 사상, 관념, 이상이라는 말입니다. Ideal이라는 말은 이상적, 이성적, 관념적이라는 말도 됩니다. 이 말들은 모두 이데아(Idea)라는 말에서 어원이 된 것입니다. 그래서 아마 러셀은 이상론이라고 번역을 한 것 같습니다. 물론 국내 번역자가 그렇게 번역했을 수도 있고요. 그러나 일반적으로는 형상론으로 번역을 합니다.

영문으로도 theory of ideas보다는 theory of forms를 많이 씁니다. 형상론 또는 이데아론이라고 칭합니다. 이상형이라는 말은 어떨 때 주로 사용을 합니까? Ideal type이라고 합니다. 우리가 사용하는 말을 예로 들어 보겠습니다. 너의 이상형은 무엇이냐고 했을 때 여기서 이상형은 굉장히 주관적인 말입니다. 나는 좀 코가 높고 하얀 피부의 여성이 좋아, 혹은 나는 근육질에 키가 훤칠한 남자가 좋아 이런 식으로 우리는 얘기합니다. 그러나 플라톤이 말할 때는 그런 개인적인, 주관적인 얘기가 아닙니다. 공통적으로, 객관적으로 말하는 것입니다. 플라톤의 이상 또는 형상[εἶδος(eidos), ἰδέα(Idea)]은 참으로 있는 것, 진정으로 존재하는 것, 모범이 되는 것, 패러다임

(paradigm)으로서 준거를 잡는 것 등으로 말을 할 수 있습니다.

그렇다면 참으로 있는 것은 무엇입니까? 진정으로 존재하는 것은 무엇입니까? 나무를 예로 들어 보겠습니다. 봄에는 새싹이 올라오고 여름에는 꽃이 활짝 피었다가 가을에는 낙엽이 되어 떨어지고 겨울에는 땅속으로 숨습니다. 꽃에도 일년생이 있고 다년생이 있지만요. 여기서 땅속으로 숨어버린 꽃을 우리가 꽃이라고 부를 수 있습니까? 이 경우에도 꽃이 있다고 말할 수 있는 것입니까? 아니면 땅위에서 사라지는 꽃은 존재하지 않는 것이라고 말할 수 있습니까? 피었다 사라지고 다시 피는 것을 반복하는 꽃은 없는 것입니까? 우리의 시각을 기준으로만 한다면 그 꽃은 한시적으로만 있는 것입니다. 지속적으로 존재하지 않습니다. 그렇다면 꽃에 한해서는 참으로 있는 것이 아니라고 말할 수 있습니다. 그러나 우리의 감각인 눈을 기준으로 삼지 않는다면 꽃은 겨울에도 뿌리로 영양을 공급하며 여전히 살아있습니다. 여전히 겨울에도 꽃은 생명으로 존재하고 있습니다.

그렇다면 봄에는 꽃이 피고 겨울에는 뿌리로 숨어버리는 꽃이나 식물들, 이것들을 지탱하는 그 바탕의 것은 무엇이며 우리는 그것을 무엇이라고 불러야 합니까? 봄, 여름, 가을, 겨울 계절이 바뀌어도 계속 남아있는 그 지속적인 것은 무엇입니까? 우리가 그것을 구체적으로 표현할 수는 없어도 꽃을 피워내는 힘을 가진 꽃의 무엇, 앙상한 가지 밑에 버티고 있는 나무의 무엇이라고 말할 수 있습니다.

나무들은 여름에는 만개하여 우거지고 겨울에는 가지 하나만 남기고 숨습니다. 줄기만 남기고 숨습니다. 식물들을 키워보면 식물들은 겨울에 에너지를 축약하기 위해서, 에너지를 저축하기 위해서 줄기의 잎들을 모두 떨구고 맨 가지들을 드러낸 채 쉬고 있는 것을 볼 수 있습니다. 얼핏 보면 죽은 듯 보이지만 나무들은 죽지 않습니다. 그렇다면 나무를 나무로서 지탱하게 하는 것은 무엇입니까? 예를 들면 죽은 나무는 손으로 살짝 건들기만 해도 툭 끊어집니다. 죽은 나무는 외형으로는 살아있는 나무와 비슷하지만 본질적으로는 이미 나무가 아닙니다. 죽은 나무는 산 나무와 다르게 단지 땔감 정도의 용도로만 쓰일 수 있습니다. 그렇다면 나무로서 나무가 진정으로 존재할 수 있게 할 수 있는 건 무엇인지가 문제 됩니다. 그것은 나무를 떠받치고 살아 움직이게 하는 생명일 수 있습니다. 나무에 지속적으로 힘을 공급하는 무엇, 그것을 예로 든다면 생명이라고 우리는 칭할 수 있습니다. 플라톤은 그 생명을 나무들의 아래에서, 나무라는 개념의 밑바탕에서 보는 것입니다. 그리고 그는 그 생명을 이상, 형상, 이데아로 말을 하고 있습니다. 나무의 배후에서 나무를 진정으로 있다고 할 수 있는 것은 나무가 아닌 생명이라고 말할 수도 있습니다. 나무라는 현상 아래에 생명이라는 이데아가 있다는 말입니다.

사람들은 이데아를 현상의 아래보다는 현상의 위에서, 즉 현상을 초월해서 현상의 모범이 되는 것으로 주로 기술하는 편이지만, 제가 볼 때는 이것이 세계를 대하는 플라톤의 눈입니다. 플라톤의 눈은 이렇게 앞에 펼쳐진 세계를 보는 것입니다. 현상(現像)은 나타날 현(現)자에, 모습 상(像) 자입니다. phenomena라고 합니다. phenomenology로 쓰면 현상학(現象學)입니다. 현상은 사태가 드러내는 모습입니다. 그러나 그 모습을 관찰하는 것은 인간의 감관입니다. 감관은 오류의 가능성이 있습니다. 플라톤의 관찰에서는 나타났다가 사라지는 꽃은 현상이며, 그 아래에서 그 꽃을 드러내게 하는 지속적인 그 무엇, 그것이 실재입니다. 현상은 반드시 존재하는 것은 아니지만 그 현상을 드러나게 하는 무엇은 반드시 존재해야 합니다. 겨울에는 꽃은 사라지지만 그 꽃을 봄에 나타나게 하는 무엇은 반드시 존재해야 하는 것과 같은 이치입니다.

따라서 현상을 나타나게 하는 그 무엇이, 꽃 아래에 있는 생명의 힘이 더 꽃보다 실재적이고, 진정하고, 현실적이라고 할 수 있습니다. 꽃 아래의 생명력이 꽃보다 더 진정성, 실재성, 현실성이 더 크다고 말할 수 있습니다. 여기서 현실성은 actuality라고 합니다. 이때의 actuality는 실제성을 말하는 것입니다. reality 또한 현실성을 말하는 것인데 이때의 리얼리티는 진정한 현실성을 말합니다. actuality는 눈앞에서 실제로 일어나는 것이고, reality는 진정으로 존재하는 것입니다. 그렇다면 이 꽃에서의 생명이 지닌 현실성은 곧 실재성이라고 말할 수 있습니다. 따라서 나타났다 사라지는 것은 현실적인 것이 아니고 단지 현상일 뿐입니다. 현상은 실제로, 진정으로 있는 것이 아닙니다. 이런 관점으로 본다면, 꽃은 어느 시간에 사라지지만, 나무는 지속적으로 존재하니, 꽃보다는 더 실재성이 크며 현실성이 크다고 말할 수 있습니다. 또 리얼리티가 크다고 말할 수 있는 것입니다. 플라톤은 사물을 이렇게 바라보고 있는 것입니다.

서양 철학의 전통적 관점에서는 감각에 대해 지나치게 비하하는 경향이 있습니다. 감각과 정신, 감정과 이성을 대비시키고 전자는 너무 불신하고 후자는 너무 신뢰합니다. 그러나 제가 볼 때는 이 둘은 서로 보충하는 관계이며 그것이 더 강조가 되어야 합니다. 감각과 감관은 불완전합니다. 우리의 감정 또한 혼동되는 욕망의 표현일 수 있습니다. 그렇다고 이 감각과 감관의 도움 없는 이성적 판단은 불가능합니다. 오히려 이성 자체의 판단을 감각이 보충해 줍니다. 우리의 이성은 결코 이념뿐인 신의 정신이 아니고 실제에 거주하는 인간의 정신이기 때문입니다. 이것이 강조되어야 합니다.

만약 이렇게 플라톤의 철학을 읽으면 그가 말한 형상, 이데아는 이원론적 색채와 종교적 관점을 제거하면 얼마든지 현재의 세계에서 지침으로 작동하는 형상이며 이데아가 됩니다.

다른 예를 들어 보겠습니다. 코는 인간 얼굴의 한 부분입니다. 입도 그렇습니다. 눈, 코, 입 등의 얼굴의 부분들이 연합하여 얼굴을 구성합니다. 그러면 얼굴은 무엇 때문에 있습니까? 예를 들어서 코는 숨쉬기 위해서, 입은 먹기 위해서, 귀는 듣기 위해서 있다고 해봅시다. 이러한 부분들이 다 연합해서 인간의 얼굴을 구성합니다. 또 얼굴과 손, 발 등 다른 부분들이 연합하여 인간을 구성합니다. 좀 더 크게 보면 인간이기 위해서 얼굴이 필요하다는 것입니다. 손과 발도 마찬가지입니다. 손과 발도 각각에 있어서는 행하는 역할들이 있지만, 이것들은 특정한 인간의 행위들을 구성하기 위해서 있는 것입니다. 유기체라고 말합니다. 전체가 원활히 움직이기 위한 일부로서 부분들이 자리하는 것입니다. 이러한 개개의 것들을 따져보면 결국 얼굴을 보게 되고, 손가락을 보면 결국 손을 봐야 되고 팔을 봐야 되고 발을 봐야 되고, 결국은 이것은 인간 전체를 봐야 부분의 역할들을 좀 더 잘 이해하게 됩니다. 그래서 부분들의 아래에는 전체로서의 인간이 있게 됩니다.

여기 고래가 있고, 상어가 있고, 금붕어가 있다고 가정해 보겠습니다. 고래는 폐가 있고 상어는 날카로운 이빨이 있으며 금붕어는 부레가 있습니다. 그런데 고래는 폐가 있고 아가미가 없으니까 물고기와 똑같은 형태임에도 불구하고 포유류로 분류됩니다. 출산을 하고 젖으로 새끼를 먹입니다. 반면에 상어와 금붕어는 어류로 분류가 됩니다. 그런데 상어는 이빨이 왜 있을까요? 하위의 동물을 잡아먹기 위해서입니다. 그렇다면 상어는 포식자임을 알 수 있습니다. 이렇듯 특정한 개념 위에는 상위 개념들이 있습니다. 그리고 더 이상 상위를 허용하지 않는 개념이 있을 것입니다. 그것을 플라톤은 형상, 즉 이데아로 부른 것입니다.

우리에게는 매우 자잘하면서도 구체적인 일상이 있습니다. 이것들은 연합하여 우리의 삶을 구성합니다. 사람이 늘 기쁠 수만은 없고 마저 분노해 있을 수만도 없습니다. 그리고 슬프기만도 할 수 없고 즐겁기만도 할 수 없습니다. 지나친 조증(躁症)이나 울증(鬱症)의 지속은 건강하지 못한 징후입니다. 이렇듯 다양한 정서들이 우리의 다방면의 삶들을 구성하고 있습니다. 희노애락(喜怒哀樂)이라 함은 이러한 다양한 정서들을 일반화, 추상화시킨 것입니다. 즐거움을 분석해보면 먹는 것도 즐겁지만 음악을 듣는 것도 즐겁고 같이 친구들하고 노는 것도 역시 즐겁습니다.

그렇지만 먹는 것의 과잉, 즉 과식은 건강에 해롭습니다. 음악도 지나치게 들으면 청각의 손실과 정신의 혼돈을 초래합니다. 유흥에 대한 지나친 탐닉은 건강의 균형을 놓쳐 몸을 망치게 됩니다. 플라톤의 사고방식은 이렇습니다. 만물들이 상호 얽혀있는 관계들을 분류하고 그 핵심을 사유해보는 것입니다.

그래서 이데아로서의 형상이라는 것은 이상이며, 이성적인 것이 되는 것입니다. 아까 말했다시피 먹는 것 자체만으로는 좋습니다. 즉 선(善)입니다. 그러나 과식을 하면 해, 즉 악이 됩니다. 적당히 먹으면 건강에 도움이 되고 미각도 즐겁습니다. 그렇다면 과식보다는 적당한 섭취가 좋은 것이라고 말할 수 있습니다. 그렇다면 A는 악하고, B가 선하다고 말할 수 있습니다. 그러면 건강은 무엇을 위해서 좋은 것일까요? 건강은 왜 좋은 것일까요? 건강해야만 가족들과 같이 오래 살고 친구들과 만날 수가 있고 세상의 많은 진리와 지식을 탐구할 수도 있고 여행도 갈 수 있고 등등… 이렇게 관계를 파헤치면서 배후까지 분석을 해나가는 것입니다. 이렇게 분류하면서 근원을 좁혀 올라가고자 하는 것입니다. 가장 좋은 것, 좋은 것 중에 좋은 것을 찾아 올라가는 것입니다. 달리 말하면 이데아 중의 이데아 또는 형상 중의 형상을 찾는다고도 할 수 있습니다. 또 이성적인 것 중의 이성적인 것, 이상적인 것 중에 이상적인 것이라고도 말할 수 있습니다.

이렇게 따져봤더니 최고 위에는 좋은 것 중의 좋은 것, 형상 중의 형상, 이성적인 것 중의 이성적인 것, 존재 중의 존재 이걸 플라톤은 이데아 중의 이데아로 부르고, 선의 이데아라고 부릅니다. 이 선의 이데아가 이데아 중의 가장 높은 이데아가 되는 것입니다.

존재하는 모든 사물들은 각자의 이데아를 가지고 있습니다. 그렇다면 많은 이데아들이 존재하고 있는 것입니다. 먹는 것의 이데아,

기술(技術)의 이데아, A의 이데아, B의 이데아 등이 있지만 이것들은 아까 언급했듯이, 서로 관계들로 얽히게 됩니다. 그리고 어떤 것들은 관계에서 이데아가 아닌 것으로 드러나 이데아들의 대열에서 탈락을 합니다. 좋은 것이, 선이 아니므로 탈락을 합니다. 과식은 건강에 해롭고, 지나친 공부는 건강을 해치고, 시력을 해칩니다. 지나친 질투는 사랑을 해칩니다.

질투가 사랑의 지나침이라고 해석을 해봅시다. 사랑이 아니지만 사랑을 빌려 대상을 괴롭힌다고 할 때 이것도 과하면 이데아 중에서 탈락을 하는 거예요. 사랑의 이데아가 아닌 것입니다. 이렇듯 상호 모순되지 않고 많은 이데아들을 포용할 수 있는 이데아 중의 이데아가 무엇일까요? 그것을 플라톤은 선의 이데아라고 칭합니다.

지금 이곳이 우리가 사는 세계입니다. 지금 이곳이 우리가 처하고 거주하는 현실입니다. 이 세계에는 우리가 눈으로 볼 수 있는 세계와 볼 수 없는 세계가 섞여 있습니다. 눈으로 볼 수 있는 세계를 가시(可視)적 세계라 부릅니다. 볼 수 없는 세계는 비가시적(非可視的) 세계입니다. 볼 수 있는 세계에는 꽃도 있고 물고기도 있고 낙엽도 있습니다. 느낄 수 있는, 감각할 수 있는 세계에는 우리의 정념인 분노도 있고 절망도 있습니다. 물론 쾌락도 있습니다. 우리의 정욕도 있고, 육체적 희열들도 있습니다. 그러나 이런 것들은 플라톤이 보았을 때, 영원히 있지 않고 곧 사멸할 존재자들입니다. 우리가 볼 때도 그렇습니다. 단지 눈에 보이는 것이라고 해서 그것들이 역시 눈에 보이지 않는 세계에서도 마찬가지로 진정으로 존재하는 것들은 아니라는 얘기입니다. 눈으로 보이는 세계에서는 존재하지만 눈으로 볼 수 없는 세계, 영원히 존재하는 것은 무엇인지 사려하는 정신의 세계, 즉 비가시적 세계에서는 존재하지 않는다는 것입니다.

가시적 세계에서 비가시적인 세계로 이어지는 선에서 여기서 탈락하고, 저기서 탈락합니다. 예로 든 물고기, 낙엽, 우리의 분노도 탈락하여 사라집니다. 우리가 죽어 없어졌는데도 분노하는 건 아닙니다. 즉 우리의 정서는 죽음을 극복하지 못하고 꽃은 계절을 극복하지 못하고, 물고기는 물을 극복하지 못합니다. 대개의 꽃은 겨울에는 피지 못합니다. 절망도 마찬가지로 죽음으로 결과하는 시간을 극복하지 못합니다. 그렇다고 모든 절망이 영원한 절망은 아니고 기쁨으로 변할 수도 있습니다.

예를 들어 여기 아돌프 히틀러(Adolf Hitler, 1889~1945)가 있습니다. 모든 사람들이 악인으로 부르고 그로 인해 전 유럽의 사람들이 고통을 당했습니다. 히틀러 한 사람이 죽으면 그의 연인인 에바 브라운(Eva Braun, 1912~1945)은 슬플 것입니다. 그의 연인 에바 브라운은 히틀러의 패전을 진심으로 슬퍼했습니다. 그는 히틀러와 같이 죽으려 베를린으로 옵니다. 그래서 베를린의 지하 총통 벙커에서 동반 자살합니다. 히틀러의 죽음은 에바 브라운 한 사람에게는 슬픔이지만 전 유럽인에게는 기쁨입니다. 이렇게 하나의 사태는 다른 관점으로도 볼 수 있습니다.

신체의 일부분이 경험하는 쾌락을 예로 들어 봅시다. 전 마약을 해본 적이 없지만 마약 중독자들은 정신적 황홀감 때문에 마약에 몰입합니다. 과식으로서의 음식은 혀의 미각에는 좋지만 전체 몸에는 안 좋습니다. 육체의 정욕도 순간의 정욕은 기쁘고 유익한 것으로 보이지만 장기적으로 봐서는 오히려 육체에 해를 남깁니다. 순간의 정욕으로 인해, 육체의 욕망을 절제하지 못해 신세를 망치는 사람들이 많이 있습니다. 순간의 쾌락만을, 순간의 이익만을 위해서 사는 사람들, 이들에게는 눈앞의 쾌락과 이익이 선으로 보이지만 이 선은 결국 그들의 육체와 정신을 해하는 악으로 드러나게 됩니다.

플라톤이 봤을 때, 진정으로 있는 것, 존재자 중의 존재자는 변화를 겪지 않습니다. 변화에서는 진정한 존재도, 선이라는 것도, 항상된 유익함이라는 것도 없다고 플라톤은 말하는 것입니다. 이런 것들은 참으로 있지 않다, 즉 존재하지 않는다는 것입니다. 우리의 감관들이 마치 그것들이 진정한 존재성을 가지는 것인 마냥 우리를 속이는 것일 뿐입니다.

그렇다면 우리가 이것을 정확히 보려면 어떻게 봐야 할까요? 꽃을 지탱하는 나무는 상대적으로 꽃보다는 존재성이 크다고 플라톤은 봅니다. 물고기는 땅에서 거주를 못하고, 말은 물속에서 거주를 못하는데, 물에서도 집을 짓고 사는 인간은 물고기나 말보다도 더 능력이 크다고 간주하는 것입니다. 또는 물속에서도 가고 땅에서도 가는 자동차를 만드는 사람은, 그 사람의 기술은 땅에서만 가는 자동차를 만드는 사람보다 더 기술이 월등하다고 보는 것입니다.

플라톤의 영혼불멸설(靈魂不滅說)에 대해서 살펴보겠습니다. 인간의 영혼으로서의 정신은 사멸하지 않고 지속됩니다. 고대 피타고라스학파의 영향과 흔적입니다. 피타고라스학파의 윤회설의 영향이 남아있는 것입니다. 영혼불멸설은 소크라테스도 플라톤과 동일합니다. 소크라테스가 최후의 독배를 마시면서 제자들에게 말을 합니다.

사후 세계는 고통도 억압도 없고, 같이 즐겁게 얘기할 많은 사람들이 있는데 왜 슬퍼하느냐고 말입니다. 소크라테스도 인간은 죽은 후에도 영혼은 사라지지 않는다고 보았습니다.

칸트 철학에서는 약간 다른 식의 논조가 나타납니다. 불교적 인과응보(因果應報)가 칸트 논리의 기반입니다. 왜 현실 세계에서는 선한 자에게 선한 과실, 즉 보상이 주어지지 않고, 악한 자에게 악한 과실, 즉 형벌이 주어지지 않는가? 왜 범죄자는 처벌을 받지 않고 편안히 살다 죽는 경우들이 존재하는가? 악인에게 합당한 처벌이 없다면 인간 삶에서의 공과 과실(공과, 功過)은 어떻게 산정할 수가 있는가? 이런 문제의식에서 칸트는 영혼불멸설을 주장합니다.

인과응보(因果應報)가 제대로 작동하려면 영혼은 육체가 죽은 이후에도 살아남아야 합니다. 영혼이 육체보다 자아의 실체성을 점하고 있다고 칸트는 보았으므로, 개별자로서의 영혼은 죽지 않고 그에 대한 보상 혹은 처벌이 육체가 죽은 후에도 주어진다고 보았던 것입니다. 즉 칸트에게서 육체는 죽어도 영혼은 죽지 않고 살아있습니다. 이렇게 논리들이 변형이 되지만 영혼 불멸론은 근대 철학까지도 명맥을 이어갑니다.

『티마이오스』는 플라톤의 우주론을 다룬 저서입니다. 수(數)로 우주를 파악하고 전개하는 것입니다. 수학의 수로 구성된 우주, 수의 질서처럼 조화로운 우주, 이것도 피타고라스학파의 영향이 드러난 책이라 볼 수 있겠습니다. 『티마이오스』는 유명한 책입니다. 플라톤이 만년에 지은 책입니다.

플라톤은 아주 훌륭한 철학자라 후대에 그의 이름을 빙자하여 저술된 위서(僞書)들이 많습니다. 미술사를 보시면 그림에도 위작들이 있습니다. 선대의 훌륭한 화가의 작품을 습작용으로 모방하거나 아니면 상업적 이용을 위해서 위작하기도 합니다. 그래서 위서(僞書)와 진서(眞書)를 구분하기 위해서 학자들이 연구를 하는 것입니다. 성서에서도 외경(外經)과 정경(正經)이 있습니다. 외경은 가톨릭에서 인정을 하지만, 개신교에서는 인정을 하지 않습니다.

불교에서도 마찬가지입니다. 결집(結集)이라고 합니다. 어떤 경전이 진정으로 부처님께서 설하신 말씀인가에 관해 제자들이 모여 회의를 하는 것입니다. 불교에서는 4차례에 걸쳐 결집을 합니다. 기독교에서는 공의회(公議會) 형식을 갖추어 본래의 말씀과 의미를 찾습니다. 로마가톨릭과 동방 정교회가 모두 인정하는 공의회는 총 7차례입니다. 이에 더해 가톨릭교회에서만 인정하는 공의회가 추가로 있습니다.

플라톤의 저서라고 알려진 것들에서도 상당한 위서들이 있어 이것들을 가려내는 작업들이 역사적으로 진행되었습니다. 그중에서 『티마이오스』는 플라톤이 직접 저술한 책으로 대부분의 학자들은 인정합니다. 『제7서한』 정도도 플라톤이 직접 저술한 글이 맞다고 합니다.

상기설(想起說)은 플라톤이 주장한 이론으로 여기에서의 상기는 기억하거나 회상한다는 의미입니다. 기억(記憶, 므네모시네, Mnemosyne)과 같습니다. 플라톤에 의하면 우리는 과거에 관한 기억을 계속 가지고 있습니다. 우리는 모두 전에 이데아를 본 적이 있습니다. 우리의 영혼은 불멸하므로, 이미 과거에 우리의 영혼이 이상을, 이데아를 본 적이 있다는 말입니다.

철학에서의 지식이란, 현대에서 말하는 실용적인 지식이 아닙니다. 철학에서의 지식이라는 말은 진리라는 말과 유사합니다. 단지 실용적이기만 한 지식은 철학적 관점에서는 진정한 지식이 아닙니다. 압력밥솥을 이용하면 밥이 더 맛있고, 트레이닝 옷은 나이키가 최고이고… 이런 지식은 철학에서는 전혀 지식이 아닙니다. 철학에서는 시간이 변해도 가치가 그대로인 것, 변화와 무관한 지식 이런 것들만이 지식으로 칭할 가치가 있습니다. 그런 차원에서 진리와 비슷합니다. 철학자들은 지식과 진리를 동일한 것으로 간주하기도 합니다.

물론 지식을 나누어서 실천적 지식과 이론적 지식을 구분하기도 합니다. 현대에는 실용적 지식 등도 지식으로 부르기도 합니다만 용어의 엄격한 의미에서 보면 지식이란 절대적 진리 하나밖에 존재하지 않습니다. 절대라는 말은 곧 유일성을 말하는 것입니다.

플라톤으로 다시 돌아가면, 우리는 이전에 분명히 특정한 형상을 본 적이 있습니다. 지금 목격하는 사물의 원형, 즉 이데아를 본 적이 있습니다. 그러나 현실의 사물을 지금 목격하는 우리는 육체가 생산하는 감관(感官)의 지배를 받습니다. 현재의 사물을 우리가 존재하는 것으로 감각(感覺, sensation)하는 것은 육체의 감관이 있어서 가능합니다.

감관이란 무엇입니까? 외부로부터의 자극을 수용하는 기관입니다. 즉 감각을 생산하는 기관입니다. 시각(視覺), 청각(聽覺), 후각(嗅覺), 미각(味覺), 촉각(觸覺) 등을 오감(伍感)이라고 합니다. 이런 감각으로 우리는 사물을 지각(知覺, Perception)합니다. 꽃을 보면 우리는 그 꽃이 예쁘고 아름답다 등 우리의 감각으로 평가를 합니다. 그러나 그 평가는 꽃의 겉모습에 관한 평가일 뿐입니다. 겉모습에만 빠져서 그 본질을, 실체를 못 보는 것입니다. 그 꽃은 한 달 후면, 겨울이면 곧 사라질 것이라는 것을 감관은 보지 못합니다. 화무십일홍(花無十日紅)이라고 합니다. 열흘 동안 붉은 꽃이 없다는 말입니다. 모든 사물은 쇠락하기 마련입니다. 곧 지는 꽃일지라도 우리는 그 피어있는 현재의 아름다움만 보고 감탄을 합니다. 그래서 마치 그 꽃을 영원히 사랑할 수 있는 것인 마냥, 마치 그것이 나와 더불어 영원히 있을 것인 마냥 착각을 합니다. 그러한 착각은 우리의 감관이 저지르는 실수입니다. 꽃의 운명을 알고 있다면 곧 꽃이 떨어질 것도 짐작하는 것입니다. 그 꽃의 운명은 이성으로 파악 가능합니다. 사물의 본질은 이성적 사고가 수반되어야 인식이 가능합니다. 이것이 플라톤의 사고입니다.

인스턴트 음식은 어린이들의 몸에 안 좋습니다. 그런데도 아이들은 좋아합니다. 왜냐하면 달기도 하고, 아이들의 미각을 자극하기 때문입니다. 인스턴트 음식은 결과적으로는 몸에 해롭지만 지금 당장에는 나의 구미를 당깁니다. 본질적으로는 특정한 사물은 신체에 도움이 되지 않고 오히려 해를 줄 뿐인데 감관은 그 사물의 모습에 속고 마치 그것들이 우리에게 지속적인 이익이 되는 것인 양 판단하기도 합니다. 따라서 플라톤은 사물의 본질을 파악하기 위하여 우리는 최대한 감각적 판단을 지양하고 이성적으로 판단해야 한다고 말합니다. 그렇다면 이성으로 사물을 어떻게 봅니까? 우리의 눈이 지각한 사물을 어떻게 우리의 이성이 올바르게 해석할 수가 있을까요? 플라톤의 대답은 우리는 이미 사물의 본질을, 사물의 이데아를 전에 보았으니 회상하면 된다고 합니다. 상기하면 된다는 말입니다.

그렇다면, 상기를 어떻게 할까요? 사태를 관조하고 통찰해야 합니다. 사태로부터 떨어져서 그 사태에 대해 곰곰이 생각해보는 것입니다. 그것이 상기이며, 기억이고, 통찰이며 관조입니다. 그리고 이러한 이성적 능력을 배양하는 것이 교육의 한 역할입니다. 이성의 능력을 키우기 위한 교육인 것입니다. 그것이 학문입니다. 플라톤의 '아카데메이아'에서는 산술, 기하학, 천문학, 그리고 일정 기간의 훈련을 거쳐 철학을 가르쳤습니다. 음악과 변증법으로서의 문답법도 있었던 듯합니다. 고대의 학문이라 하면 철학, 수학, 기하학, 수사학, 논리학 등이 있었겠지요. 전형적으로 이성의 훈련을 쌓는 방법입니다. 그의 제자 아리스토텔레스는 더 나아가 세계 내의 관찰 가능한 사실들을 취합하여 분류하거나, 세계 내의 사물들을 경험하는 학문들까지 그의 리케이온(Lykeion)에서 가르쳤습니다. 아리스토텔레스의 강의록에서 다룬 학문들은 물리학, 형이상학, 시학, 생물학, 동물학, 논리학, 수사학, 정치학, 윤리학에까지 이릅니다.

플라톤이 아카데미아(Akademeia)라는 학교를 설립했다고 했습니다. 그 학교의 아치형 현판 입구에 이렇게 쓰여 있었다고 합니다. "기하학을 모르는 자! 이 문에 들어오지 마라." 기하학이 무엇입니까? 기하학은 공간에 관한 수학적 사고입니다. 수학적 사유는 현실을 다루지 않습니다. 오로지 이성만으로 구축하는, 계산하는 학문입니다. 1+1은 2입니다. 결코 0.7이 나올 수가 없습니다. 수학의 진리성은 스스로 명백합니다. 즉 자명합니다. 1+1=2라는 것은 특정한 경험을 필요로 하지도 않습니다. 직관적으로, 자명하게 떠오릅니다. 이것이 수학적 확실성입니다.

수학의 진리는 현실에서 검증 가능하지도 않습니다. 왜냐하면 현실에서는 정확히 동일한 개별자들, 즉 1과 완전히 동일한 1은 존재하지 않기 때문입니다. 수학의 진리치는 이런 종류의 것들입니다. 수학적 능력은 누구나 선천적으로 지니고 있는 보편적 능력이지만 그 능력을 사용할 줄 모르면, 즉 논리적 분석을 사물에 가할 능력이 없으면 입학하지 마라는 얘기일 것입니다. 달리 말하면 이 말은 이성적으로 사고할 수 없으면 들어오지 말라는 얘기와 동일합니다. 이성적 사고란 감정을 최대한 배제한 사고입니다. 그런 함의가 이 말에는 들어있는 것입니다. 플라톤의 관점에서 보면 지식은 감각에서 도출되지 않으며 오로지 지성을 통해서 얻어야 합니다. 여기서 지성(知性)이란 말은 곧 이성입니다. 지성이란 말은 나중에, 주로 근대 철학에서 등장하는 개념입니다. 번역의 문제일 수도 있겠지만 이성을 지성으로 번역하는 철학자들도 있습니다.

이런 용어들을 잠깐 정리해보겠습니다. 감성(感性)이란 말은 이성과 대비되는 개념입니다. 감성, 감정(感情), 정서(情緒), 정념(情念), 욕동(慾動)이라고도 합니다. 모두 비슷한 말입니다. emotion은 정서나 정념을 말하고 passion은 정열, 정념을 말합니다. affect, affectus라고도 합니다. 이성은 reason, ratio라고 합니다. ideal은 '이상적인' 또는 '이성적인'이라는 뜻입니다. 지성이라고도 번역하는데 엄밀히 말하면 지성은 이성은 아닙니다. 구분하자면 지성은 intelligence입니다. 이건 지능(知能)을 말하는 것입니다. 지능은 계산(計算)을 잘 하는 것으로서, 산술적 계산 능력을 말합니다. 즉 오성(悟性)을 말합니다. 오성은 understanding입니다. 이성과 오성 혹은 이성과 지성을 같지 않다고 구분하는 철학자가 있고 동일하다고 보아서 구분하지 않는 철학자도 있습니다. 플라톤은 전자에 속해서, 이성과 오성을 구분합니다. 플라톤의 경우에서 오성의 능력은 기하학적인 사고를 할 수 있는 능력입니다. 이성은 형상을 볼 수 있는 능력입니다.

기하학적 능력은 인간이 천부적으로 가지고 있는 본래의 능력입니다. 플라톤이 『메논(Menon)』에서 5살짜리 노예 소년한테 이러저러한 산수 공식을 가르쳤더니 노예 소년이 그것을 넘어 더 많은 것을 깨우치더라고 말합니다. 이런 예로서 인간은 원래 오성적인 능력, 수학적인 능력이 있다고 주장하는 것입니다. 그리고 그 능력은 이미 이전에 보았기 때문에 가능합니다. 상기설이 그 이론적 기반으로 쓰이는 것입니다.

플라톤이 위에서 예로 든 능력은 오성입니다. 영미 철학자들은 이성과 오성을 구분 안 하는 사람들이 많이 있습니다. 그 이유는 제가 생각할 때는 영미의 경험주의 전통에서 인간이 본래 천부적으로 가지고 있는 이성적 사유 능력을 부인하는 편이기 때문이지 않을까 합니다. 대륙의 철학적 전통에서는, 프랑스의 데카르트(René Descartes)를 예로 든다면 플라톤이 상기설에서 언급한 인간의 선천적 능력을 본유 관념(本有 觀念, Innate idea)이나 생득 관념(生得 觀念)이라 칭하며 긍정을 하는 데 비해, 영국의 경험주의 철학자 로크(John Locke) 같은 경우는 이러한 선천적 본유 관념이나 생득 관념을 부정합니다. 아마 이러한 전통들이 지금도 영향을 끼치고 있는 것일 겁니다. 나중에 근대 철학에 들어가면 간략히 설명을 하겠습니다. 반면 칸트나 독일 등의 대륙 철학자들은 대개 구분을 합니다. 플라톤 철학을 읽을 때에는 지식은 오성이 아니라 이성을 통해서 얻는다고 읽어야 합니다. 즉 이성이라고 번역을 해야 합니다.

그렇다면 본래의 능력, 우리가 형상을 볼 수 있는 본래의 능력은 무엇입니까? 상기를 통해서 우리가 무엇을 알 수 있을까요? 우리가 본래 어떤 것들을 알고 있기에 플라톤은 그렇게 인간을 믿었을까요?

이 믿음은 인간의 능력에 대한 믿음입니다. 아무리 배운 것이 없고, 지식이 전혀 없더라도 두 개의 대비되는 물체를 봤을 때 그 물체들이 서로 동일하거나 유사하다는 것을 우리는 알 수 있다는 것입니다. 또한 두 물체가 서로 다르거나, 구별되는 차별성도 우리는 알 수 있다는 것입니다. 본래적으로 인간들은 이런 것들을 알 수 있다고 플라톤은 말합니다. 예를 들어 서로 크기가 다른 원들을 눈앞에 제시하면 우리는 어떤 것이 크거나 작다고 말을 합니다. 또 세모와 네모를 가져다 놓으면 어린 아이일지라도 그것들이 모양이 다르고 구별된다는 것을 안다는 것입니다. 한 개에 대해 일(一)이라고도 배우고 하나라고도 배우지만 일·이·삼·사·오, 하나·둘·셋·넷·다섯, 이러한 나열을 계속 언급하다 보면 어린 아이들은 자연스레 깨우친다는 것입니다. 이 자연스러움이란 인간의 본래적 능력이 이미 개입한 자연스러움입니다. 저도 4살 된 딸이 있지만, 아이들은 이미 알고 있습니다. 이걸 직관(直觀)이라고 합니다. 감성하고는 다릅니다. 이성·지성·감성과는 또 다른 직관(intuition)이 있습니다. 농구공과 야구공을 나란히 놓았을 때 아이들은 어떤 공이 더 크고 더 작은지 안다는 것입니다. 선천적이며 본래적으로, 비록 표현은 못할지라도 알고 있으며 알 수 있다는 것입니다.

많은 잡다한 사물들이 우리의 눈앞에 있습니다. 이것들을 질서지우고 체계지우는 능력, 사물의 본질적인 것들을 통찰하는 능력들을 인간은 가지고 있다는 것이 플라톤의 주장입니다. 사물에 대한 구체적 지식은 인간이 지니고 있는 본래적 능력 위에 펼쳐지고 더해져야 제대로 파악될 수 있다는 것이 플라톤이 하는 말의 진의입니다. 이는 나중에 칸트 철학에서 시간과 공간을 인간의 선험적인 도식으로 보고 사물에 대한 인식이 그것들을 기반으로 펼쳐진다는 주장을 이미 선취한 것으로 보입니다. 이렇게 플라톤 사유의 핵심적인 맥락은 근대 철학자들까지 이어집니다. 또 데카르트의 '나는 생각한다. 그러므로 존재한다.'라는 선언은 유명합니다. 여기서 나는 생각하므로 존재한다는 데카르트의 언명이 플라톤이 말한 상기설과 이어지는 것을 볼 수 있습니다. 실제로 데카르트는 중세기를 주름잡던 아리스토텔레스의 철학에서 방향 전환을 해서 플라톤 철학의 영향을 많이 받습니다.

지식은 감각에서 도출되지 않으며 오로지 지성을 통해 얻어야 한다는 플라톤의 말은 이런 얘기입니다. 선(善, Goodness)은 시간을 초월합니다. 시간을 초월해야 선 자체로 남을 수 있습니다. 시간에 구애받는 선은 보편적 선이기를 포기한 것입니다. 역사적 선이란 진리로서의 선은 아닙니다. 무엇보다 진리는 시간을 초월해서도 살아남아야 하기 때문입니다. 그리고 현실성(reality)을 지닌 최선의 국가는 현재에서는 존재하지 않을지라도 천상의 원형으로서의 선의 이데아를 가장 가깝게 모사한 국가입니다.

다른 한편으로 선은 완전함입니다. 최고로 완전한 국가는 천상의 원형을 가장 잘 모방한 국가입니다. 여기에서 원형은 형상이며 모범(模範)입니다. 모사(模寫)란 모방, copy입니다. 미메시스(mimesis)라고도 합니다. 플라톤이 볼 때 완전한 국가의 형상은 영원한 선을 최대로 이해한 사람들이 통치자가 되어야 하는 것을 요구합니다. 이러면서 플라톤은 철인정치(哲人政治)를 언급합니다. 플라톤은 유능한 정치가가 되려면 선이 무엇인지 알아야 하며, 지적 훈련과 도덕적 훈련을 쌓아야 한다고 말합니다. 이는 교육의 역할입니다. 플라톤 철학에서는 교육의 역할이 상당히 중요합니다.

언급했듯 플라톤이 현실과 동떨어진 철학자는 아닙니다. 플라톤의 이미지를 은둔이나 초월만을 말한 철학자로 생각한다면 그것은 오해입니다. 플라톤 본인이 세 번이나 시라쿠사 섬에 올바른 정치를 실현하기 위해서 간 사람이었고, 국가론을 통해서 국가의 체제나 정당한 정치 체제에 대해서 지속적으로 자기주장을 하고 있습니다. 또한 스스로 미래의 철인들을 키워내기 위해서 아카데메이아를 세워 교육에 헌신했던 철학자이기도 합니다. 정치가들에게는 특정한 도덕적 자질, 선에 대한 갈구, 형상 혹은 이데아에 대한 분명한 지식이 있어야 하고, 그것을 이루기 위하여 지적 훈련과 도덕적 훈련을 계속 닦아야 한다고 말하는 것입니다. 따라서 교육이 현실적인 수단으로 중요시 되는 겁니다.

플라톤의 『국가』에는 3계급이 있습니다. 버트런드 러셀의 『서양

철학사』에서는 평민, 군인, 수호자로 분류를 하고 있습니다. 그러나 일반적으로 이러한 명칭으로 분류하지는 않고, 생산자, 수호자, 통치자의 3계급으로 분류를 합니다. 번역상의 문제이긴 합니다. 수호자가 러셀의 책에서는 통치자의 자리에 있지만, 일반적으로 다른 철학사에서는 수호자를 전사나 군인으로 구분을 해놓기 때문에 그렇습니다. 생산자는 현실적으로 생산에 종사하는 사람들을 가리킵니다. 농업, 어업, 기술자 이런 사람들을 예로 들 수 있습니다.

수호자는 군인인 전사계급을 말하고, 통치자는 철인(哲人), 즉 정치가로서의 철학자를 말합니다. 생산자는 절제의 덕이 중요시 됩니다. 생산자들은 정욕을 이성적으로 아직 통제 못 하니 절제의 덕을 중요시 한 것은 아닌가 생각이 듭니다. 수호자 같으면 국가를 수호하는 계급이므로 당연히 기개, 용기 이런 것들이 중요시 됩니다. 통치자는 최상의 지위에서 올바른 정치를 위한 지혜, 진리에 대한 지식, 이데아에 대한 앎 등 이런 덕들이 중요시 됩니다. 통치자(철인)에 대한 교육은 아카데미에서 행하는 교육과 비슷합니다. 수학과 철학에 관한 지식 등이 당연히 들어갈 것입니다. 체력 단련도 물론입니다.

플라톤이 형이상학적인, 관념적인 사상만 주장하고, 이런 교육만 중요시했다는 편견이 있습니다. 그러나 그 당시가 예를 들어 현대의 반도체 공학 같은 학문이 있을 수는 없습니다. 천체 물리학 같은 학문이 있을 수는 없습니다. 그러나 조야한 수준이지만 동물학, 식물학 같은 자연을 다루는 학문이 있습니다. 이것이 나중에 아리스토텔레스한테 영향을 주는 것입니다. 이후 아리스토텔레스가 발전시킨 자연에 관한 지식이나 학문들은 중세를 지배하게 됩니다. 근대 초,

르네상스 시기까지도 말입니다. 학문이라 함은 나를 포함한 세계에 대한 탐구이지 않습니까? 따라서 철학자 플라톤이 늘 형이상학, 수학, 철학, 기하학만 얘기를 하는 것은 이치에 맞지 않습니다.

플라톤의 교육관에서 남녀의 차별은 없습니다. 남성이나 여성은 모두 서로 평등합니다. 이 말은 만약 여성이 남성보다 더 능력이 뛰어나면 여성이 통치자도 될 수 있다는 말입니다. 그렇게 오랜 옛날 플라톤의 관점에서는 여성 통치자도 가능했다는 말입니다. 남성도 물론이고요. 그렇지만 만약 남성이라도 통치자가 될 자질이나 지식, 덕이 없다면 통치자로서의 덕과 교육 수준이 있는 여자가 더 우등한 것입니다. 정치와 교육에 있어서 남녀의 차별은 없습니다.

통치자들은 결혼도 하지 않습니다. 그 이유는 자식이 생기면 소유욕이 더 증가하기 때문입니다. 소유욕이 생기면 사유 재산에 욕심을 냅니다. 이것은 정치가에게 사적인 탐욕을 자극하게 됩니다. 지식과 진리, 올바른 정치에 대해 갈구하게 하고, 그것을 위한 갈망을 자극하는 것들이 아니라, 사적인 이익과 육체의 탐욕을 자극하는 것입니다. 그래서 플라톤은 통치자 혹은 통치자가 되어야 할 사람들은 결혼을 해서는 안 된다고 주장을 하는 것입니다.

우생학(優生學)이란 학문이 있었습니다. 지금은 사라진 학문인데 종의 개량이나 우수한 인간의 유전적 선발 등을 지향하는 학문입니다. 지금은 유전 상담이나 유전자 치료, 게놈 프로젝트 등으로 명맥이 유지가 되고 있습니다. 2차 대전 당시까지만 해도 우생학이 있었습니다. 히틀러의 나치가 이 부분에 특히 몰두하였는데, 그 목표는 진정한 게르만인을 발견하고 양성하기 위한 연구입니다. 이 우생학은 일제의 만주 731부대를 세우는 학문적 근거가 됩니다. 731부대는 포로들을 대상으로 생체실험하는 부대였습니다. 시인 윤동주가 이 부대의 생체실험 대상이 되어 운명했습니다. 731부대의 생체실험은 끔찍했습니다. 이 실험내용은 인터넷 등에 검색을 해보시면 쉽게 찾아볼 수 있습니다. 이 실험의 데이터는 나중에 승전국 미국에 제공됩니다.

골상학(骨相學, Phrenology, 성상학, 性相學)도 이런 부류입니다. 머리의 두개골 형태 등이 인간의 천부적 능력과 연결되어 있다는 이론입니다. 정신을 생리학적 차원으로 조야하게 환원시킨 것입니다. 우생학적으로 보면 장애인, 병이 있는 사람들, 선천적으로 유약한 사람들 등 이런 사람들은 그들이 출산한 2세가 신체적, 정신적으로 부모를 닮아 열등할 우려가 있으니 아예 출산을 못하게 하고, 결혼도 못하게 해야 한다고 주장합니다. 실제로 나치가 이런 주장을 합니다. 이런 주장과 플라톤의 주장을 비교할 수가 있을 것입니다.

플라톤은 남성과 여성의 결합에서는 신체와 정신 모두 그 능력이 높은 남성과 여성이 결합하는 것이 제일 좋다고 말합니다. 능력과 수준이 아주 떨어지는 남자는 마찬가지로 능력과 수준이 아주 떨어지는 여자와는 결혼을 시키지 말아야 한다고도 주장합니다. 그 이유는 위에서와 같이 그들의 2세가 아주 열등할 수가 있으니 그렇습니다. 하나의 완전한 국가를 만들기 위해서 플라톤의 사유는 이렇게 구체적인 것에까지 미칩니다. 사회적으로는 상당 부분 위험한 생각을 내포하고 있습니다. 그러나 다른 시각으로 보면 여기서 플라톤은 남성과 여성이라는 생물학적 성의 완고한 구분보다는 각자의 남성과 여성이 지니고 있는 능력들의 결합이라는 상당히 진보된 생각을 나열하고 있습니다. 지금의 세계에서도 피부나 인종, 성별을 초월한 능력 본위의 사고로서도 손색이 없으며 당시의 시대적 한계를 고려한다면 파격적이라고 할 만큼 진보적인 생각입니다.

수호자는 전사계급으로서 군인입니다. 이들은 한 국가를 지키는 임무를 가지고 있습니다. 전사계급의 특성으로서 당연히 기개와 용기 이런 덕목들이 중요시됩니다. 이런 사고들은 중세까지도 이어집니다. 아니 근대와 현대까지도 이어진다고 하는 것이 맞겠습니다. 중세 기사들의 정신은 프랑스어로 노블레스 오블리주(noblesse oblige, nobility obliges)라고 합니다. '귀족은 의무를 갖는다.'라는 프랑스어입니다. 고귀한 자들의 의무, 고귀한 의무, 귀족적 의무입니다. 공적인 일과 대의를 위해서 사적인 일과 개인을 희생하는 것을 말합니다.

고대 그리스 아테네인에게서는 공적인 일과 사적인 일의 구분이 없었습니다. 근대 이후에서야 공적인 것과 사적인 것은 철저히 분리가 됩니다. 사적인 것으로서의 집 안 일, 사생활의 자유와 공적인 것으로서의 정치적 권리나 공공의 생활은 고대 그리스의 아테네에서는 상호 분리가 되지 않았습니다. 이것들은 근대 이후로 서로 분리가 됩니다.

독일의 근대 철학자 헤겔(Georg Wilhelm Friedrich Hegel, 1770~1831)은 사적 공간인 가정을 긍정합니다. 헤겔의 개념인 인륜성(人倫性, Sittlichkeit)은 이 가정을 포용한 개념입니다. 이전의 칸트는 가정을 이념적으로 포용하고 긍정하지 않습니다. 칸트에게서의 도덕은 개인과 국가의 문제이지 그 중간 단계인 가정과 사회가 사유되지 않습니다. 이 가정을 철학 속으로, 이념으로 끌어들인 철학자가 헤겔입니다. 고대 그리스는 공적인 생활과 사적인 생활이 일치가 됩니다. 이것이 소크라테스가 늘 시장에 나가서 청년들과 대화하는 정치, 문화적 배경이 되는 것입니다.

버트런드 러셀은 플라톤의 철학이 전체주의적 성향이 있다고 비판을 합니다. 아예 러셀은 자신의 철학사에서 그러한 관점으로 플라톤의 철학을 읽겠다고 선언합니다. 전체주의는 국가를 위해서 개인을 희생시키고, 전체를 위해서 부분을 희생시키고, 대(大)를 위해서 소(小)를 희생시키는 사고입니다. 달리 말하면 특정의 거대한 목적을 위해서 설계되고 설파되는 것이 플라톤의 철학이라고 러셀은 말을 하는 것입니다. 그리고 당대 스파르타의 현실정치로부터 플라톤은 그의 국가론의 모티브를 따왔다고 러셀은 주장합니다. 그러나 이런 주장은 제가 볼 때 반은 옳고 반은 그릅니다. 예를 들어서, 러셀은 영미 철학의 전통에 속하는데, 영미 철학에서는 플라톤을 이해할 때 『열린 사회와 그 적들(The Open Society and Its Enemies)』(1945)을 저술한 칼 포퍼(Karl Raimund Popper, 1902~1994)로 대표되듯, 플라톤의 사상이 지닌 전체주의적 면모를 강조하면서, 플라톤의 전통을 잇는 마르크스, 헤겔 등의 대륙 철학자들에게도 전체주의자의 혐의를 씌우면서 경계하고 비판합니다.

플라톤의 관점에서는 진정으로 존재하는 것, 진정으로 있는 것, 나아가 있어야 할 것들은 현실에서 당위(當爲)의 문제로 설정이 됩니다. 있어야 하는 것이 지금 있는 것들의 우위에 섭니다. 당위란 의

무이며 해야만 하는 것입니다. 당위를 존재로 설정한다는 말은 있어야만 하는 것, 해야만 하는 것을 실제로 있는 것, 지금 행해지고 있는 것의 모범으로 세운다는 말입니다. 있는 것들은 있어야 할 것들을 모범으로 설정하고, 그것을 향해야 합니다.

현실적으로 있는 것은 실재입니다. 여러분들이 착각하기 쉬운 것들이 있습니다. 실재(實在)라는 것은 철학적으로 진짜로, 진정으로 있는 것이고, 실제(失題)라는 것은 현실적으로 지금 있는 것입니다. 있는 것들은 독일어로 sein이라고 합니다. 존재를 말하는 것입니다. 영어로는 being이 되겠죠. 있는 것들로부터 당위를 얘기하고 그 방향으로 진행하는 것입니다. 영어로는 강한 의무를 얘기하는 ought to, 독일어로는 sollen이 될 것입니다. 플라톤은 현재 있는 존재자들에서 존재의 본성과 진정한 존재를 보는 것이 아니라 현재 있는 존재자들의 허상을 깨닫고, 진정으로 있어야 할 존재자를 말하면서 그것들이 현실에서의 존재자들보다 더 근원적이고 현실적(!)인 존재자들이라고 보는 것입니다. 지금 있는 존재자에서 진정으로 있어야 할 존재자들을 추구하는 것입니다.

언급했듯 플라톤이 살던 당대의 현실이 어떻습니까? 페리클레스 치세 이후로 역병, 지금으로 말하면 전염병이 돕니다. 더구나 펠로폰네소스 전쟁 이후로 패배한 아테네는 의기 소침해있고, 패전으로 인해 아테네인도 많이 전사한 상태였습니다. 역병으로, 패전으로 많은 시민이 죽었고, 민심도 흉흉한 상태였던 것입니다. 이 와중에 소피스트들이 사람들을 현혹시키고 다니는 것입니다. 소피스트들은 그들의 능력을 상업적인 이윤과 개인적인 이득을 위해 이용합니다.

지식을 자신들의 영달을 위해 사용하는 것입니다. 지식인들이 지식을 진리를 위한 추구가 아니라 다른 목적을 위해 이용할 때, 지식을 진리로 위장하여 특정한 이익을 위해 이용할 때 사회는 위험에 처합니다. 이때가 그런 위험한 시기였다고 생각하면 됩니다.

소크라테스가 죽은 이유도 이런 것들입니다. 소피스트들의 저열한 가치관들을 소크라테스가 과격하게 비판하였기 때문에, 소크라테스는 소피스트들에겐 제거되어야 하는 인물이었습니다. 플라톤은 자기의 스승이 무엇 때문에 그리 억울하게 죽어야 했는지, 그 현실적인 이유를 잘 알았기 때문에 먼저 세상을 개혁하려 했던 것일 겁니다. 스승의 죽음이 플라톤에게 매우 큰 상처를 주었던 것은 분명해 보입니다.

그렇기에 러셀이 플라톤의 철학, 특히 그의 국가론이 전체주의적이라고 비판하는 것은 제가 볼 때는 무리로 보입니다. 개인과 국가를 상호 적대적이고, 국가란 개인의 자유를 무조건 억압하는 집단이라고 보는 것은 플라톤 철학에 대한 미약한 독해입니다. 개인과 국가는 상호 분리될 수 있는 개념들이 아닙니다. 개인의 자유가 플라톤 당시와 비교할 수 없을 만큼 발전하고 확장된 현대 사회에서도 개인과 국가는 분리 불가합니다. 개인의 국가로부터의 완전한 분리가 가능하다고 본다면 그것은 공허한 선언일 뿐입니다. 그런데 기원전의 철학자 플라톤이 인간의 발전을 위해 그의 국가론을 전개하였고, 그 모델을 실제로 스파르타에서 도출하였다고 인정하더라도 이에 대해 전체주의라는 혐의를 씌운 러셀의 비판은 지나친 과장이고 과잉한 비판입니다.

플라톤의 얘기는 전체주의적으로 국가를 위하여 무수한 개인이 무조건적으로 희생해야 한다는 얘기가 아닙니다. 이미 플라톤 당대의 사회는 각종 병폐가 만연한 사회였습니다. 시민들이 합리적인 판단을 하지 못하고, 무엇이 진정으로 자신들의 이익인지 판단하지 못하고, 소피스트들은 자신들만의 이익을 위하여 궤변을 일삼는 그런 사회였습니다. 그래서 소크라테스 같은 훌륭한 철학자가 희생되는 사회였습니다. 더구나 전염병이 창궐하고 전쟁에 패전해서 나라가 망해가는 시기였습니다. 소피스트들도 일종의 리더였으며 당시의 지도자들이었습니다. 현명하다고 사람들이 칭송하고, 스스로 현명하다고 자처하는 사람들… 그러나 이 부류들은 대중을 현혹시키기 시작했습니다. 이러한 폐해를 플라톤은 개혁하려고 하는 것입니다. 플라톤의 이러한 노력을 전체주의가 잠재했다는 관점으로 읽는 것은 과잉입니다.

철학을 하기 위해서는 필수적으로 시대를 읽어내야 합니다. 인간은 그 한계상 특정한 시간과 공간을 떠나서 사고할 수도 없고 행동할 수도 없습니다. 러셀이 자신의 시대를 읽을 때도 그 시대의 한계 안에서 사고하고 성찰합니다. 물론 철학은 그 학문의 정체성이 시대와 그 시대의 한계를 넘어서려고 노력합니다. 철학은 영원한 진리를 사랑하므로 그렇습니다. 그러나 특정한 노력으로 인해 결과를 드러낼 수 있는 잠재성(潛在性)과 그 결과가 현실로 드러난 현실성(現實性)을 헛갈리면 오류입니다. 달걀이 닭이 될 잠재성을 지니고 있지만 아직은 닭은 아닙니다. 닭이 안 되었다고 해서 달걀 탓을 하면 안 됩니다. 더구나 러셀은 그 자신이 이미 자신이 살던 시대의 눈으로 수천 년 전의 플라톤과 플라톤의 시대를 읽고 있는 것입니다. 따라서 그 비판은 이미 한계를 지니고 있을 수밖에 없습니다. 이것이 한 시대를 비판하기 전에, 그 시대의 문화를 비판하기 전에 고려해야 할 사항입니다. 시대와 공간, 지역과 문화의 차이를 고려하지 않고 동일한 잣대로 무차별적으로 가하는 비판은, 역으로 그것이 전체주의적 양태이며 폭력적 관점일 수가 있습니다.

그래서 철학자들이 역사를 철학적으로 사유하려면 사회가 속한 시대를 읽어야 합니다. 사회에 관한 지식이 없으면 지금의 2020년대에 적용되는 지식으로 B.C. 400년대의, 무려 2500년 전의 플라톤 사회를 읽어내는 오류를 범합니다. 러셀의 말년이 1950년대인데 이 천이삼백 년을 건너뛰어서 내러티브(narrative)를 하는 것입니다. 이런 점은 우리가 잘 걸러서 봐야 합니다.

일례로 인문학(人文學)은 동양권에서 통용되는 개념입니다. 인문(人文)은 휴머니즘(humanism)입니다. 동양권에서는 문(文), 사(史), 철(哲)을 인문학이라는 범주 하나로 묶어서 봅니다. 서양에서는 철학이 philosophy로 분리가 되어있지만, 동양에서는 문학적인 소양으로서의 문학, 역사적인 소양으로서의 사학, 철학적인 소양으로서의 철학을 묶어 단일한 인문학적 소양으로 보는 것입니다.

공자의 삼경(三經)이 무엇입니까? 시경(時經), 서경(書經), 역경(易經)이라고 합니다. 시(詩)는 문학이고, 서(書)는 역사, 역(易)은 주역(周易), 즉 철학입니다. 사서삼경(四書三經)에서의 삼경입니다. 동양적인 인문학 개념이 들어가 있습니다. 철학을 할 때도 반드시 역사적인 인식, 문화사적인 소양들이 있어야 당대를 제대로 읽을 수 있습니다.

정의(正義)란 무엇인가? 모든 사람이 각자 자기 몫을 하고 남의 일에 참견하지 않는다. '각자의 몫을 각자에게' 이것은 아리스토텔 레스가 정의(正義)에 대해 내린 유명한 정의(定義)입니다. 각자의 노력에 대해 각자에게 그만큼의 과실을 주는 것입니다. 결과로서 의 과실입니다. 능력도 없는 사람이 왕의 자리를 차지하면 나라가 위태롭습니다. 노력을 게을리 하는 사람에게 졸업장이나 자격증을 주면 합당한 정의라고 할 수는 없습니다. 요즘 회자(膾炙)되는 공 정함이 아닙니다. '공정으로서의 정의'라는 개념이 있습니다. 사회 철학자 롤스(John Rawls, 1921~2002)가 그의 『정의론(A Theory of Justice)』에서 내린 유명한 개념입니다. 자기 몫이 정의와 직결 됩니다.

그런데 정의란 강자의 이익과 같은 것은 아닌가 하고 트라시마코 스(Thrasymachus)는 묻습니다. 칼리클레스(Callicles)는 정의란 약 자의 속임수이며, 강자들은 약자를 정복하고 약탈할 권리가 있다 고 말합니다. 과연 그럴까요? 이러한 물음은 근대 철학으로 들어가 서 리바이어던(Leviathan)을 저술한 토머스 홉스(Thomas Hobbes, 1588~1679) 등이 플라톤의 전통을 이어받아 묻는 물음입니다. 홉 스는 이러한 트라시마코스나 칼리클레스의 주장을 자신의 사상 저 변에 기초 지우고 시작합니다. 괴물 같은 국가, 군주의 절대 권력, 이 것들이 정의의 기반이므로 개인은 절대적으로 국가에 복종해야 한 다는 사상입니다. 이러한 주장에 플라톤은 반대의 논변을 제기합니 다. 만약 강자의 이익만이 정의의 준거이고, 그것이 곧 법이자 법의 잣대라면, 사회가 어떻게 존속을 할 수 있겠습니까?

플라톤은 소크라테스의 입을 빌려서 주장을 하고 있습니다. 플라톤에 의하면 철학자는 아름다운 개별적 사물이 아니라 아름다움 그 자체를 사랑한다고 말합니다. 현재 아름답게 보이는 개별적 사물이 아니라 그 개별적 사물에 들어있는 '아름다움 자체'를 사랑한다는 말입니다. 이 '~자체'가 플라톤에겐 '형상'입니다. 이것이 그가 말하는 '이데아'입니다. 아름다움 자체란 무엇일까요? '아름다움 자체'에 관한 미술 작가들의 많은 관점들이, 그들이 지니는 개성들이 작품에서 차별성을 드러냅니다. 과연 그 차별성들을 극복해낸 아름다움의 본질, '아름다움 자체'란 무엇일까요? 미학(美學, Aesthetics)에서도 이 문제는 많이 토론이 되고 다루어집니다.

플라톤 철학으로 다시 들어가 보겠습니다. 그저 아름다움만 사랑하는 사람은 꿈을 꿉니다. 그런데 그 아름다움의 배후에 있는, 절대적 아름다움을 인식하는 사람은 완전히 깨어 있습니다. 아름다움의 배후, 아름다움 그 자체, 아름다움의 아름다움을 인식하는 사람은 완전히 깨어있다는 말입니다. 본질을 꿰뚫어 보지 못하고 외형의 아름다움만 아름다움인 줄 아는 사람, 그리고 그것이 아름다움이라 주장하는 사람은 단지 '의견(意見, Opinion)'에 갇혀 있습니다. 의견은 진리가 아닙니다. 모두는 각자 하나의 의견들을 가지고 있습니다. 그렇다고 해서 그 의견들이 모두 진리가 되는 것은 아닙니다. 진리란 영원하고 유일합니다. 이것은 참 인식입니다. 이것을 플라톤은 에피스테메(episteme)라고 부릅니다.

플라톤은 의견에 망상을 더해 억견(臆見, doxa)이라고 합니다. 자기의 의견에 대해 지니는 자만으로서의 확신입니다. 그래서 지극히 주관적입니다. 독단이라고도 합니다. 이는 그저 자기 스스로 내린 해답에 만족하고 자위하는 것과 다를 바가 없습니다. 그러나 아름다움 자체를 사랑하는 사람은 지식을 가진다고 말합니다. 의견과 지식은 전혀 다릅니다. 독사로서의 독단과 지식은 차별됩니다. 전자는 억견이고 후자는 인식입니다.

세계의 사물들을 절대적이고 영원하며 불변의 관점에서 보는 사람은 단순한 의견만을 갖지 않고 그 본질을 인식하려고 노력합니다. 의견은 오감 즉 감관에 나타난 세계에 관한 것이고, 지식은 영원한 초-감각(super-sensible)적 세계에 관한 것입니다. 예를 들어 의견으로서의 아름다움은 개별적 사물에 관여하지만 지식은 아름다움 자체에 관여합니다. 입에 단 사탕은 맛이 있으므로 좋아합니다. 그러나 사탕으로 인해서 이가 썩을 수도 있습니다. 이가 썩으면 음식을 잘 못 씹게 됩니다. 결국 음식을 못 먹으면 건강이 상할 수밖에 없습니다. 그런데도 사탕의 단맛에 현혹되어 그 해로움을 인식하지 못하는 것입니다.

내 앞의 순간적 이익, 내 앞의 단편적 쾌락만 좇는 사람은 이 단맛에 현혹됩니다. 그래서 자기에게 장기적 이익을 가져다 주는 것을 기다리지 못하고, 지금의 조그만 이익만 추구하다 큰 손해를 초래합니다. 그래서 이 조그만 이익은 결국은 이익이 아닌 해로움이 되는 것입니다. 그러나 지식이 있는 사람은 사탕의 단맛이 내게 진정한 이득을 주는지, 내 건강에도 유익함을 주는 것인지 탐구를 행한 후, 그리고 그것의 본질을 인식한 후 사탕의 단맛을 섭취하기로 판단합니다.

플라톤은 예술가 추방론 혹은 시인 추방론으로 유명합니다. 지난번에 제가 소크라테스를 기소했던 세 명 중의 한 명이 비극 시인 멜레토스라고 얘기했습니다. 그리고 민주주의 당파 아니토스도 그중에 한 명입니다. 기소자 중의 한 명이 시인인 것과 플라톤의 시인 추방론 사이의 관계가 있는 것일까요? 플라톤이 진정으로 존경하고 흠모했던 스승 소크라테스를 비극 시인 중에 한 명이 기소를 했습니다. 아마 이것은 플라톤에게 인간적으로 개인적인 적개심도 심어주었을 것이라고 언급했습니다. 사실인즉 플라톤은 젊었을 때 시인이기도 했습니다. 레슬링 선수이기도 했고요. 플라톤은 전쟁에 참전도 했습니다. 당시에 소크라테스가 펠로폰네소스 전쟁에 세 번이나 참전했다는 사실을 얘기했었나요? 플라톤은 스승 소크라테스의 가르침을 받고 자기가 지은 시집을 전부 불태워 버립니다. 스승의 가르침으로 인해 제자의 길이 바뀌었다고 해도 과장은 아닙니다. 이제 플라톤이 그렇게까지 결심하게 된 이유를 살펴보겠습니다.

하나의 이데아가 있습니다. 이데아는 감관으로 지각할 수 없습니다. 그리고 감각으로 지각할 수 있는 세계, 즉 가시적 세계가 있습니다.

그러나 눈으로 보이는, 감관으로 지각하는 현실은 진정으로 존재하지 않는 것이 됩니다. 플라톤의 용법을 따르자면 이데아만이 진정으로 있는 것입니다. 참으로 있는 것은 이데아입니다. 정삼각형의 예를 들어 보겠습니다. 정삼각형은 현실에서는 존재하지 않습니다. 그리고 존재가 가능하지도 않습니다. 왜 그럴까요? 우리는 완전히 똑같은 세 변을 그릴 수가 없습니다. 그렇게 정확한 자도 없고 그렇게 디테일한 것까지 잴 방법도 없습니다. 우리에겐 그리 정밀한 도구도 없고 능력도 없습니다. 완전히 평평한 평면도 현실에서는 존재하지도 않고 존재할 수도 없습니다. 완전히 똑같은 쌍둥이도 없습니다. 쌍둥이라는 말이 내포하는 동일함은 단지 쌍둥이라는 단어에서만 존재할 뿐입니다. 그렇지만 우리는 쌍둥이라는 말로써 두 아이가 서로 완전히 똑같다는 의미를 표현합니다. 그렇지만 완전히 똑같은 사물, 완전히 똑같은 무늬, 여기 있는 볼펜과 완전히 똑같은 볼펜은 그 어디에도 존재하지 않습니다.

그래서 플라톤의 어법으로 하면 현실에 존재하는 삼각형은 우리의 사고에서만 존재 가능한 이데아로서의 삼각형을 단지 모방할 뿐입니다. 미메시스(mimesis)라고 합니다. 연극 등에서 중요한 말이기도 합니다. 모방한다는 건 모사한다는 것이고 복사한다는 것입니다. 그래서 모방물은 모사물이자 복사물이 됩니다. 복사한 것, copy한 것입니다.

그렇다면 예술은 무엇입니까? 플라톤이 볼 때 예술은 현실을 다시 한 번 더 모방한 것입니다. 대표적으로 회화를 생각해보면 됩니다. 그림은 대개 현실을 모방해서 그립니다. 물론 현대의 그림은 단순한 모방을 넘어선 지 오래되었습니다. 대표적으로 추상화를 들 수 있겠습니다. 그러나 예술이 초기 및 중세까지도 세계 내의 사물, 특히 대상에 대한 충실한 모사나 묘사가 그 기반이었음은 부인할 수가 없습니다. 특히 중세에까지도 정물화 등은 등장하지 않고, 예수나 성서의 이야기, 혹은 성자의 일대기 등을 설명하기 위한 그림이나, 인물의 초상

등의 회화들이 근대까지도 그 주류였다고 말할 수 있습니다.

근대 이후 본격적인 미학이 등장하면서 예술에 대해서 다른 관점이 등장을 하게 됩니다. 플라톤의 예술가 혹은 시인 추방론은 일단 모사의 관점에서 제기한 예술과 문학 비판이라고 보시면 됩니다. 아무래도 문학이나 예술은 상상력과 그 확장을 기반으로 한 장르이기 때문일 것입니다. 현실은 이데아를 모방했는데, 이 현실을 모방한 예술은 진리로서의 이데아에 대한 2차적 모방, 즉 두 번째의 모방이니 현재의 실재보다 더 열등하다는 말입니다. 현실은 이데아보다 열등하고, 예술은 현실보다 더 열등하게 됩니다. 반대로 현실은 예술보다 우등하고 이데아는 현실보다 우등합니다. 예술은 모방의 모방입니다. 그래서 플라톤은 결국 예술을 현실에서 추방시켜야 한다고 주장하기에 이릅니다. 이것이 예술가 추방론이자 시인 추방론입니다. 일반적으로 문학에 대한 접근 방법은 스토리와 내러티브 등인데 그것이 실제적인 스토리나 내러티브가 될 때 이것들은 역사로 분류됩니다. 더 이상 예술이 아닌 것입니다. 그러나 상상력이나 가공의 꾸밈이 들어가 플롯(plot)을 형성할 때 이것은 예술로 분류가 됩니다.

그렇다면 철학은 무엇입니까? 철학이나 수학이라는 학문은 하나의 문제에서 각자의 고유한 형식으로 전개하는 논리입니다. 또 일체의 감정을 적극적으로 배제한 이성적인 접근방법을 사용합니다. 특히 수학은 일체의 감정을 배제한 형식 논리의 극치입니다. 오로지 이성적인 사유로 논술합니다. 철학에 있어서도 마찬가지입니다. 물론 감정으로서의 정동을 긍정하는 철학의 분파도 있습니다. 그러나 그것을 주장할 때도 철학은 이성적인 접근을 잃지 않습니다. 대화에 있어서 변증법이 대표적입니다. 감정에 기반을 둔 헛된 상상력, 그리고 그 상상력에 기반을 둔 학문으로서의 예술이나 문학을 추방해야 한다는 것이 철학자로서의 플라톤의 주장입니다. 이렇게 본다면 우리는 플라톤의 예술가 추방론을 더 적극적으로 이해할 수 있을 것입니다. 이는 흡사 18세기 조선 정조 때 박지원의 『열하일기(熱河日記)』(1780) 등의 소설 등을 계기로 벌어진 문체반정 운동과 비슷합니다. 당시의 소설 문학 등을 패관소품(稗官小品)으로 규정하고 정통의 고문(古文)으로 돌아가자는 운동이었습니다. 문체(文體)의 정화(淨化) 운동이라고 해야 할까요?

플라톤이 이런 주장을 하게 된 배경을 좀 더 살펴보겠습니다. 그리스 비극을 얘기할 때 잠깐 언급하였습니다. 아리스토파네스의 희극을 예로 들었었나요? 그의 「구름, Νεφέλαι, Nephelai」이라는 희극에서 그는 소크라테스를 소피스트 무리에 합류시킵니다. 아이스킬로스의 비극 같은 것을 살펴보면, 대개 신화를 찬미하는 사람들이 주류를 이룹니다. 그리스 로마 신화에 나오는 올림푸스 신들을 찬양하고 숭배하는 것입니다. 그러나 철학자들은 신화에 대한 찬미보다는 합리적으로 세계를 읽는 것에 더 관심을 두고 치중합니다. 이런 모습이 철학의 시작입니다. 소크라테스 이전 그리스의 자연 철학자들이 바로 이런 합리적 모습을 지니고 있습니다. 그래서 그들은 새로운 합리적 접근방식으로 세계의 원질, 본질 등을 탐구하는 것입니다.

소크라테스는 철학적 탐구의 관심을 인간으로 돌립니다. 인간에게 관심을 돌리면서 바로 인간의 실천에도 자연스레 관심을 기울이게 됩니다. 행위와 실천 없는 인간의 삶은 존재하지 않습니다. 삶의

플라톤의 동굴의 우화, 얀 산례담, 1604.

본질은 사유보다 행위의 문제일 수도 있습니다. 그래서 비로소 실천학(praxis)의 하나인 윤리가 중요해지게 됩니다. 행위의 준거와 기준을 찾으려는 노력이 나타납니다. 우리가 특정한 행위를 하면 옳은가 옳지 않은가? 옳은 행위라고 해도 그것을 우리가 덕이라고 말할 수 있는가 아닌가? 옳음과 덕을 판정내리는 기준은 있는가? 있다면 과연 무엇인가?… 이런 식의 얘기들은 지극히 합리적인 사유와 그 발현의 결과입니다. 그래서 이렇게 합리적인 소크라테스의 영향을 받아서 그리스 비극이 한 번 더 바뀌게 됩니다. 바로 그리스의 다른 비극 작가인 에우리피데스입니다. 소크라테스의 영향을 받아 에우리피데스의 비극은 '데우스 엑스 마키나'를 지양하고 합리적이고 치밀한 플롯을 보입니다.

가상(假像)은 거짓이며 시늉하고, 흉내만 낸다는 얘기입니다. 프랑스 철학자 장 보들리아르(Jean Baudrillard, 1929~2007)의 저서 중에 『시뮬라크르와 시뮬라시옹(*Simulacres et Simulation*)』이라는 책이 있는데 이 책에서 언급되는 '시뮬라크르'라는 단어는 모사물, 모방물을 말하는 것입니다. 실제로는 현실에 존재하지 않지만 마치 현실에 존재하는 것처럼 보이고, 때로는 실제의 존재보다 더한 실재물처럼 인식되는 것들을 말합니다. 가상(假像)이고, 거짓이며, 시늉과 흉내만 내는 것입니다. 즉 시뮬라크르는 복사물, 모방물이고 시뮬라시옹은 그렇게 모방하는 행위, 복사하는 행위입니다.

플라톤의 유명한 '동굴의 우화'에서 동굴 안의 죄수는 햇빛에 반사된 바깥 사물의 그림자만 봅니다. 여기서 죄수는 벽에 비친 그림자가 실제의 진정한 사물인 줄 착각합니다. 외부의 실제 사물을 목격한 자가 동굴 안의 그들을 밖의 실재의 세계로 안내하려 하나, 내부의 죄수들은 이를 거부합니다. 플라톤은 보편자로서의 인간은 신이 창조한 원형 인간의 다른 이름이고, 원형의 인간에 비해 실제 인간들은 불완전하며 비현실적인 복사물이라고 생각합니다. 그에게는 하나의 원형으로의 인간이 있고 실제 인간들은 불완전하며 비현실적인 복사물이 되는 것입니다.

플라톤의 창조 신화에서는 데미우르고스(demiurge)가 세계를 만듭니다. 물론 인간도 만듭니다. 데미우르고스는 지구상에 있는 질료를 조합해서 모든 사물을 만듭니다. 질료는 다름 아닌 재료들입니다. 데미우르고스는 만물을 만들 때 이데아, 즉 형상을 보고 그것들을 만듭니다. 데미우르고스는 공작신(工作神)입니다. 그런 의미에서 기독교적인 신과는 다릅니다. 기독교의 신은 창조주(創造主)의 성격입니다. 엄밀히 말해서 창조를 무(無)에서 유(有)를 만드는 것이라 할 때 기독교의 신은 데미우르고스와 달리 무에서 유를, 없음에서 있음을 창조한 신입니다. 이러한 차이에도 불구하고 기독교는 또한 플라톤 사상의 영향을 지대하게 받습니다. 이것은 중세 철학에서 자세히 설명을 하겠습니다.

지금 보시는 그림은 유명한 그림입니다. 플라톤의 알레고리(Plato's allegory)라고 적혀 있습니다. 알레고리는 우화를 말합니다. 즉 동굴의 우화입니다. 코넬리스 할렘(Cornelisvan Haarlem)에 의하면 1604년 알베티나(Albertina) 지방의 얀 산레담(Jan Saenredam)에 의해서 그려졌다고 하는 플라톤의 동굴 우화입니다. 네덜란드 화가입니다. 오스트리아의 비엔나(Vienna)에서 소장하고 있는 것으로 적혀 있습니다. 비엔나는 영어 표현이고 독일어로는 빈(Wien)이라고 부릅니다.

동굴의 우화를 살펴보겠습니다. 여기 땅의 표면에 위치한 입구가 있습니다. 입구에서 점점 아래로 내려와서 동굴 안으로 들어갑니다. 첫 번째 턱 지점에 사람들이 모여 있습니다. 두 번째 턱에는 더 많은 사람들이 있습니다. 여기에 햇빛이 들어와서 비추고 있습니다. 그 햇빛은 내부의 벽에 반사가 되고 있습니다. 벽 앞에는 횃불이 하나 있습니다. 플라톤이 기술한 것에 따르면 사람들은 벽을 향해서 의자를 놓고 벽면만 보고 앉아있습니다.

빛이 이 사람들을 비추고 다음에 사람들의 그림자가 벽면에 비춥니다. 그림자밖에 못 보는 사람들은 그들이 보는 그림자들이 세계의 전부인 것으로 압니다. 동굴 내부의 사람들에게는 그림자가 그들 세계의 전부입니다. 첫 번째 턱의 사람들은 그래도 두 번째 턱의 사람들보다는 처지가 낫습니다. 이 사람들은 그래도 내부에 빛이 조금 들어오니 두 번째 턱의 사람들보다는 좀 정확히 볼 수 있습니다. 그러나 그들 역시 두 번째 턱의 사람들과 마찬가지로 동굴의 바깥은 전혀 못 보고 있는 처지입니다. 이제 횃불이 켜지고 동굴 내부를 비춥니다. 동굴의 바깥에서 사람들이 움직이면서 왔다 갔다 하게 되면 동굴 내부의 그림자도 움직이면서 왔다 갔다 합니다.

동굴 내부의 사람들이 보기에는 그림자가 실체입니다. 그러나 그림자는 사물의 진짜 모습이 아닙니다. 사람들은 개가 지나가면 벽에 비추어진 그림자를 개가 아니라 염소로 착각하기도 합니다. 코끼리의 다리를 나무 기둥으로 착각하기도 하고, 사자의 갈기를 독수리의 날개로 착각하기도 합니다. 노인을 청년으로, 아기를 토끼로 착각하기도 합니다. 그들은 사자의 갈기가 날개같이 보이니까 이내 사자는 날개가 달린 것으로 확신도 합니다. 그래서 동굴 안의 사람들은 진짜 사자의 모습을 결코 알 수가 없었습니다.

이제 바깥의 세계를 본 사람이 동굴 안으로 들어와서 사람들에게 같이 바깥으로 나가자고 설득을 합니다. 여기 그림에서도 한 사람이 속삭이듯 다른 사람에게 얘기하고 있습니다. 그는 이 사람에게 이 동굴을 나가게 되면 좀 더 밝게 사물의 자세한 모습을 볼 수 있다고 설득을 하는 듯합니다. 그러나 사람들은 나가려 하지 않습니다. 나아가 그들은 이 사람의 말을 믿지 않고 싶어합니다. 그들은 이 사람을 이내 싫어하고 증오하기까지 합니다.

또 바깥으로 나갔다 온 사람들에게 외부의 세계는 어떻게 생겼는지 그들이 묻습니다. 그 세계를 보고 온 사람이 대답하기를 처음에 바깥으로 나갈 때는 햇빛 때문에 눈이 굉장히 부시고 아프기까지 했지만 그곳의 세계와 사물은 우리가 이곳에서 보고 있는 세계와는 하늘과 땅만큼이나 다르다고 설명을 합니다. 우리가 보고 있는 이 동굴 안의 세계가 전부가 아니라고 하면서 어서 밖으로 나가자고 사람들을 설득하지만 그들은 완강히 거부합니다.

이 우화는 이데아를 목격한 사람과 목격하지 못한 사람들의 차이를 말해줍니다. 이데아를 보고자 하는 이들과 이를 완강히 거부하는 이들의 차이를 말해줍니다. 이데아를 만나는 고통을 피하려 이데아를 거부하는 이들을 보여줍니다. 우물 안 개구리와 같은 좁은 세계에서 만족하는 이들을 잘 그려내고 있습니다. 거짓과 위선, 헛됨과 착각에서 사는 많은 이들이 진리가 아닌 허위에서 위안과 편안함을 느끼는 세태를 잘 비판해주고 있습니다. 사실 이데아는 우리의 손이 닿지 않는 곳에 멀리 떨어진 것이 아닌데도 우리가 그 이데아를 찾으려 하지 않음을 말해줍니다. 아주 플라톤이 우화를 잘 썼습니다.

플라톤이 볼 때 스승 소크라테스를 죽인 아테네인들은 실재의 세계이자 이데아의 세계인 형상을 볼 줄 모릅니다. 존재자 중의 존재자, 이성적인 것 중의 이성적인 것인 이데아를 거부합니다. 보고 싶어 하지도 않습니다. 그들은 눈이 부신 고통을 겪으려 하지 않습니다. 그들은 동굴 내부의 음침한 그림자만 보고, 사물의 진정한 모습이 아닌 허위의 모습만 보면서 그것이 마치 진정한 것이라도 되는 양 자기를 위로하고 자기만족으로 살고 있습니다. 이 우화는 현재에 사는 우리에게도 시사하는 것이 많습니다. 우리는 무엇이 진정한 것인지도 짐작하고 있으며, 우리가 갇혀 있는 이 세계의 바깥에는 이 것과는 다른 세계가 있을 것이라는 것도 이미 짐작하고 있는지도 모릅니다. 그러나 우리는 결코 그 다른 세계를 보고 싶어 하지도 않고, 다른 세계로 나갈 용기도 내지 못할지도 모릅니다. 그러면서 우리는 이 허위가 가득 찬 세계에 자족하고 사는 것인지도 모릅니다. 마치 이 세계가 진리의 세계이고, 이데아의 세계인 것 마냥 자위하면서 말입니다.

중세 철학

제4장

아우구스티누스

아우구스티누스(Aurelius Augustinus Hipponensis, Saint Augustine of Hippo, 354~430)와 토마스 아퀴나스(Thomas Aquinas, 1224 or 1225~1274)의 철학을 살펴보겠습니다. 이제 중세 철학으로 들어갑니다. 중세가 보통 1,000년입니다. 철학의 2,500여 년 역사에서 1,000년이면 연대기적으로 작은 비중이 아닙니다. 제 대학 시절에도 그랬습니다만 살펴보면 대학교의 철학과에서 가르치는 서양철학의 사조들이 주로 근대 철학에 많이 치우치는 편입니다. 고대 철학이나 중세 철학은 비중을 덜 두어 다루는 편입니다. 저도 중세 철학은 서양 중세 철학사 한 과목 정도 배웠던 것으로 기억을 합니다. 물론 중세 철학을 전공한 학위자들은 있습니다.

중세를 말할 때 무엇이 떠오릅니까? 학문의 암흑기입니다. 철학은 신학(神學)의 시녀(侍女)라는 말은 유명합니다. 이미 11세기부터 이런 말을 성 페트루스 다미아니(Petrus Damiani)나 그 이전 알렉산드리아의 철학자들이 말했다고도 합니다. 근대철학자 칸트는 그의 종교에 관한 철학적 발언이 당시의 왕에 의해 금지되기도 했습니다. 그는 『이성의 한계 안에서의 종교(Die Religion innerhalb der Grenzen der bloßen Vernunft)』(1793)에서 이런 종교와 철학의 관계에 대해 설명하면서 만일 철학이 신학의 시녀라면 그 의미는 철학은 신학이 잘못 길을 들지 않도록 앞에서 불을 밝히는 역할을 하기 때문이라고 말합니다. 우리가 중세의 철학을 말할 때도 같은 관점으로 말할 수 있습니다.

시녀(侍女)가 누구입니까? 시녀는 노예가 아닙니다. 모시는 사람, 즉 주인의 생계를 도와주고 옆에서 보조해주는 역할을 하는 사람입니다. 역으로 주인은 시녀의 보조나 도움을 반드시 필요로 한다는 말입니다.

신학이란 신에 대해서 다루는 학문입니다. 물론 여기에서는 기독교적 보편 신을 말합니다. 서양 특히 유럽의 종교는 기독교를 위주로 전개되니 기독교의 신과 종교를 다루는 게 서양의 신학입니다. 여기서 철학은 신학의 시녀 역할에 만족합니다. 철학의 역할은 신을 증명하거나 종교를 다루는 것에 도움을 주는 보조자의 역할, 즉 2차적인 역할에 국한을 시킨다는 얘기입니다. 뒤집어 말하면 철학 없이는 신학이 제대로 설 수 없다는 얘기이기도 합니다.

중세는 기독교적인 사유가 점령을 하고 있는 시대입니다. 모든 일상적인 양식들, 행태나 행위, 문화와 정신 이런 것들을 모두 기독교적으로 규정을 하고 영역을 제약합니다. 다른 종교에 대한 배척은 말할 것도 없고, 정신적인 사유 방식, 이것을 철학이라고 한다면 철학도 기독교적인 사고방식에 맞지 않고 그 경계를 넘어서면 그 철학도 제거하고 추방합니다. 문화적인 양태들에서도 마찬가지입니다. 매년 열리는 축제에서도, 미술, 춤, 무용, 문학 등 인간들의 행위나 사유 양태 전부를 포함하여 기독교의 제약이 실재하는 것입니다.

플라톤에 대해서 조금 더 설명을 하겠습니다. 지난번에 플라톤의 형상 이론을 얘기했습니다. 형상은 비가시적 세계에 존재합니다. 가시적 세계는 감각으로서 억견이 지배하고 있습니다. 플라톤의 동굴 우화에서는 그림자의 세계로 봐도 무방할 것입니다. 제가 볼 때는 플라톤 철학은 흔히 통념적으로 생각하듯 이원론이 아닙니다. 플라톤의 사상에서 세계를 구성하는 근원이 둘인 것으로 이해를 해서는 안 됩니다. 종교적 사고로서 그의 철학을 바라보아서는 안 됩니다. 예를 들어서 기독교는 천국이 있고, 지상이 있습니다. 이 세계가 있고 다른 세계인 내세가 있습니다. 윤회론을 기반으로 삼는 불교에서도 지금의 하나의 세계가 아니라 이전과 이후의 많은 세계가 있습니다.

그러나 플라톤의 철학은 그런 이원론의 세계가 아닙니다. 제가 볼 때 플라톤의 사고에서 형상은, 이데아는 이미 이 지상의 세계에 들어와 있습니다. 형상은 이미 이 세계에 내재해 있습니다. 그렇게 형상은 세계와 같이 움직입니다. 형상이, 이데아가 정신이라고 가정한다면, 이 형상은 육체를 앞으로 밀고 갑니다. 육체가 움직이는 건 그 형상을 따라가는 것입니다.

예를 들어서, 선이란 무엇일까요? 소크라테스나 플라톤이 말하는 것은, 존재하는 것들은 자기의 본성대로 있고자 한다는 것입니다. 돌은 그대로 있고자 하고 새는 날고자 합니다. 인간의 본성은 무엇입니까? 짐승처럼 먹고 지배하고 싸우고 투쟁하고 이러다 죽는 것일까요? 아닙니다. 동물은 그들의 본능대로 삽니다. 동물은 본능에 지배당합니다. 그러나 인간은 그런 존재자가 아닙니다. 인간이 그런 존재자가 아니라는 것은 무엇 때문에 가능한가요? 이성이 있기 때문에 가능한 것입니다. 동물은 이성이 없습니다. 그래서 그들의 본능대로만 행동합니다.

아프리카 대륙 탄자니아 공화국(the United Republic of Tanzania)의 세렝게티 초원(세렝게티 국립공원, Serengeti National Park)으로 눈을 돌려볼까요? 이곳에는 거의 모든 종류의 초식 동물이 살고 있습니다. 일례로 150만 마리가 넘는 누(Gnu), 20만 마리의 얼룩말, 사자만 해도 3천 마리가 넘습니다. 이곳에서 사자가 누를 잡아먹습니다. 그러면 이것은 선입니까? 아니면 악입니까? 기독교에서는 목자를 예수, 선한 양을 민중들에 비유하니 이러한 기독교의 관점으로는 양이나 누가 선이고 사자가 악인 것으로 흔히 생각됩니다. 약자의 편에 서는 것입니다. 그러나 사자는 자기의 본능대로만 행동할 뿐입니다. 사자가 양이나 들소, 영양 같은 동물들을 아무 때나 잡아먹습니까? 그렇지 않습니다. 백수의 왕일지라도 사자는 배고플 때만 사냥을 하고 먹이가 될 동물들을 잡아먹습니다. 배부를 때는 소들이, 염소들이, 영양들이 놀고 있어도 사자는 그들을 건드리지 않고 잡아먹지도 않습니다. 그래서 아프리카의 초원이 유지가 되는 것입니다. 만약 사자가 마구잡이로, 흥미 거리로 사냥을 하면 사자 옆에는 어떤 동물도 살아남지 못할 것이고 초원은 유지되지 못할 것입니다.

물을 마시는 사자 옆에는 하마도, 물소도, 얼룩말도 있고 모두 다같이 거리를 두긴 하지만 물을 마실 수 있습니다. 육식 동물들은 필요에 의해서만 잡아먹습니다. 얼룩말은 사자가 만약 옆에서 공격을 하면 아무 때나 빠르게 도망갈 수 있습니다. 본능이 그렇게 초식 동물들의 능력을 발달시켰습니다. 사자는 자기나 자식이 배고플 때만 사냥을 합니다. 잡아서 혼자 먹는 것도 아닙니다. 같이 나눠 먹습니다. 사자는 집단생활을 하잖아요, 그래서 사냥도 집단으로 합니다. 그런데 이게 악한 것인가요? 자기 자식을 위해서 먹이를 얻는 것인데 이것을 악이라고 할 수 있습니까?

동물들은 태어나자마자 드넓은 초원에서 살아가야 할 운명입니다. 세렝게티 국립공원은 면적이 충청북도의 두 배에 달합니다. 이 넓은 초원에서 출생한 동물의 새끼들은 인간들처럼 산후관리나 영양관리를 위해 조산원이나 산부인과 병원을 가는 것도 아닙니다. 동물들, 예를 들어 들소나 영양은 태어나자마자 못 걸으면 바로 죽어야 할 운명입니다. 바로 옆에는 사자들이 빙 둘러싸고 있고 하이에나들과 표범들이 어슬렁거리고 있기 때문입니다. 물가에서는 또한 악어들이 초식 동물과 그 새끼들이 물 마시러 다가오기만을 기다리면서 도사리고 있습니다.

이건 맹수인 사자나 표범도 마찬가지입니다. 아무리 사자가 맹수일지라도 그 새끼는 연약하기 그지없습니다. 주변에서는 하이에나가 사자 새끼를 물고 낚아챌 기회를 호시탐탐 노리고 있습니다. 맹수라 할지라도 갓 태어난 새끼는 뛰거나 최소한 걷지라도 못하면 죽습니다. 그래서 어미들이 새끼가 어느 정도 자랄 때까지는 항상 보호를 하고 있습니다. 예를 들어 들소들은 사자가 자기 새끼를 죽이거나 동료 들소를 죽이면 무리를 지어 사자를 공격합니다. 실제로 사자는 들소들의 공격을 받고 죽기도 합니다. 코끼리도 마찬가지입니다. 동물의 세계에서는 절대적인 강자도, 절대적인 약자도 없습니다. 동물의 세계를 인간의 단순한 잣대로 재는 것은 과도합니다. 그것이 인간들의 경험에 의한 지식이든, 지성적 탐구로 인한 지식이든 말입니다. 인간의 지성으로 동물이나 자연의 세계를 과도하게 단순화하는 것은 위험합니다. 이건 선이고 이건 악하다 또는 이것만이 선이고 저것은 악이다 이렇게 평가하는 것은 순전한 인간의 자의성입니다. 그리 단순히 말하는 것은 바람직하지 않습니다.

일례로 플라톤의 철학에서 형상, 즉 이데아로서의 선을 살필 때 선이란 무엇입니까? 소크라테스가 얘기하듯 선이란 자기의 존재 본성을 구현하는 것입니다. 인간이라는 존재자의 본성은 인간답게 존재하고 인간답게 사는 것입니다. 그렇다면 인간답게 존재한다는 것은 무슨 말입니까? 인간은 어떻게 존재하고 살아야 할까요?

동물과 인간의 차이는 무엇입니까? 예를 들어서 아무개는 부지런히 돈을 벌어서 그 돈을 쓰고 사는 것이 행복이라고 생각한다고 가정합시다. 이때 그의 생각은 그만의 행복론으로 직결이 됩니다. 그의 행복론은 그의 윤리적 신념과 행태를 낳습니다. 그렇다면 그 돈이 무엇 때문에 필요하고, 그렇게 쓰는 것들이 과연 인간답게 존재하는 것에 어떻게 도움이 되는 것인가? 돈이 인간의 삶에 꼭 필요한 것인가? 이렇게 생각하고 질문을 던지면 우리는 이미 소크라테스나 플라톤의 사고방식에 접근하고 있는 것입니다. 이미 철학적인 질문을 던지고 있는 것입니다.

그렇다면 인간다운 존재자에게 돈은 어떠한 것인가. 인간다운 존재자로서 성장하는 것에 탐욕이란 어떤 것인가, 또 정욕이란 어떤 것인가, 이런 것들을 사고하는 것입니다. 그래서 플라톤이 감관에 대한 경계를 말하는 것이 이제 이해가 갑니다. 감각은 정욕에 우리를 얽매이게 만들고 탐욕에 물들게 만듭니다. 우리가 돈을 욕망하는 것은 그 돈으로 우리의 감관을 만족시킬 것들을 구매할 수 있기 때문입니다. 단지 구매 자체만으로 자신의 욕망을 만족시키는 사람들도 존재하고, 구매한 물건들이 우리의 욕망을 더 만족시키기 때문에 더욱더 금전을 추구하는 것일 수도 있습니다.

목적이란 무엇입니까? 여러분들은 무엇 때문에 공부를 열심히 하십니까? 예로 든 것이니까 한번 생각을 해봅시다. 난 판사나 검사나 의사가 될 거야, 아니면 난 빌딩을 하나 지어 올릴 거야, 이런 식으로 대답했을 때 과연 이것이 진정한 목적인가 하는 것을 소크라테스는 다시 묻는 것입니다. 철학자들은 당신이 빌딩을 세운다는 것과 인간적으로 존재하고자 하는 것이 서로 양립할 수 있는 것인지 묻고자 합니다. 그 빌딩이 당신의 삶과 무슨 관련이 있는지 이런 걸 묻고자 하는 것입니다.

당신이라는 인간의 본질과 특정한 판사나 의사, 교수라는 직업의 본질이 서로 어떻게 연결이 되는지를 묻고자 합니다. 의사라는 직업이 당신에게 꼭 필요한 직업이고 당신은 의사라는 직업이 훌륭하다고 생각을 한다고 대답했다고 가정해 봅시다. 그러면 소크라테스는 이렇게 다시 물을 수도 있습니다. 그 의사라는 직업이 가진 의술이란 무엇인지를 말입니다. 당신은 사람의 병을 고치는 것이 의술의 핵심이라고 대답을 할 수 있을 것입니다. 그렇다면 다시 병이란 무엇인가? 의사가 병이라고 칭하는 범위가 어디까지인가? 반대로 병이 아닌 건강이란 무엇인가? 완전한 건강의 상태라고 부르는 육체의 상태는 어떤 상태인가? 나아가 정신은 건강함이 없는가? 정신도 몸의 일부이지 않은가? 그렇게 정신도 몸의 일부라면 정신의 건강과 병은 어떻게 구분할 수 있는가? 또 육체의 건강과 정신의 건강은 어떻게 차별되는가? 이런 식으로 계속 물어 나가는 것입니다. 이것이 전형적인 소크라테스의 대화법입니다.

선을 다루는 학문이 윤리학입니다. 인간의 실천을 학문으로 다루는 윤리학에 있어서 선이라는 문제를 최초로 화두로 삼은 사람이 소크라테스입니다. 말했다시피 동물에게는 선악의 문제라는 것이 있을 수 없습니다. 인간에게서만 선과 악의 문제가 나타납니다. 인간은 선과 악을 구분하고자 하며, 구분할 수 있다고 자신합니다. 인간은 선을 추구하고 악을 회피할 수 있는 능력이 있다고 자신합니다. 그런데도 사자는 배고플 때만 다른 동물을 공격하여 잡아먹는 데 비해 인간은 배고프지 않을 때도 타인들에게 위해를 가하는 까닭은 무엇인가요?

플라톤은 스승 소크라테스의 태도를 이어받습니다. 형상으로서의 이데아를 추구한다는 것은 존재의 근거를 묻는 것과 같습니다. A는 B로 인해 출현하는데, 그렇다면 그 B를 출현하게 하는 다른 무엇은 존재하는지, 어떤 것의 배후에 다른 무엇이 있다면 그 다른 무엇은 또한 진정으로 무엇인지를 묻고자 합니다. 이것이 이데아입니다. 존재자를 그 존재자로 있게 만드는 이데아, 세계 내의 사물이 그 사물로 존재할 수 있는 이유, 그 사물로 불리게 되는 이유, 그리고 그 이유 중의 이유, 그것들의 연쇄를 지속적으로 캐고 물어 나가는 것입니다. 사물의 이데아가 있다면 다시 그 사물의 이데아는 다른 사물의 이데아에 종속되는지, 다시 말해서 하나의 이데아를 파생시키는 다른 이데아는 없는지, 있다면 어떠한 이데아인지를 지속해서 물어 나갑니다.

아름다움의 이데아, 미의 이데아는 무엇입니까? 여성이 아름답다고 했을 때 그 아름다움의 기준은 무엇입니까? 외모입니까? 그렇다면 예를 들어 코가 높다든지 하얀 피부라든지, 이렇게 여성의 아름다움을 규정할 것 아닙니까? 그렇다면 코가 높은 것이 아름다움의 잣대일 수 있습니까? 왜 코가 낮은 것은 아름답지 않은 것입니까? 그렇다면 한 아름다운 여성이 코를 다쳤다면 그 외형이 변했다면 그 여성의 아름다움은 상실된 것이라고 말할 수 있는 것입니까?

또 동양으로 가면 서양인처럼 코가 높은 사람들을 찾기 드뭅니다. 그렇다면 동양에서는 아름다운 사람들이 없는 것인지 물어볼 수 있습니다. 하얀 피부가 아름다움의 절대적 기준이라면, 그 아름다움은 백인들만의 소유물일 것입니다. 만약 아름다움이 백인들만의 소유물이며 가치라면 그것이 전 인류, 인간의 가치로서 자리매김할 수 있습니까? 다시 피부의 아름다움이란 어떤 상태이며 어떤 피부를 아름답다고 칭할 수 있는 것인지 지속적인 물음들이 도출됩니다. 또 남자다움이란 무엇입니까? 근육의 다부짐, 험한 일을 견디는 체력… 그것들이 남자다움의 전부이며 가치의 준거라고 말할 수 있습니까? 그 이외의 것이란 없는 것일까요? 이렇게 물음과 답변이 지속적으로 제기되며 다시 답변은 물음으로, 물음은 답변으로 순환되기에 이릅니다.

철학적 물음이란 진정 이런 것입니다. 사물의 근거와 그 본질에 대한 탐구는 철학의 기본적인 출발점입니다. 프랑스의 철학자 파스칼(Blaise Pascal, 1623~1662)이 말했습니다. 클레오파트라 (Cleopatra Ⅶ Philopator, B.C. 69년~30)의 코가 조금만 낮았다면 세계 역사는 바뀌었을 것이라고 말입니다. 아름다움에 대한 가치, 미에 대한 역사적 인식은 시대별로 공간별로 차이가 있습니다. 예를 들어서 양귀비(楊貴妃, 719~756)는 중국의 오지, 쓰촨성 출신입니다. 그녀는 당 현종의 총애를 받았으며 그의 며느리이기도 합니다. 중국의 4대 미인 중의 한 명이기도 합니다. 정사(正史)에선 양귀비를 '자질풍염(資質豐艶)'이라고 표현했는데, 이는 체구가 둥글고 풍만한 미인이라는 말입니다. 현종의 후궁으로부터 비비(肥婢, 살찐 종)라고 욕도 들었다고 합니다. 현대의 기준으로 보면 글래머러스하다고 할까요? 뚱뚱하다고 해야 할까요? 현대같이 날씬하고 슬림한 여성미가 그 시대에는 강조되는 것이 아니었던 모양입니다.

우리가 단순히 아름다움이라 칭하는 것들도, 아름다운 한 인간이라고 말할 때도 이렇게 시간적, 공간적으로 차별성이 존재합니다. 그런데 철학자 플라톤은 이런 식으로 생각하지 않았습니다. 그는 쉽게 말해 진정한 아름다움은 외모에 있지 않다고 정의를 내립니다. 진정한 미(美)는 아름다운 형상으로서의 본질을 찾는 것에 있는데 적어도 이러한 개별적 사물들에는 있지 않다고 말하는 것입니다.

이와 관련하여 미학에서는 여러 가지 논의들이 도출됩니다. '아름다움'이라는 것이 주관적 견해를 떠난 객관성을 지니고 있는지, 아니면 다분히 주관적 관점에 불과한 것인지의 논쟁들이 그 예입니다. 예를 들어 칸트는 일체의 주관성을 떠난 것이 아름다움이라고 주장합니다. 플라톤 철학에서 형상은 기독교적인 저편의 세계가 아닙니다. 형상은 세계 내에서 질료들과 같이 움직입니다. 하나의 형상이 있다면, 세계 내에 있는 존재자들은 이 형상을 향해서 운동하고 있습니다. 존재자들은 정지해 있는 것이 아닙니다. 형상과 존재자들은 분리되어 있는 것이 아닙니다. 존재자들은 형상을 모방한다고 했습니다. 형상을 모방한다는 말은 형상을 향해 운동하고 있다는 말입니다. 즉 형상과 개별자들은 서로 분리되거나 단절되어 있는 것이 아닙니다. 서로 이어져 있습니다. 이어져 있다는 것은 기독교적인 세계관처럼 저편에 초월적 형상이 위치하고 이편에 현실의 모사물이 위치하는 방식이 아닙니다. 같이 움직인다는 것입니다. 그래서 우리는 형상들을 찾아서, 진 · 선 · 미라는 형상들을 향해서 움직이는 것입니다.

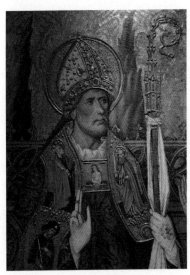

아우구스티누스,
토마스 기너(Tomás Giner), 1458.

이제 아우구스티누스를 살펴보겠습니다. 아우구스티누스는 중세 철학자입니다. 아우구스티누스는 신플라톤주의(Neoplatonism)의 영향을 받습니다. 플로티노스(Plotinos, 205~270)는 신플라톤학파의 철학자입니다. 이 철학자는 유출설(流出說)을 얘기합니다. 하나의 일자(一者)가 있습니다. 하나의 존재자라고 해도 됩니다. 유일한 존재자라도 해도 됩니다. 이것은 하나이고 유일하니 참으로 존재하는 것입니다. 플로티노스에게서 형상들은, 예를 들어 진, 선, 미라는 형상들이 존재할 때, 이런 형상의 일부들을 세계 내의 존재자들은 분유(分有)하고 있습니다. 즉 형상의 일부를 가지고 있습니다.

세계 내의 존재자들 안에는, 사물들 안에는 형상의 일부들이 들어와 있고 내재해 있습니다. 이러한 신플라톤학파의 영향을 아우구스티누스가 받습니다. 존재자 측에서 보면 형상에 존재자들은 일정 정도 지속하여 개입하고 있습니다. 이것을 '관여(關與)'라고 합니다. 관여라는 게 무엇입니까? 참여하는 것이고 개입하는 것이잖아요? 이를 플로티노스의 개념으로 말하면 분유이기도 합니다. 나누어서 지니고 있습니다.

존재자들은 자기 내에 함유되어 있는, 이러한 형상의 씨앗들을 단지 개발을 못할 뿐이고 발전을 못 시킬 뿐입니다. 그래서 그 씨앗을 개화시키고 발전시키려 플라톤이 교육의 중요성을 얘기하는 것입니다. 자기 안의 능력을 개발하는 것이 중요합니다. 상기설과 맞닿아 있습니다.

아우구스티누스는 354~430년까지 살았던 철학자입니다. B.C.는 Before Christ. 즉 예수 탄생 전을 말합니다. A.D.는 Anno Domini로 예수의 탄생 이후인 서기(西紀)를 말합니다. 신학에서는 아우구스티누스를 성 어거스틴(St. Augustine)으로 주로 부릅니다. 아우구스티누스 당대는 로마 제국 시대입니다. 팍스 로마나(Pax Romana)라고 들어 보셨습니까? 로마 제국의 전성기로서 로마가 대제국을 형성했던 시기였습니다. 당시 지중해는 로마 제국의 호수라고 불렸던 시기입니다. 지금은 미국이 세계적으로 패권을 지니고 있어 팍스 아메리카나(Pax Americana)라고 부릅니다. 제2차 세계대전 이후 미국이 세계의 패권국이 되어 그렇게 부르게 됩니다.

아우구스티누스는 북아프리카의 카르타고(Carthago)의 영역이었던 누미디아의 타가스테(Thagaste)에서 태어납니다. 그가 태어났던 때는 이미 카르타고가 로마 제국에게 패배해서 그의 출생지는 로마 제국에 속해 있었습니다. 카르타고와 로마 사이에 전쟁이 있었는데 이를 포에니 전쟁(Bella Punica)이라고 부릅니다. 유명한 카르타고의 명장 한니발(Hannibal Barca, B.C. 247~183 or B.C. 181)이 활약했던 전쟁입니다.

포에니 전쟁은 3차까지 벌어집니다. 지금의 스페인도 당시에는 카르타고의 영역이었습니다. 로마를 침공하기 위하여 스페인 지방에서 코끼리를 키우기도 합니다. 카르타고 옆의 누미디아 지방은 뛰어난 말의 생산지인데 따라서 이후로도 기병으로 유명합니다. 한니발은 이렇게 양성한 코끼리와 기병으로 알프스 산맥을 넘어서 로마를 공격합니다. 이탈리아 남부에서 치러진 칸나이 전투(Battle of Cannae)는 아주 유명합니다. 한니발이 로마의 대군을 전멸시킨 전투입니다. 당시 로마에서 어린 아이들이 울면 저기 한니발이 온다고 말을 하면 울음을 뚝 그칠 정도였다고 합니다.

우리나라에서도 어렸을 때 울면 어른들이 저기 호랑이 온다거나 호랑이가 물어간다고 겁을 주고는 하였답니다. 우리나라에는 예전부터 호랑이가 많았다고 합니다. 영화 「대호(大虎)」(2015)는 조선

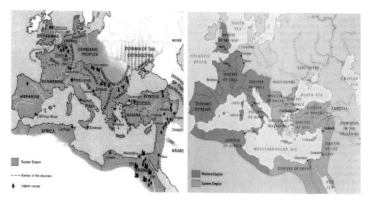

로마 제국   로마 제국(동, 서)

의 호랑이를 일제 군인들이 포획하는 것에 얽힌 얘기들을 합니다. 로마는 포에니 전쟁에서 승리한 이후 카이사르(Gaius Julius Caesar, B.C. 100∼44) 등이 등장해서 제국의 영역을 지속적으로 확장시킵니다. 당시에는 브리튼(Britain)으로 불렀던 영국도 이 카이사르가 정복을 합니다. 『갈리아 전기(Commentarii de Bello Gallico, Gallia 戰記)』는 지금의 프랑스 지방, 당시에는 골(Gaul)이라고도 불렀던 곳을 카이사르가 원정하면서 저술한 책이기도 합니다. 카이사르라는 이름은 이후 황제라는 칭호로 고착됩니다. 독일에서는 '카이저(Kaiser)'로, 러시아에서는 '차르(царь)'로 말입니다.

아우구스티누스가 생존했던 시대는 바로 이 로마 제국의 시대입니다. 특히 동과 서로 갈라진 이후 서로마제국이 붕괴하려던 시기입니다. 세계사에 관해 관심이 있으신 분은 알겠지만, 테오도시우스 황제(Flavius Theodosius, 347∼395) 이후 로마 제국은 동로마제국과 서로마제국으로 완전히 나누어집니다. 그의 두 아들에게 제국을 양분해서 물려줍니다. 동로마제국은 서로마제국이 망한 이후로도 천년이나 더 지속하고 번영을 누립니다.

동로마제국의 수도는 콘스탄티노플(Constantinople)입니다. 콘스탄티누스 1세(Flavius Valerius Aurelius Constantinus, 재위 306~337)가 기독교를 공인하면서 수도의 명칭도 황제의 이름을 따서 정했습니다. 이후 다시 비잔티움(Byzantium)으로 불리기도 합니다. 동로마제국은 제4차 십자군에 의해 점령을 당해 잠시 라틴 제국(Empire latin de Constantinople)으로 불리기도 합니다. 이후 콘스탄티노플이 오스만 제국(Osman帝國)에 의해 점령당해서 다시 이스탄불(İstanbul)로 불리게 됩니다. 지금도 그대로 터키에서 이스탄불로 부릅니다.

오스만 제국과 접경한 동로마제국은 서로마제국의 멸망 이후 천년 동안이나 정복이 되지 않고 번영합니다. 물론 제4차 십자군 전쟁

비잔틴 시대의 콘스탄티노플 시의 구조

테오도시우스 성벽(콘스탄티노플 성벽)의 구 성벽 부분

시기에는 십자군들 내의 내부 알력으로 예루살렘으로 향해야 할 십
자군들이 엉뚱하게 콘스탄티노플을 노략질할 때 한번 점령당하기
도 합니다. 베네치아에 선박과 보급을 맡긴 프랑스 주축의 십자군이
대금 지급을 못하자 베네치아의 요구를 받아들여 그들과 연합하여
콘스탄티노플을 침략하면서 벌어진 전쟁입니다.

　콘스탄티노플의 유명한 삼중 성벽은 테오도시우스 황제 때 건설
한 성벽입니다. 그래서 테오도시우스 성벽(Theodosius Walls)이라
고도 부릅니다. 삼중(三重), 즉 세 겹으로 건설된 성벽으로 난공불락
의 성벽입니다. 이 도시를 오스만 제국의 마호메트 2세가 1453년에
점령합니다. 시오노 나나미(塩野七生)의 『십자군 이야기』 또는 그녀

의 전쟁 3부작 중 『콘스탄티노플 함락』이라는 책을 보면 아주 재미있게 잘 설명이 되어 있습니다.

이 당시 무슬림은 스페인 지역까지도 점령하고 있었습니다. 그들은 유럽의 사방에서 기독교 국가들을 위협하고 있었던 것입니다. 이후 스페인에서는 마지막으로 이슬람 세력이 잔존한 그라나다 왕국도 정복하여 이들을 북아프리카로 완전히 추방하게 됩니다(1492). 이것을 기념하여 재정복, 즉 레콩키스타(Reconquista)라고 부릅니다. 지금도 그 수복을 기념하여 스페인에서는 축제를 합니다.

중세의 유럽은 교황의 권력 아래에 모든 것들이 포섭되어 있는 체제입니다. 당시 유럽의 강대국인 신성로마 제국의 황제는 교황이 임명을 합니다. 기독교를 수호했던 로마 제국의 정통성을 그대로 교황이 세속의 황제에게 계승을 시켜 교회를 지키는 신성함을 제국에 부여한 것이지요. 신성로마 제국의 황제는 선거권을 가지고 있는 7명의 제후들인 선제후(選帝侯)들이 선출 형식으로 황제를 등극시킵니다. 이후 교황이 황제를 정식으로 임명을 합니다. 세속의 군주로서 인정을 하는 것입니다.

그러나 세속 군주들과 교황의 투쟁에서 세속의 황제가 교황에게 굴복하기도 하고, 다시 교황권이 약해져서 교황이 세속의 왕에게 굴복하기도 합니다. 전자는 신성로마 제국의 황제가 교황의 권력에 저항을 하니, 교황이 황제를 파문시켜버린 사건으로 카노사의 굴욕(1077)이라고 합니다. 후자는 유럽의 강국 프랑스의 왕이 프랑스 출신의 교황을 자국 내의 영토인 아비뇽에 억류한 사건으로 이를 아비뇽 유수(Avignon 幽囚, 1309~1377)라고 부릅니다. 교황을 프랑스 영토 내의 아비뇽에다 실질적으로 가두는 것입니다. 아무래도 교황권이 프랑스 왕의 경계 내에 놓이게 되고, 영향 하에 놓이게 되는 것입니다. 이후 약 70년 간 7명의 교황이 아비뇽에 머물게 됩니다. 로마에서는 이에 대항하여 다른 교황을 세웁니다. 이른바 대립 교황, 즉 교황이 두 명인 시대가 당분간 계속됩니다.

지금도 그렇지만 교황으로부터 파문을 당하면, 종교적 권리는 물론이고 많은 세속적 권리 또한 상실됩니다. 더욱이 중세는 종교적 영역과 세속적 영역이 명확히 구분되지 않은 채 서로 융합되어 이것이 일상의 생활로 자리 잡은 시대입니다. 교황은 공식적인 신의 대리자입니다. 예를 들어 결혼이나 장례를 치를 때는 지금도 서양에서는 주로 교회에서 거행하고, 가톨릭의 신부가 주례나 장례를 주관합니다. 만약 교회가 결혼을 정식으로 인정하지 않으면 자녀를 낳아도 자녀는 사생아가 되는 것입니다. 그렇게 출생한 자녀 또한 어려서든 성인이 되어서든 인간으로서의 기본적인 권리를 행사할 수도 없게 됩니다. 장례도 마찬가지입니다. 공식적인 무덤 자리도 쓸 수 없고, 재산을 상속시킬 권리도 박탈됩니다. 무엇보다 죽어서 가야 하는 천국의 자리가 그에게는 없습니다. 교회로부터 파문을 당했으니 죽어서는 천국에도 못 가게 되고, 살아서는 일요일마다 교회에도 갈 수 없습니다. 사정이 이러하니 당시 세속적 권력의 최고라 할 수 있는 신성로마 제국의 황제가 어쩔 수 없이 교황의 권력 앞에서 무릎을 꿇습니다. 신성로마 제국의 황제는 교황이 머무르는 카노사에 가서 자신의 죄를 용서해줄 것과 파문을 취소해 줄 것을 교황에게 간청합니다. 이 사건이 카노사의 굴욕입니다.

조선 시대의 석고대죄(席藁待罪) 비슷하게 3일 정도를 혹한에서 황제가 기다리고 용서를 빈 후에야 겨우 파문을 면하게 됩니다. 시기적으로는 카노사의 굴욕이 앞서고, 아비뇽 유수가 뒤에 일어납니다. 점차 교황권이 강해졌다가 약해지고 다시 세속 권력이 교황권을 능가하고 강해지는 역사적 흐름을 보여줍니다.

　중세의 문화를 조금 더 이해하기 위해서 당시의 회화들을 참고하고자 합니다. 지금 보이는 회화들은 미술사적으로 바니타스 (Vanitas) 화풍이라고 부릅니다. 중세 말 흑사병이나 종교 전쟁 등의 경험이 영향을 미친 17세기의 정물 화풍의 회화들입니다. 일종의 상징화라고 볼 수 있는데, 이 회화들을 보시면 중세의 문화를 조금 더 잘 이해할 수 있을 것입니다.

　중세의 회화를 보면 사람의 해골들이 종종 보입니다. 해골은 인간의 죽음을 상징합니다. 아래 그림은 프란츠 할스(Frans Hals)의 '해골을 들고 있는 청년(Young Man with a Skull)'입니다. 1626~28년

해골을 들고 있는 청년, 프란츠 할스, 1628.

바니타스-튤올립, 해골,
모래시계로서의 삶, 필립 드 샹파뉴, 1671.

에 그려진 작품입니다. 거의 중세의 끝 무렵인데도 종교적 가치관
이 강하게 당대의 미술 작품을 지배하고 있는 것을 볼 수 있습니다.
죽음과 내세에 대한 사유, 신에 대한 사유 이런 것들이 당대의 회화
에 상징으로 여전히 강하게 남아있습니다. 삶의 허망함들을 이런
그림을 통해서 알려 주는 것입니다. 이전에 제가 언급했었습니다.
당시에는 문맹률이 높으니까 미술 작품도 계몽과 종교 전도의 도
구로 이용합니다. 회화 등을 통해서 메시지나 교훈을 보여주면서
직접적, 간접적으로 전달하는 방식입니다. 지금도 전 세계에 문맹
자들은 많이 있습니다. 다행히 우리나라는 교육열이 높아서 문맹
률은 낮은 편이지만요.

중세의 회화, 특히 바리스타 화풍으로 그려진 다음의 그림을 또 보겠
습니다. 바로크 시대 화가인 필립 드 샹파뉴(Philippe de Champaigne)
의 바니타스-튤울립, 해골, 모래시계로서의 삶(Vanitas-Still Life with
a Tulip, Skull and Hour-Glass)이라는 1671년 작품입니다. 당시 회
화에서 3가지의 필수적인 상징인 삶과 죽음, 그리고 시간을 그대로
3가지, 즉 양초의 불꽃과 해골, 그리고 모래시계로 표현했습니다. 양
초 위에서 타고 있는 불꽃이 보입니다. 양초나 불꽃은 삶의 덧없음
을 얘기합니다. 타버린 양초는 결국 사라집니다. 빨갛게 타고 있는
동안에는 제법 화려하고 강렬하지만 결국 타는 불꽃은 양초 또한 태
우며 자신의 모든 것을 지웁니다. 가운데의 해골은 죽음을 상징합니
다. 죽은 후의 흉악함입니다. 삶이 끝난 후의 처참함입니다. 화색이
돌던 얼굴은 결국 피부 한 점 남지 않은 적나라함으로 변합니다. 마
지막으로 맨 우측에는 모래시계가 보입니다. 시계는 시간을 상징합

니다. 우리가 무엇을 하든 시간은 흘러가고 우리가 무슨 노력을 다 하든 시간은 아랑곳하지 않고 부지런히 우리의 삶에서 허용된 시간들을 없앱니다. 시간은 지킬 수가 없습니다. 시간은 본질적으로 변화와 소멸을 내포합니다. 시간에 존재하는 그 무엇이든 변화하지 않을 수 없고, 변화하는 것은 사멸할 수밖에 없습니다. 사멸 없는 영원함, 소멸 없는 끝없음은 이 세계 내에 존재하지 않습니다. 사물이든, 사람이든 결국 죽어 사라지게 됩니다. 그것이 세계 내에 존재하는 모든 존재자의 기본 운명입니다.

시간에 존재하는 것은 변화의 극치와 종착인 죽음을 반드시 내포하고 있습니다. 시간에 처한 존재자는 반드시 죽어야 합니다. 그래서 변화는 덧없음이고 언젠가는 사라지는 것입니다. 이렇게 시간은 자신의 내부에 본질적으로 허망함을 내포하고 있습니다.

스페인의 바로크 화가 안토니오 데 페레다(Antonio de Pereda)의 「허영의 우화(Allegory of Vanity)」라는 1632년의 그림, 그리고 네덜란드 화가 얀 민서 몰레나르(Jan Miense Molenaer)의 「Allegory of Vanity」라는 동일한 제목의 1633년의 그림을 보겠습니다. Vanity는 허영이라는 말입니다. 이 그림들에서도 해골이 여기저기 널려 있고, 모래시계 또한 보입니다. 양초 또한 있고요. 악기들이 있습니다. 일반적인 바니스타 화의 상징에는 해골을 등장시켜 죽음의 필연성을 상기시키거나 썩은 과일을 등장시켜 부패를 말하고자 합니다. 또 인생의 짧음과 죽음의 갑작스러움을 얘기하기 위해 연기나 피어오르는 연기를 등장시킵니다. 시계나 모래시계는 인생의 짧음을 말하고, 악기는 인생의 간결함과 덧없음을 상징합니다.

허영의 우화, 안토니오 데 페레다, 1632.

허영의 우화, 얀 민서 몰레나르, 1633.

다음의 그림은 유명한 그림입니다. 「대사들(The Ambassadors)」이라는 독일 화가인 한스 홀바인(Hans Holbein the Younger)의 1533년 작품입니다. 악기도 보입니다. 두 사람의 발 중앙에 있는 기괴한 형상은 해골입니다. 거울도 비슷한 상징물입니다. 해골이 정면에서는 안 보입니다. 그런데 왼쪽의 방향에서 보면 보입니다. 왼쪽에서 들어가면서 이 그림을 보는 방법입니다. 그러면 해골이 더 명확히 보입니다. 분명히 이 그림은 입구에서 진행하는 좌측의 벽에 걸어 놓았을 것입니다. 중세의 문화를 조금이나마 이해하시라고 당시의 회화를 예로 들어 설명을 했습니다.

대사들, 한스 홀바인, 1533.

프톨레마이오스의 지도, 요한네스 슈니쳐(Johannes Schnitzer)가
프롤레마이오스의 지도를 필사한 지도, 1482.

　여기 보이는 것은 고대 프톨레마이오스 지도입니다. 프톨레마이
오스(Ptolemy, A.D. 83경~168경)가 제작한 세계지도입니다. '그
래도 지구는 돈다'라고 갈릴레이가 재판에서 말했다는 일화를 언
급했었습니다. 코페르니쿠스가 지동설을 주장하면서 프톨레마이오
스 이래 천문학을 지배해온 천동설에 대해 반박합니다. 프톨레마
이오스는 고대의 천재였습니다. 혹자는 프톨레마이오스는 지도에
서 지구 표면을 위도와 경도의 격자로 나누기까지 했다고 하는데 이
정도는 아닌 것으로 보입니다. 이 지도의 원본은 전해지지 않습니
다. 보시는 지도는 필사본입니다. 이 지도가 근대의 지도 제작에 전
조가 되었다고 합니다. 이 지도가 A.D. 150년경에 저술한 『지리학

 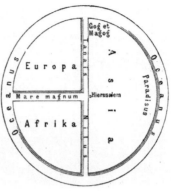

초기의 TO지도, 1472.　　　TO지도, 1895, 예루살렘이 중심에 있는 것을
　　　　　　　　　　　　볼 수 있고, 아시아가 우측에 위치해있다.

(Geographia)』에 수록되어 있다고 합니다. 예수가 탄생한 지 얼마 안 되어서 그린 지도입니다. 보시면 인도도 있고 아라비아 반도도 있습니다. 아프리카도 있고, 유럽도 있고 흑해도 보입니다. 신대륙은 아직 보이지 않습니다. 1492년 신대륙을 발견한 콜럼버스도 이 프톨레마이오스의 지도를 사용했다고 합니다. 그래서 북아메리카 대륙을 아시아의 일부인 인도로 착각했다고 합니다.

여기 중세의 지도를 보겠습니다. 1472년에 그려진 지도로서 TO 지도라고 적혀 있습니다. 르네상스가 1500년대이니 그 즈음 그려졌다고 보면 됩니다.

세 대륙의 이름과 함께 중세 기독교에서 각 대륙의 선조로 여겨졌던 노아(Noah)의 세 아들이 적혀 있습니다. 셈(Sem)과 아시아, 유럽 (Europa)은 야벳(Iafeth), 아프리카는 함(Cham)과 같이 분류가 되어 묶여있고 글자로 적혀 있습니다. 정말 지독히도 간단한 도식으로 그려졌습니다. 중세의 기독교적 가치관이 상징적으로 응축되어서 개념적으로 구성된 지도입니다. 십자가 모양의 십자 중앙에는 예루살렘이 위치합니다. 이 도식이 회화로 나타나면 역시 중앙에는 예수의 얼굴이 위치합니다.

그러나 중세인들이 그전의 프톨레마이오스 지도를 모르고 실제 세계의 땅이 이렇게 생겼다는 것을 몰랐던 것은 전혀 아닙니다. 중세의 십자군 전쟁 당시에도 이탈리아의 베네치아나 제노바 사람들의 경우는 상당히 정확한 지도를 가지고 항해를 했습니다.

당시 이탈리아의 도시국가들은 종교적으로도 로마가톨릭에서 상당히 독립적이었고 각자의 이익을 추구하는 것에 치중하는, 상당히 실용적인 국가들이었습니다. 그러니 로마가톨릭과 동방 정교, 가톨릭 문명과 이슬람 문명의 다툼에서 늘 중간적인 입장을 유지하려 애썼고, 중개를 하는 위치에 있었습니다. 이러한 중립적 입장이 그들에게 훨씬 많은 이익을 보장해주었기 때문입니다. 그들은 무역으로도 가톨릭의 유럽보다는 동방 정교회의 동로마제국을 통한 이익이 더 컸습니다. 동로마제국은 또 찬란한 이슬람 문명이 유럽으로 가는 통로였으니 이들은 양측, 양 대륙 간의 중개 무역을 결코 포기하지 않았습니다. 그러니 해양 문명이 상당한 수준으로 발달할 수밖에 없었습니다. 이러한 풍조는 이탈리아에서 르네상스가 일어나는 것에도 많은 영향을 줍니다.

따라서 TO 지도가 나타나는 본질적 요인은, 중세인은 구체적인 과학적 탐구, 귀납적 발견이나 사실에 기반을 둔 지도 제작 등의 실용적 기술에 그리 큰 관심을 두지 않은 것에 기인합니다. 왜 그랬을까요? 삶의 본질에 비추어서 이런 구체적인 것들은 그리 큰 의미가 없고 덧없는 것에 불과하다고 등한시했을 뿐입니다. 그런데 이런 관점의 차이가 근대와 중세 문화의 현격한 차이를 낳는 태도의 문제가 됩니다. 아무튼 중세인들은 간단하게 그들의 세계관으로 그들의 세계를 이렇게 분류하고 나누었습니다. 기독교 세계관이 강하게 지배하고 있는 지도입니다.

성서의 창세기 9장에 보면 노아의 세 아들이 등장합니다. 노아가 대낮에 벌써 포도주를 마시고 취해서 벌거벗고 누워있습니다. 함은 아버지를 보면서 발가벗고 누워있다고 비웃고 손가락질 합니다. 그러나 셈과 야벳은 뒤로 걸음질을 하며 담요를 들고 와서 아버지를 덮어줍니다. 이에 술에서 깨어난 노아는 자신을 비웃지 않고 덮어주었던 두 아들을 축복해줍니다. 그 아들들의 후손이 번창하며 잘 살 것이라고 축복합니다. 물론 그 축복받은 아들은 유럽의 선조로서 야벳과 아시아의 셈입니다. 함의 땅 가나안에는 저주를 내립니다. 이 함이 아프리카의 함입니다. 물론 이런 해석은 지나치게 자의적이라 비판의 여지가 많습니다만 말입니다.

지금의 우리가 보는, 눈에 익숙한 세계지도를 살펴보겠습니다. 지금도 세계지도를 보면 이런 방식으로 그려져 있습니다. 우리가 흔

메르카토르 도법 지도

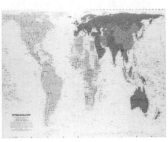

페터스 도법 지도

히 접하는 세계지도입니다. 왼쪽의 지도는 메르카토르 도법(Mercator projection)으로 그려진 지도입니다. 그러나 이 도법은 땅의 실제 면적을 그리는 방식이 아닙니다. 실제 땅의 크기가 이게 아니라는 것입니다. 지도를 보면 러시아나 알래스카 이런 지방이 실제의 면적보다 과장되게, 훨씬 크게 그려져 있습니다. 실제의 면적으로 그려진 지도는 페터스(Peters) 도법으로 그려진 지도입니다. 오른 쪽, 두 번째의 지도입니다. 이 도법으로 그려진 지도를 보면 아프리카 대륙이 메르카토르 도법으로 그려진 첫 번째 지도보다 훨씬 크다는 것을 알 수 있습니다. 우리나라는 땅의 면적이 영국 정도가 됩니다. 러시아는 우리가 익숙한 세계지도에서의 면적보다 많이 작습니다. 인도나 미국의 면적도 그렇습니다. 유럽은 아예 상당히 자그마한 면적으로 보입니다.

그런데 우리는 메르카토르 도법에 의해 그려진 지도의 땅이 실제의 면적인 것으로 교육을 받아왔고 또 그런 줄로 알고 있습니다. 제가 하고 싶은 말은 우리가 알고 있는 현재의 지식, 우리가 진리라고 믿고 있는 현재의 것들, 그것들 모두가 결코 절대적 진리는 아니라는 것입니다. 그것이 만약 과학적인 지식이라면 과학 발전의 시대적 한계에 결국은 묶여있게 됩니다. 과학적 지식은 과학의 발전에 따라 지식으로서의 지위를 폐기당하는 한계를 자체 내에 지니고 있을 수밖에 없습니다. 그것을 착각하시면 안 됩니다. 현실 세계에서의 지식은 항상 상대적이라는 한계를 가지고 있습니다. 시대의 한계를 가지고 있다는 말입니다. 사실 메르카토르 도법은 면적의 표시를 위한 지도가 아니라 항해를 위한 지도의 용도라고 합니다. 그런데 우리는 이 지도를 보며 실제 땅의 크기인 줄로 착각하고 있었습니다.

중세를 얘기할 때, 그 시대의 정신적인 사고방식, 그 시대를 지배하고 장악하는 일상의 사고 유형들, 즉 중세적 사고방식을 좀 알아볼 필요가 있습니다. 카르페 디엠(Carpe diem)이라는 말을 들어 보셨을 것입니다. 라틴어입니다. 카르페 디엠은 Catch the present, 현재를 잡으라는 말입니다. 젊으신 분들은 SNS 프로필에 '카르페 디엠'이라는 문구를 걸어 놓기도 합니다. 그분들은 '쓸데없는 걱정은 하지 말고 현재를 즐기라'라는 표현으로 이 문구를 프로필에 걸어 놓으셨을 것입니다. 물론 현재를 즐기라는 의미도 있을 것입니다. 그런데 이 문구는 그와 반대되는 문구와 결합하였을 때 그 의미가 더 강하고 확실히 와 닿습니다.

그것은 메멘토 모리(Memenro Mori)라는 말입니다. '메멘토 모리'와 '카르페 디엠'이라는 말은 동전의 양면을 이룹니다. 모리는 영어로는 모리번드(moribund)라는 단어에서 보듯 '죽어야 할 운명'이나 '죽음, 사멸'을 말합니다. 영어로 표기하면 메멘토는 '기억하라, remember', '기억 memory'을 말합니다. 즉 '잊지 마라 네가 죽어야 할 운명이라는 것을!' 혹은 '기억해라 죽음을!' 이런 말입니다.

내가 언젠가는 죽어야 할 운명이기에 지금 이 순간이 더 소중해지는 것입니다. 당장 내일 죽을 수도 있고, 오늘 오후에 사고를 당해서 죽을 수도 있습니다. 그러니 지금 살아 있는 이 시간이 비할 바 없이 소중한 것입니다. '카르페 디엠'과 '메멘토 모리'는 이렇게 동전의 양면이 됩니다. 둘은 같이 나란히, 더불어 진행합니다. 네가 하는 모든 일이 너의 죽음으로 인해서, 네가 죽더라도 네가 지금 하는 일이 허망하지 않도록, 너는 언젠가는 죽어야 할 존재자이니 그 죽어야 할 운명임을 잊지 말고 너의 지금의 행위가 의미 있도록 행위를 하라는 말입니다. 마저 다른 것은 잊고 쾌락을 추구하라는 얘기가 절대 아닙니다. 네가 하고 싶은 대로 마음껏 하고 실컷 방종해라, 이런 얘기가 절대 아닙니다. 너의 시간을 의미 있게, 진중하게 보내라는 말입니다.

지금은 전기가 있으니 밤에 불빛이 있어 어둡지 않고 높은 아파트를 지어서 사람들이 서로 모여 삽니다. 아프거나 다치면 바로 근처의 병원으로 갑니다. 의료 기술이 발달해서 작은 병들은 무섭지도 않고 불치의 걱정도 없이 치료를 합니다. 그러나 중세는 그렇지 않았습니다. A.D. 3백 년 이 정도 시기면 우리나라로 말하면 삼국시대 초기입니다. 고구려, 백제, 신라로 구성된 그 삼국시대 말입니다. 아우구스티누스는 우리나라로 보면 신라의 내물 마립간이 즉위하기 2년 전에 태어나서 고구려 장수왕이 평양으로 천도하기 2년 전에 선종(善終)합니다. 이 해는 백제와 신라가 고구려의 위협에 대응하기 위해 나제동맹을 체결하기 3년 전입니다. 그 당시의 의료 체계나 의료 기술은 굳이 말할 필요도 없이 낙후되어 있었을 것입니다. 서민들에게 지금과 같은 견고한 집이 가능하지도 않았을 것입니다. 거의 초가집 비슷한 수준이었겠지요. 아니 당시는 벼도 없었으니 움막 정도라고 해야 할까요?

이모작(二毛作) 농법은 대략 16세기~17세기 조선 시대에 도입이 됩니다. 물을 대서 벼를 키우는 수경(水耕) 농법 또한 한참 뒤에 도입이 됩니다. 당시에 밤에 불빛이 어디 있겠습니까? 저 어렸을 때도 시골에 전기가 들어오지 않는 집이 많았고 호롱불을 밤에 켰었던 기억이 있습니다. 그러니 서양의 중세시대는 말할 나위가 없습니다.

그런 형편입니다. 더욱이 어두컴컴한 밤에는 얼마나 무서웠겠습니까? 밤에도 아파트의 환한 불빛과 거리의 가로등이 환히 켜져 있는 도시에 거주하시는 분들은 어두운 밤의 공포를 잘 모르실지도 모릅니다. 시골에서 사는 저는 밤의 어두움과 소리 하나 들리지 않는 고요함을 잘 압니다. 캄캄한 밤은 기본적으로 공포를 안겨줍니다. 그래서 예전부터 사람들이 모여 마을을 이루고, 성채를 지어서 외부로부터의 침입을 경계하고자 하는 것입니다. 적일지도 모를 이방인을 의심하여 구별해야 하고, 야생 동물의 공격 또한 방어해야 합니다. 그래서 밤에 경계를 세우고 왕래를 통제하는 것입니다.

지금도 인도 같은 나라는 서민들의 집에 충분한 화장실이 없습니다. 마이크로소프트 사(Microsoft 社)의 빌 게이츠가 2000년에 설립한 그의 자선 재단인 빌 & 멜린다 게이츠 재단은 인도 같은 개발도상국들에 서민들을 위한 화장실을 확충하는 것을 그들의 미래 사업으로 삼을 정도입니다. 그래서 사람들은 예로부터 자연스럽게 마을을 이루고 성에 모여 사는 것입니다. 공동체 생활은 맹수나 외부의 적들의 침입으로부터 서로 안전을 도모하고 돕기 위해서 필수적으로 요구되는 것입니다. 그래서 철학자 스피노자(Baruch Spinoza, 1632~1675)가 '인간에게는 인간보다 유익한 것은 없다'라고 말을 하는 것입니다. 맞는 말입니다. 아리스토텔레스가 '인간은 사회적 동물(Man is a social animal)'이라고 하는 것도 이런 의미입니다. 서로 도와야 생존할 수 있는 것이 우리 인간의 운명입니다.

당시에 맹수들이 산에서 얼마나 많이 내려오겠습니까? 사람도 잡아먹고 민가에도 들어오고 그랬을 것입니다. 의료 기술이란 게 또

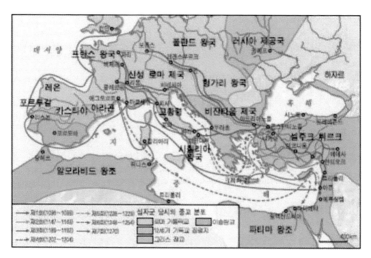

십자군 원정로와 당시의 지도

얼마나 있겠습니까? 있어도 미약하기 그지 없는 수준이었을 것입니다. 서양 의술의 역사에서 내과, 외과의 구분은 참으로 단순했습니다. 지금과 같은 의료 기술과 체계들이 아닙니다. 당시의 내과는 마취 기술이 없었을 때이니 개복수술(開腹手術)은 하지 못했습니다. 기껏해야 외과 절제술 정도입니다. 비로소 근대에 들어서자 서양의 의학과 의료 기술이 비약적으로 발전하기 시작합니다. 물론 고대 이집트에서는 이미 수술을 할 때 아편을 썼다는 기록이 있습니다. 마취제의 대용입니다.

중세 때 의료 치료와 관련된 일화가 전해지고 있습니다. 중세 기사들이 십자군 원정을 가게 됩니다. 목표로 하는 지역은 성지인 예루살렘의 탈환이니 중동지방의 이스라엘 지역 정도가 그들의 행선지가 될 것입니다. 이미 이 지역은 오스만 제국이 동로마제국을 멸망시킨 뒤로 오스만 제국의 영토에 속해 있습니다. 하지만 예루살렘은 다양한 종교들, 예를 들어 기독교뿐만 아니라 동방 정교회, 이슬람교, 유대교의 성지이기도 한지라 이방인과 이교도들에게 어느 정도는 통행과 거주를 허용했었습니다. 상대적으로 관용적인 면들을 무슬림은 기독교인들보다 지니고 있었습니다. 기독교인들의 예배도 허용했습니다. 당시에는 아랍 문명이 기독교 문명보다도 자연 과학과 이에 기반을 둔 기술이 더 발전을 했습니다. 유럽에서는 기독교 교리에 허용되는 학문과 기술들만이 수용 가능했기에 상대적으로 자연 과학이나 이에 기반을 둔 기술들이 낙후되어 있었습니다. 만학의 왕이었던 철학 또한 신학의 시녀에 불과했다고 앞에서 언급했듯이 말입니다.

당시에는 기사단들이 있었습니다. 템플 기사단(Knights Templar), 구호(救護) 기사단(Knights Hospitaller)이 있었고 나중에는 독일 민족, 즉 튜턴족으로만 구성된 튜턴 기사단(Teutonic Order)이 있었습니다. 구호 기사단은 성 요한 기사단으로도 불렸습니다. 그들이 이슬람 군의 계속되는 공격을 받고 근거지를 지중해의 로도스(Rhodes)섬으로, 다시 몰타(Malta)섬으로 이동함에 따라 로도스 기사단, 몰타 기사단으로도 불렸습니다. 구호 기사단은 까만 바탕에 흰 십자가, 템플 기사단은 하얀 바탕에 빨간 십자가의 옷을 갑옷 위에 입었고, 깃발 또한 같은 색의 십자가로 되어있습니다.

성전 기사단은 낮에는 기사로서 전쟁을 하고, 전쟁이 끝나고 돌아와서 혹은 전쟁이 없는 날에는 본연의 직업인 의술로 환자 치료를 했습니다. 당시 구호 기사단 기사들은 의사도 겸한 것입니다. 템플 기사단은 전문적으로 전투만 했습니다. 성전 기사단은 주로 귀족들로 구성되었고, 템플 기사단은 평민들로 구성되었습니다.

십대의 메이지 천황(앞열 가운데)이 보신 전쟁(Boshin war)을 끝내고 외국 사절단과 서있다. 1868~1870. 보신전쟁은 무진년에 일어난 전쟁으로 도막파와 막부파간의 내분이며 천황파인 도 막파가 승리했다.

고대와 중세 모두 마찬가지지만, 수도원에 있는 수도승들은 대개 지식인들입니다. 경전을 읽어야 하고 고급 담론을 구사할 줄 알아야 합니다. 그러니 문자 해독이 가능하거나 문자를 열심히 공부해야만 했습니다. 자연스레 수도승들은 지식인일 수밖에 없었습니다. 예를 들어 동양의 일본에서도 지식인은 승려들입니다. 일본의 전국 시대 상황을 보면 장군의 참모들은 대개 승려들이 담당합니다. 그들이 지식인들이라 병법서를 읽을 수 있어 이를 활용한 작전 수립에도 능통했기 때문입니다. 사무라이(侍, さむらい)들은 칼싸움밖에 못합니다. 칼잡이인 사무라이들의 권한은 도요토미 히데요시(豊臣秀吉, 1537~1598)가 공식적으로 인정합니다. 사무라이의 명예를 위해 일반 백성을 해칠 수 있는 권한까지도 말입니다. 그러나 시간이 흐를수록 칼을 대신한 총포가 등장하자 이 사무라이들은 국가에 그리 쓰임을 받는 계층이 아니게 됩니다. 이러한 사무라이들의 칼을 차고 백성을 착취하고 해치는 권한은 메이지 유신(明治維新, Meiji Restoration, 1854~1868, 1868~1889) 때 공식적으로 폐기됩니다. 이는 서양의 중세 기사들에게서도 비슷했습니다.

다시 앞의 얘기로 돌아갑니다. 십자군 전쟁 때의 일입니다. 두 환자가 있었습니다. 한 명은 남성이고 다른 한 명은 여성입니다. 남성은 전쟁을 하다가 다리에 외상을 입었습니다. 여성은 얼굴에 부스럼 등이 나고 있었습니다. 이 내용은 아랍인 의사가 자기의 일기에 적어놓은 내용입니다. 당시 중동의 상황을 보면 무슬림들은 기독교인을 닥치는 대로 죽이지 않습니다. 오히려 일부 유럽인들에게는 자국민들과의 교역을 허용하기도 합니다. 베네치아나 제노바 등의 이탈리아의 도시국가들이 대표적입니다. 이탈리아의 도시국가들은 명분보다는 실리를 선택했고, 전통적으로 로마가톨릭보다 동방 정교인 동로마제국과 가까웠던 국가들입니다. 무역을 하는 상인들이 상당한 실권들을 장악한 국가들입니다. 아시아권이나 중동지역과 유럽과의 중개 무역에 종사하는 것이 이 도시국가들의 번영을 더 보장해주었기 때문입니다. 그래서 이들은 거대 전쟁에서 승리하더라도 그 댓가로 넓은 영토보다는 상업과 무역의 지정학적 거점이 되는 작은 섬들을 패전국에 요구하고는 했습니다.

중동은 무슬림이 지배하는 지역이지만 십자군들도 전쟁 중이 아니라면 무슬림의 영토 내로 들어올 수도 있었습니다. 유명한 살라딘(Saladin, 1138?~1193)은 십자군 측과 무조건적인 전쟁을 추구했던 지도자가 아니라서 평화 조약을 맺은 후에는 십자군 측, 즉 유럽인들의 활동을 보장하기도 한 관용적인 지도자로 유명합니다.

다시 돌아가 아랍 출신의 한 의사가 전쟁에서 다친 십자군을 살펴봅니다. 다친 다리를 살펴본 후 약을 바르면 낫겠다고 말해주고 약을 바르고 치료를 해줍니다. 여자는 얼굴 쪽에 피부병이 있어 살펴보더니 마찬가지로 약을 발라주고 치료를 해줍니다. 이때 십자군 기사가 문을 열고 들어옵니다. 치료받는 모습을 보더니 깜짝 놀랍니다. 제거해야 할 이단인 무슬림에게 기독교인들이 치료를 받고 있으니 말입니다. 그래서 자기가 치료를 해준다고 말하고 아랍인 의사를 환자들에게서 떼어냅니다. 아마 구호 기사단 정도 되지 않았나 싶습니다. 이들은 의술까지 겸하는 십자군이니 말입니다. 곧 이 의사인 기사는 신에게 정중한 기도를 하더니, 남자의 발은 도끼로 내리쳐 잘라버립니다. 남자는 쇼크를 당해 죽습니다. 여자는 사탄이 들었다고 말하면서 머리를 도끼로 깨서 죽입니다. 이 무슬림 의사가 유럽 의술의 수준을 얼마나 하찮게 보았을지는 충분히 짐작이 갑니다.

아랍보다 문명이 뒤떨어진 당시 유럽의 의료 기술 수준은 이 정도입니다. 당시의 내과는 지금의 내과와 아주 다릅니다. 일단 마취의가 없으니 개복수술은 불가능합니다. 이때의 내과는 순전히 이론만으로 구성된 내과입니다. 임상이 전혀 없습니다. 이론만으로 이루어진 내과라 글을 읽을 줄 아는 귀족들이 담당을 합니다. 외과도 지금의 외과와 비슷하지만 본질적으로 상당히 다릅니다. 외과수술은 아주 힘든 노동이었습니다. 이 또한 내과와 마찬가지로 마취제를 사용할 수 없으니 외과적 수술은 가급적 이른 시간 내에 강한 물리력을 동원하여 끝낼 수밖에 없었습니다. 당시나 지금이나 절제술은 외과의 중요한 부분이었으니 말입니다.

예를 들어 전사가 전쟁 중에 다리에 외상을 입어서 왔습니다. 그러면 빨리 다리가 더 썩기 전에, 부패하기 전에 잘라내는 것이 중요한 문제가 됩니다. 그렇다면 유능한 외과 의사란 누구이겠습니까?

환자에게 쇼크를 주지 않고 가장 빨리 상처 부위를 잘라내는 것입니다. 속도가 느리면 환자의 고통이 극심하고, 또 환자가 이로 인해 쇼크사할 수 있기 때문입니다.

당대의 외과 의사들이 서로 실력을 겨루는 장면들을 기록한 모습들이 있는데 방금 말한 바와 같습니다. 이는 공식적인 대회입니다. 수술용 칼을 잘 다루기로 유명한 어느 외과 의사가 있었습니다. 그는 수술용 칼을 쓰는 것이 보이지 않을 정도로 수술을, 즉 절단을 빨리했다고 말입니다. 다만 너무 빨리 휘두르는 바람에 그 옆에서 도와주는 조수의 귀를 자르는 실수를 했다고 합니다. 옆에서 조수들은 환자들을 붙잡기도 하고 수술하는 의사를 이것저것 도와줍니다. 중세 때의 의술을 보면 이런 예들이 많습니다. 태양왕으로 유명한 루이 14세(Louis XIV, 1638~1715)의 주치의는 왕의 소화를 돕기 위하여 멀쩡한 왕의 이빨을 모두 뽑고, 잘못하여 입천장에 구멍을 뚫기도 하였습니다. 이후 왕은 평생 음식을 씹지도 못하고 죽 같은 것으로만 식사를 합니다. 왕이 얼마나 고통스러웠을까요? 다행히 루이 14세는 비교적 장수했습니다. 서양의 의술의 역사가 이렇습니다.

중세인들이 이렇듯 항상 힘든 환경에서 생활하니 늘 죽음을 염려할 수밖에 없을 것입니다. 나아가 인간의 사유에는 죽음이 있을 수밖에 없습니다. 현대 독일의 철학자 마르틴 하이데거(Martin Heidegger, 1889~1976)가 인간이라는 현 존재는 '죽음을 향한 존재자(Being-toward-death)'라는 말을 하는 것이 이와 같습니다. 죽음에 관한 사유는 삶에 관한 사유에 늘 수반됩니다. 온전한 삶은 죽음을 내감(內感)하고 있는 모습입니다. 그래야 삶이 무엇인지 더 체감할 수가 있는 법이지요. 동전의 양면처럼 삶과 죽음의 문제는 우리의 의식에 동시에 작용을 합니다.

전쟁사를 보면 근대까지도 전쟁이란 단지 노략질에 불과합니다. 대개의 전쟁을 보면 쌍방 간에 정당한 신사 계약이 있거나, 신성불가침의 원칙에 의거하여 전쟁을 하는 것이 아닙니다. 근대에 이르러서야 비교적 신사적 계약, 즉 신사협정에 기반을 둔 전쟁의 원칙들이 발효됩니다. 예를 들어 제네바 협정(Geneva Conventions, 1864 ~2005) 같은 경우가 그렇습니다. 제네바 협정의 제3협약은 적군의 포로들에 대해서 학대하지 말고 최소한의 인간적인 대우를 하자는 것(1929)입니다. 그 이전에는 단지 포로들도 인간이 아니라 전쟁의 노획물이고 전리품일 뿐입니다. 포로들도 전공을 세운 장군이나 장수의 전리품이 되고, 논공행상(論功行賞)을 거쳐 배분이 됩니다.

오만(傲慢)을 영어로 히브리스(Hybris)라고 합니다. 인간이 자기 한계를 모르고 만용을 부리는 것을 경계하는 정신적인 풍조가 서양에서는 강합니다. 예를 들어 고대 로마 제국에서는 장군들이 전투에서 승전하면 개선을 합니다. 로마의 개선문 아십니까? 프랑스 파리에도 현재 개선문이 남아있습니다. 나폴레옹이 아우스터리츠 전투(Battle of Austerlitz, 1805)에서 러시아와 오스트리아 연합군을 대패시킨 후 지은 개선문입니다. 로마에도 많은 개선문들이 현재 남아있습니다. 전쟁에서 승전하여 개선하는 장군과 병사들이 얼마나 의기양양하겠습니까? 개선을 할 때는 화려한 마차를 타고 수많은 병사와 군중들에 둘러싸여 들어오겠죠. 꽃들도 뿌려질 것이고요. 각종 피리나 북, 악기들이 연주가 될 것입니다.

그런데 개선하는 장군 뒤에는 일련의 군중들이 따라붙습니다. 이 사람들은 개선한 장군에게 손가락질을 하고 욕을 합니다. 그리고 '메멘토 모리, 너의 오만함을 잊지 마라'라고 외칩니다. 네가 어렸을 때 병에 걸려 죽을 뻔한 것을 신이 살려줬다, 네가 이번 전쟁에서 승리한 것은 전적으로 너의 능력이 아니라 너의 운 때문이었다. 그것은 신의 가호 때문이란 말이다. 그러니 절대 잘난 체 마라. 이렇게 계속 개선장군을 비아냥거리며 꾸짖습니다. 이런 문화는 중세까지 계속 이어집니다.

서로마제국은 동쪽의 게르만족이 서진하고 남하하면서 망합니다. 게르만족인 고트(Goths)족이 나뉘어서 동고트, 서고트 족으로 분리가 됩니다. 그리고 이들이 로마 제국을 침공합니다. 북아프리카까지 남하하는 반달족(Vandals)도 그 갈래로서 동게르만족입니다. 오도아케르(Flavius Odoacer, 433~493)라는 용병대장에 의해 서로마제국의 마지막 황제 로물루스 아우구스투스(Romulus Augustus, 재위 475~476)가 폐위된 후 서로마제국은 망하게 됩니다. 서로마제국이 망할 즈음이 되면 게르만족들 용병들이 반란을 일으켜서 황제가 되곤 합니다. 그런데 게르만족들이라고 해서 기독교로 개종하지 않은 무신론자나 이교도들이 아닙니다. 이 당시에는 대개 개종하여 기독교인들입니다. 당시는 이미 기독교가 유럽뿐 아니라 세계적으로 다 퍼져 나가고 있었기 때문입니다.

장군들이 개선할 때는 말에서도 내립니다. 하마(下馬)를 합니다. 이 전통이 서로마제국 말기로 가면 전공을 세운 용병들이 개선하면서 하마를 하지 않기도 합니다만 우리나라에서도 왕과 관련한 중요

카이사르 앞의 클레오파트라, 장 레옹 제롬(Jean-Léon Gérôme), 1866.

지역이나 중요 관공서에서는 반드시 양반 사대부나 무장들도 하마를 하였습니다. 말에서 내리라는 하마비(下馬碑)가 지금도 곳곳에 남아있습니다. 개선장군은 하마하여 걷고 뒤에서는 군중들이 따라가면서 손가락질하며 온갖 욕지거리를 하는 것입니다.

카이사르는 남아있는 그의 초상을 보시면 알겠지만 대머리에다 그리 잘생긴 얼굴도 아니었습니다. 카이사르는 가는 지역마다 승전을 합니다. 그러니 그가 개선을 얼마나 많이 했겠습니까. 지금의 프랑스보다 넓은 갈리아 지방도 점령하고 브리튼, 지금의 영국도 점령합니다. 개선하는 카이사르에게 수많은 군중들이 환호하며 장군의 개선을 축하하고 그 전공을 찬양합니다. 그런데도 뒤에서 역시나 일련의 군중들은 카이사르를 따르며 손가락질하고 욕지거리를 합니다. 그런데 다른 욕들은 카이사르가 다 들어줄 만 했었답니다. 난봉꾼이란 욕도 잘 참습니다. 실제로 카이사르는 난봉꾼이기도 했습니다. 정복한 땅 이집트의 여왕 클레오파트라와의 염문도 유명합니다. 그녀는 카이사르를 충실히 계승한 안토니우스와 다시 사랑에 빠집니다. 이후 옥타비아누스와 겨루는 안토니우스와 연합하여 전쟁을 벌인 끝에 악티움 해전에서 종국적으로 패배합니다.

아무튼 다른 욕은 모두 들을 만한데 대머리라는 욕은 카이사르가 정말 듣기 싫었나 봅니다. 나중에 부하들에게 너희들 중에 누가 내게 대머리라고 욕을 했냐며 역정을 냈다는 얘기가 전합니다.

이런 모습이 대략 중세를 지배하는 서양인들의 정신적 구조입니다. 인간의 한계로서의 죽음, 그 반대 급부로서의 영원에 대한 갈구, 신에 대한 무조건적 경외, 탐욕스러운 인간이라는 것에 대한 죄책

카이사르 조각상. 카이사르 생전에 조각된 유일한 조각상으로 전한다.

감, 인간의 불완전함에 대한 열등감 이런 것들이 복합하여 중세인의
관념을 지배하고 있었습니다. 그들은 자신들의 열악한 삶 속에서의
현실적인 고통을 결코 무시할 수 없습니다. 그래서 기독교는 그들에
게서 분리될 수 없는 삶의 위안이자 지침이기도 했던 것입니다. 기

독교적 사고는 그들의 삶에 위안을 주고 세상의 엄혹한 현실에 초월적 위로를 주는 것이었습니다.

철학 또한 이러한 중세인들의 삶에 도움을 주기 위한 도구로 위치 지어집니다. 그러나 그 전제 조건은 기독교적인 신에 대한 인간들의 헌신을 보충하고 신을 더 영광스럽게 하고 명예롭게 하는 한에서입니다. 그래서 지식은 선별하여 선택된 지식이 됩니다. 그런 의미에서 철학은 신학의 시녀일 수밖에 없었습니다. 물론 중세가 학문이 충분히 발달한 시대도 아니었습니다. 종교의 도그마로 여전히 학문의 발달 수준은 조야했습니다.

언급했듯 아우구스티누스는 플라톤 철학을 계승 발전시킨 신플라톤학파의 영향을 받습니다. 그가 접한 서적들은 신플라톤학파의 철학이었습니다. 플라톤의 철학을 기독교적 사고와 융합시키는 일을 해낸 사람이 바로 아우구스티누스입니다. 기독교적 가르침, 신학과 철학의 정교한 조화를 이루어 낸 철학자가 바로 아우구스티누스입니다. 기독교 철학의 토대를 놓았다고 해서 교부 철학(敎父 哲學, patristic philosophy)이라고 칭합니다. 물론 기독교 철학이란 말이 성립하는지는 별론입니다. 이것은 기독교는 신의 구원에 대한 절대적 믿음으로 가능한 종교이기 때문이지 개인의 노력이나 깨달음과는 별개이기 때문입니다.

아우구스티누스에게서 순수 철학의 부분을 살펴보겠습니다. 특히 그에게서 시간론(時間論)은 중요합니다. 플라톤의 철학과 비교했을 때, 기독교의 창세기에서는 신이 만물을 창조합니다. 빛이 있으라 하니 빛이 있고 어둠이 있으라 하니 어둠이 있습니다. 신은 6일 동안 세계와 만물을 창조하고 7일째는 휴식합니다.

신은 첫째 날 빛과 어둠, 즉 낮과 밤을 시작으로 둘째 날은 궁창(하늘), 셋째 날은 모인 물(바다), 뭍(땅), 식물(풀, 채소, 나무), 넷째 날은 해, 달, 별, 다섯째 날은 새, 물고기, 여섯째 날은 짐승, 사람, 일곱째 날은 복을 내리고 안식합니다. 기독교의 신은 야훼(Yahweh), 여호와, 혹은 엘로힘(Elohim)이라 칭합니다. 요즘 발견되는 고문서에서는 엘로힘이라고 칭한다고 합니다. 따라서 유에서 유가 이어지는 플라톤 철학과 무에서 유를 창조하는 기독교적 사고는 다릅니다. 서로 융합할 수 없는 대립 관계라고 해야 할까요? 이것들을 아우구스티누스가 상호 융합을 해냅니다.

아우구스티누스가 살던 시대는 범신론(汎神論)이 팽배해 있었습니다. 이는 동양에서도 마찬가지입니다. 범신론이란 무엇입니까? 모든 만물에 신성이 있다는 사고입니다. 지금도 원시 부족들은 자기들의 조상이 동물에서 유래했다고 믿기도 합니다. 특정한 동물을 신으로 섬기기도 합니다. 우리나라 고조선의 단군 신화를 살펴보더라도 호랑이와 곰이 등장합니다. 결국 곰이 사람이 되는 데 성공합니다. 이것을 호랑이 족과 곰 족의 투쟁에서 곰 족이 승리한 것으로 해석을 하기도 합니다. 또 서양에서는 용을 두려워하거나 섬깁니다. 우리나라의 이무기 신화 같은 것도 그렇습니다. 아프리카의 부족들은 자기들의 선조를 치타 혹은 표범이라고 자랑하기도 합니다. 이런 것을 토테미즘(totemism)이라고 부릅니다. 세계 어느 곳에서든지 있는 현상입니다.

정령 신앙은 애니미즘(animism)이라고 합니다. 만물에 영혼이 깃

들어 있다는 생각입니다. 더 나아가서 세계 내의 모든 사물들에 각각의 영혼이 들어있는 바, 이것들이 신으로 간주되기도 합니다. 이런 사고들이 조금씩 발전되어 그리스의 올림푸스 12신 등이 나타나는 것입니다.

범신론은 토테미즘이나 애니미즘이 신앙으로 발전된 것이라고 해야 할까요? 고대에는 물론이고 중세까지도 범신론적 경향들이 사람들의 사고에서 많이 나타납니다. 고대 로마 제국 시기에도 그랬습니다. 군대가 전쟁에 출전하기 전에 제사를 지냅니다. 유아살해(Infanticide)가 횡행했습니다. 멕시코의 잉카 제국(Inca Empire)이나 아스테카 제국(Imperio azteca)에서는 공식적인 행사 때 제사로 인신공양(人身供養)을 합니다. 이 지역에서도 유아살해는 확연했습니다. 이는 서양에서도 마찬가지입니다. 이러한 악습들은 기독교가 전파되면서 일거에 사라집니다. 고대에서 기독교가 지닌 탁월한 장점이라고 할 수 있겠습니다. 포에니 전쟁에서도 카르타고가 출전할 때 유아살해를 했다는 얘기도 있습니다.

지난 정권이지만 문재인 정부 들어서 고대의 삼국시대에 더해 가야국(伽倻國)의 문명이 강조가 됩니다. 가야를 삼국과 대등한 국가로 본다면 삼국이 아닌 사국시대(四國時代)입니다. 신라나 가야의 고대 무덤들이 발굴되면서 순장(殉葬)의 흔적들이 나타납니다. 순장자도 나오고, 순장의 유물도 나타납니다. 순장이 무엇입니까? 권력이나 세력이 있는 사람이 죽으면 주변의 충성스러운 부하나 사랑했던 부인, 혹은 따르던 시녀나 하인들, 좋아했던 말이나 애장품 등을 같이 묻는 것입니다. 야만적이지요. 그러나 그들은 죽은 이의 내세와 평안을 준비하는 것입니다. 그런 사고방식이 장례의 방식이나 방법에 나타나고 있는 것입니다. 순장은 삼국 중에서 특히 신라에서 횡행했던 풍습인데 지증왕(智證王, 재위 500~514) 때 폐지되면서 우리의 역사에서 사라집니다. 요즘 젊은 분들은 기독교를 많이 비판하지만, 악습인 유아살해를 없앤 기독교가 세계 곳곳에서 긍정적인 보편 신앙으로서 서게 되는 충분한 역사적 근거가 있는 것입니다.

아우구스티누스는 세계가 창조되는 시간에 시간도 창조되었다고 말합니다. 이러한 생각은 기독교의 교리에 부합하고 있습니다. 시간도 신에 의해 창조되었으니 말입니다. 신은 무시간(無時間)적 존재라는 의미에서 영원합니다. 신은 시간에 구애받지 않는 존재자이니, 시간을 넘어서 있는 더욱 완전한 존재자이니 시간을 창조하는 것입니다. 시간은 변화를 말하며, 신은 시간을 초월해 있으므로 신은 변화하지 않습니다. 즉 영원히 존재를 계속하는 존재자입니다. 따라서 신 안에 이전과 이후는 없고 영원한 현재만 있게 되는 것입니다. 신의 존재성은 과거와 미래는 없고 오로지 현재에 속하는 것입니다. 신의 영원성은 시간의 지속에 구애받지 않으며, 신에게 모든 시간은 동시적으로 나타납니다. 신은 시간의 흐름 그 밖에서 영원히 존재하기 때문입니다. 조금 어려운 말들로 들리시나요?

만약에 신이 시간 내에 처한다면, 신이 시간의 구속을 받는다면, 즉 신이 시간에 자신의 존재성을 의존한다면, 신은 변화할 수밖에 없다는 말입니다. 시간에 자신의 존재를 의존하는 존재자는 이 지구상에 존재하는 세계 내의 모든 사물들입니다. 동물과 식물, 인간은 물론이고, 돌과 모래, 이 지구라는 것 자체도 그렇습니다. 하루살이는 하루밖에 못 살고, 인간은 백 년 살기가 힘듭니다. 깨질 것 같지 않은 돌도 세월이라는 풍상(風霜)을 겪으면 사라지거나 변형됩니다.

시간에 의존하는 모든 존재자는 그 본성상 유한(有限)할 수밖에 없습니다. 유한은 사멸(死滅)을 가정합니다. 또한 시간에 의존한다는 것은 본성상 변화를 내포합니다. 변화한다는 것은 항상 똑같지 않다는 얘기입니다. 신 자체가 어제에는 없다가 오늘 나타날 수도 없고, 오늘은 병이 들어 누워있다가 내일은 완쾌가 되어 나타날 수도 없습니다. 신이 변덕스러워서 오늘은 겨울의 눈이 내리게 하다가 내일은 한 여름의 땡볕을 쏟아붓게 할 수도 없습니다. 이것은 신의 본성상의 문제입니다. 신에게서조차 본성적으로 불가능한 것들입니다.

만약 신이 위와 같이 존재한다면 그 신은 신으로 불릴 수가 없습니다. 만약 신으로 불린다면 그 신은 기독교적 보편신이 아니라 우리가 샤머니즘이라 부르는 토템 신에 불과할 뿐입니다. 변화하는 신은 본성상 신이 아닙니다. 시간에 속박 받는 신은 본성상 신이 아닙니다. 영원하지 못하기 때문입니다.

따라서 아우구스티누스의 주장이 타당한 것입니다. 신은 무시간적 존재니까 영원할 수밖에 없습니다. 시간과는 관련 없는 차원에서 존재하니까, 항상 동일한 존재자로 존재하는 것입니다. 시간의 지배를 받지 않으니까요. 따라서 그 시간도 신이 창조한 것, 즉 신의 피조물이게 됩니다. 구약의 창세기에 낮이 있으라 하니 낮이 있었고 밤이 있으라 하니 밤이 있었습니다. 낮과 밤은 결국 시간을 말하는 것입니다. 신 안에 이전과 이후는 없고 영원한 현재만 있다고도 말합니다. 만약 신이 미래를, 최소한 가까운 내일에 일어날 일조차 유한한 인간들처럼 모른다면 그러한 존재자를 우리가 신이라고 부를 수는 없습니다.

또 신이 과거에 한 일을 후회할 수가 있습니까? 후회는 오류를 전제로 하는 것입니다. 행복하고 즐거웠던 일을 후회할 수는 없습니다. 그렇다면 신은 어제는 과오를 일으켰고, 오늘은 다시 그 과오를 교정하고자 지난 과거를 반성한다는 말인가요? 신이 하나의 행위를 할 때 어제의 선택과 오늘의 선택이 다를 수가 있다는 말입니까? 그렇다면 이 역시 본성상 그건 신이 아니게 됩니다. 신은 자신이 행한 행위가 가져올 결과를 몰랐다는 의미에서 그렇습니다. 따라서 후회는 신에게서는 본성상 불가능한 일이 되는 것입니다. 신은 그 본성상, 그 본질상 그의 행위는 모두 완전하고 완벽해야 하는 것이니까요.

신의 영원성은 시간에 구애받지 않는다. 신에게 모든 시간은 동시에 나타난다. 신은 시간의 흐름 밖에서 영원히 존재한다. 언급한 문구들은 아우구스티누스의 시간론에서 나오는 구절들입니다.

아우구스티누스의 유명한 저서들은 『고백록(告白錄, Confessiones)』, 『신국론(神國論)』 등이 있습니다. 『고백록』은 『참회록(懺悔錄)』이라고도 합니다. 이 책을 보면 아우구스티누스가 감화를 받아 마음을 고쳐먹은 구절이 보입니다. 첫 번째 마음을 고쳐먹은 계기는 플라톤의 책을 읽었을 때라고 합니다. 스승인 성 암브로시우스(Saint Ambrose)의 영향을 받은 것입니다. Saint(st)는 가톨릭 성인의 칭호입니다. 두 번째는 기독교를 접하고부터라고 말합니다. 기독교에서는 아우구스티누스가 개심(改心)한 두 번째의 계기가 중요할 것입니다. 아우구스티누스는 교

마르틴 루터, 루카스 크라나흐
(Lucas Cranach the Elder), 1529.

부 철학의 시작입니다. 중세 천
년이 기독교의 시대라고 말을 할
수 있으니, 아우구스티누스의 영
향이 중세 전체를 지배하게 된
다고 해도 과언이 아닙니다. 실
제로 그의 영향은 현대의 가톨
릭 교회에도 여전히 지대하게
미치고 있습니다.

아우구스티누스는 가톨릭교
회와 교황으로부터 '은총의 박사(Doctor Gratiæ)'라는 칭호를 받습
니다. 이때 박사라는 칭호는 지금과 같이 자격증을 얻고 학위를 받
았다는 의미가 아닙니다. 그것보다는 널리 해박하다는 의미에서 박
사라고 칭하는 것입니다. 존칭으로서 박사라고 부른 것입니다. 영어
doctor는 의사와 박사 모두를 포함하는 말입니다. 의사는 내과의사
인 physician이나 외과의사인 surgeon같이 분과에 따라 부르는 일반
명칭들이 더 있습니다.

은총이란 무엇입니까? 신으로부터 내려오는 것입니다. 기독교의
정통 교리에서는 내가 아무리 노력을 해도 신이 내게 은총을 주지
않으면 천국에 가지 못합니다. 내가 아무리 선을 많이 쌓고 덕이 높
아도 신의 은총을 받지 않는 한 나는 천국에 결코 가지 못합니다. 은
총은 신이 일방적으로 인간에게 내리는 것입니다. 이것이 기독교의
정통적인 신앙입니다. 이러한 교리가 확립되기까지는 내부의 많은
토론과 이단에 대한 투쟁 등이 수행되었습니다. 이러한 기초적인 신

앙의 뼈대는 지금도 똑같습니다. 이런 논리는 가톨릭과 개신교 모두 유사합니다.

근대의 종교 개혁 또한 아우구스티누스의 사상으로부터 직접적으로 영향을 받았다고 할 수 있습니다. 그는 한편으로 기독교 교회의 뼈대를 세우는 교회법 등에 큰 영향을 끼쳤지만 다른 한편으로는 그의 은총론으로 근대 종교 개혁의 뼈대를 세우는 역할도 한 것입니다. 종교 개혁가 마르틴 루터 또한 아우구스티누스의 영향을 많이 받았습니다. 루터의 사상에 기반을 두고 종교 개혁의 서두를 이끄는 루터 교(Lutheran Church) 등의 주장은 이러한 은총의 문제 등에 더 깊이 파고드는 것입니다. 종교 개혁가들은 개인의 믿음만으로 천국에 갈 수 있는지, 은총의 역할은 무엇인지 깊게 논합니다. 다른 종교 개혁가들로 프랑스의 칼뱅(Jean Calvin, 1509~1564), 스위스의 츠빙글리(Ulrich Zwingli, 1484~1531), 체코의 얀 후스(Jan Hus, 1372?~1415) 등도 우리가 익히 들어보았음직한 이름들입니다.

칼뱅은 예정설(predestination)을 이야기합니다. 구원예정설(救援豫定說)이라고도 하는데 루터와 마찬가지로 이것도 칼뱅이 아우구스티누스의 은총론의 영향을 강하게 받아 주장한 것입니다. 이것 또한 개개인의 덕과 선의 쌓음 그리고 구원은 서로 분리되어 있다는 것을 말합니다. 나아가 이미 구원받을 자는 예정되어 있다는 주장을 합니다. 내가 구원받을지 구원을 받지 못할지는 모르지만 구원받을 것이라는 강한 소명 의식을 갖고 살게 합니다. 이는 종국에는 자본주의의 발전을 뒷받침하는 교리 역할을 했습니다.

여전히 마르틴 루터 당대에도 문맹률이 높았습니다. 당시에 성서는 전부 라틴어입니다. 루터는 직접 성서를 독일어로 번역을 합니다. 중세는 라틴어만이 고급 언어이며 공인된 언어라고 볼 수 있는 시대인데 루터는 일개 독일 민족의 언어, 어찌 보면 지방의 방언으로 고귀한 성서를 번역을 하게 된 것입니다. 이런 것들은 당시의 교회와 지배 계층에게는 상당히 도전적인 일로 보였을 것입니다. 당시 천주교의 사제들은 라틴어 성서를 읽고 기도도 라틴어로 하고 했으니 말입니다. 물론 평민이 성서를 읽을 수 있다고 해서 그 의미의 해석까지 마음대로 할 수 있는 시대는 물론 아닙니다. 카톨릭의 신부들은 그 해석의 권한까지 독점했으니 말입니다. 따라서 루터의 종교 개혁은 이러한 견고한 교회법과 그 기반을 아래에서부터 흔드는 일대 혁명인 셈입니다.

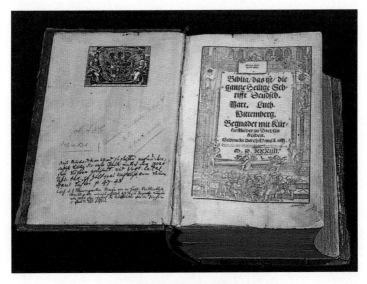

루터가 번역한 성서, 1534.

그런데 독일어 번역판 성서가 나왔다는 얘기는 무엇을 의미합니까? 독일어를 쓰는 사람들이 성서를 각자 마음대로 읽을 수 있다는 것입니다. 최소한 독일어로 읽어주면 이것을 듣는 독일 평민들이 보다 쉽게 이해를 할 수 있었을 것입니다. 또한 이 즈음 구텐베르크(ohannes Gensfleisch zur Laden zum Gutenberg, 1398경~1468)의 금속활자가 발명됩니다(1440년경). 활자가 금속이니 목판보다 더욱 더 튼튼하게, 그리고 더욱 빠르게 서적을 대량으로 인쇄할 수 있게 되었습니다. 루터가 가톨릭의 면죄부를 비판하기 위해 비텐베르크(Wittenberg) 성문에 붙인 95개 조의 반박문은 이 금속활자 덕에 단지 두 달 만에 전 유럽에 널리 퍼졌을 정도입니다.

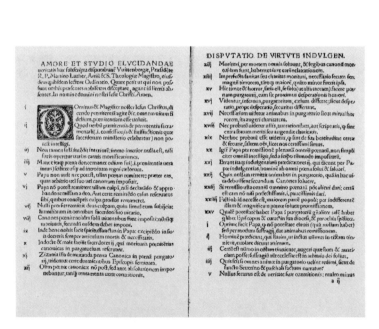

루터의 95개조 반박문, 1522.

나아가 그리스 로마의 고전들이 쉽게 인쇄가 되고 보급이 되니 르네상스의 발흥에도 직접적인 공헌을 하게 됩니다. 우리나라의 직지심경(直指心經), 즉 '직지심체요절(直指心體要節, 원제는 백운화상초록불조직지심체요절, 白雲和尙抄錄佛祖直指心體要節, 1372)'이 발견되기까지는 구텐베르크 금속활자는 세계에서 가장 오래된 금속활자로 간주되었습니다. 구텐베르크 금속활자가 처음 인쇄한 책도 불가타(Vulgata) 성서입니다.

아우구스티누스는 젊었을 때 방황을 많이 합니다. 방탕한 생활도 합니다. 이미 16세 정도에 여성과 동거를 해서 사생아도 있습니다. 아들 이름이 아데오다투스(Adeodatus)입니다. 신이 내린 선물이라는 의미입니다. 어머니는 모니카(Monica)인데, 성인(Saint) 칭호를 받을 정도로 독실한 기독교 신자였습니다. 아들이 기독교를 모르고 방황을 하니 당연히 어머니인 모니카가 많이 속상했을 것입니다. 아우구스티누스를 전도하기 위해서 그녀는 많은 노력을 하지만 거듭 실패를 합니다. 아우구스티누스의 아버지인 파트리키우스(Patricius)도 기독교인은 아니었지만 방탕한 자식을 거의 포기할 정도였습니다.

가정은 유복했습니다. 아버지는 펠라기우스주의자였습니다. 그는 사망 직전 즈음해서 기독교로 개종을 합니다. 펠라기우스주의(Pelagianism)는 초기 기독교의 일 분파인데 펠라기우스(Pelagius, 360?~418?)가 주장을 한 것에서 명칭이 유래합니다. 아담(Adam)의 원죄가 인류에게 유전되는 것을 인정하는 아우구스티누스에 대립해서 원죄는 아담으로 그치며 인간의 자유 의지와 구원에서의 자유 의지의 적극적 역할을 긍정하는 분파입니다. 즉 구원을 위해서는, 천국에 가기 위해서는 신으로부터의 일방적인 은총 없이도 개인의 선한 행위가 거듭 쌓이면 가능하다는 주장입니다. 즉 개인의 노력으로 천국을 갈 수 있다는 주장의 고대 버전인 셈입니다. 그렇지만 이러한 주장은 결국 이단으로 규정됩니다. 대표적으로 아우구스티누스가 펠라기우스 주의에 대해 이론적 반박을 했습니다.

아우구스티누스는 학식 자체도 대단히 뛰어난 철학자였습니다. 당시 로마에서 수사학을 가르치는 교사 생활도 합니다. 당시 학생들을 가르칠 때는 지금처럼 수강료를 선불(先拂)하는 개념이 아니라 과외가 다 끝난 다음 지불하는 후불(後拂) 시스템이었습니다. 그래서 이 제도의 빈틈을 노리고 수강료를 떼먹는 학생들이 많아서 사회적 문제가 되기까지 했다고도 합니다. 그는 고향인 카르타고 지역에서도 교사 생활을 하기도 했습니다.

수사학은 말을 사용하는 기술입니다. 논리학이 정확한 논리를 구사하는, 의사소통에 결함이 없게 언어를 구사하는 학문이라면, 수사학은 그 언어를 상황에 맞게 아름답게 꾸미는 기술이라고 보면 됩니다. 논리학이 철학 쪽이라면 수사학은 문학이나 문체(文體) 쪽에 가깝다고 할 수도 있습니다. 수사학자로 저명한 아우구스티누스는 당시 로마 제국의 수도였던 로마로부터 초빙도 됩니다. 수사학 교사로 말입니다. 지금으로 말하면 문화체육관광부 고위 관료나 나아가 장관 정도 직책으로 보면 됩니다. 고향 지역인 북아프리카 카르타고와 로마를 왕복하면서 학생들을 가르칩니다.

그러다가 플라톤의 사상을 접한 이후, 정확히는 신플라톤학파의 사상을 접하여 영향을 받은 이후에 본격적으로 다시 기독교를 접합니다. 후기에 저술된 『고백록』에서 다음과 같은 얘기를 합니다. 여기서 아우구스티누스는 기독교로 개심하게 된 계기를 말하고 있습니다. 그가 환상 비슷한 것을 경험한 얘기입니다. 아우구스티누스가 집에서 정원을 거닐고 있는데 갑자기 음성이 들리는 것입니다. 그 음성은 "집어서 읽어라(Tolle, lege)!"라는 어린 아이의 음성이었습니다. 집어서 보니 책이었는데, 그 책의 구절은 성서의 로마서 13장 13절~14절이었으며 사도 바울이 한 말이 적혀 있었다고 합니다. 그 구절들은 이렇습니다.

낮에와 같이 단정히 행하고 방탕하거나 술 취하지 말며 음란하거나
호색하지 말며 다투거나 시기하지 말고
오직 주 예수 그리스도로 옷 입고 정욕을 위하여 육신의 일을 도모하지 말라
-로마서 13장 13~14절 (개역 개정)

또 아주 친했던 친구가 있었는데 중병에 걸려 죽음이 임박했었다고 합니다. 이 둘은 아우구스티누스가 마니교에 심취해있을 때 둘도 없던 친구였습니다. 마니교는 현학적인 종교입니다. 당시 로마 제국시대에 지식인들이 주로 많이 신앙하던 종교였습니다. 그런데 둘도 없는 친구가 임종을 앞두고 아우구스티누스에게 기독교로의 개종을 권고하는 것이었습니다. 그리고 이내 죽습니다. 아우구스티누스는 이것에 큰 충격을 받고 고민에 휩싸입니다. 그리고 기독교로의 개종을 결심합니다. 이런 얘기들은 그의 『고백록』에서 나오는 일화들입니다.

아우구스티누스의 사상은 많은 부분 가슴의 열정을 기반으로 하고 있습니다. 그의 사상은 머리의 차가운 이성의 부분도 있지만 많은 부분이 그의 뜨거운 가슴으로부터 나옵니다. 그가 머리로 살아가는 시절이 마니교에 심취했던 때나 수사학 교사 시절이었습니다. 그런데 일련의 위에 언급한 사건들을 겪고 나서 기독교로 결국 개종을 하게 됩니다. 물론 그 배후에는 그의 어머니 모니카의 각고의 노력이 있었던 것도 부인할 수 없습니다.

『신국론(神國論)』은 말 그대로 신의 나라에 대해 설명하고 논증한 저서입니다. 신국은 곧 천국이라고 말해도 될 듯합니다. 이 지상에 있는 나라는 그 어떤 형태의 국가일지라도 패악스럽고 탐욕에 젖어있고 정의롭지 못할 수밖에 없다고 그는 주장합니다. 지상의 나라는 불완전할 수밖에 없다고 주장합니다. 결국 완전한 나라는 신의 나라밖에 없음에도 불구하고 우리는 이 지상에 정의로운 신국을 건설하기 위해서 노력해야 한다고 그는 주장합니다. 이 『신국론』에서 최초의 역사 철학이 등장한다고 보는 철학자들도 있습니다.

본격적인 역사 철학은 나중에 근대 독일 철학자 헤겔에게서 등장합니다. 헤겔은 이 세계와 세계의 운동 자체를 절대정신의 구현으로 봅니다. 헤겔이 볼 때 절대정신은 이미 이 세계 내에 들어와 있습니다. 아니 절대정신은 이 세계가 되어 운동하고 있습니다. 절대정신으로서의 Geist가 육화(肉化)한 것이 이 세계입니다. 이런 것들을 보면 플라톤 철학에서의 이데아가 아우구스티누스 사상에도, 헤겔 사상에도 내재하여 들어와 있는 것을 알 수 있습니다.

다음으로 아우구스티누스의 시간론을 살펴보겠습니다. 아우구스티누스에게서 시간론은 중요합니다. 먼저 크로노스(Chronos)와 카이로스(Kairos)의 시간을 살펴보겠습니다. 크로노스는 쉽게 말해서 달력으로 기록하는, 달력에 기록된 시간입니다. 여러분들이 태어난 해와 달, 그리고 날짜를 말합니다. 시간 위에 수많은 날짜들이 찍혀 있는 것입니다. 1980년에는 광주광역시에서 5.18 민주화 운동이 있었고 1997년에는 대한민국의 대통령 선거가 있었습니다. 2022년 3월 9일에도 대통령 선거가 있었습니다. 내가 사랑하는 그 사람과 나와의 첫 만남은 과거의 어느 특정한 날짜였습니다. 그 사람과 만난 지 백일이 되는 날이나 1년 째가 되는 날도 과거나 미래의 어느 특정한 연도, 특정한 달의 특정한 날짜입니다. 달력의 시간은 시간들을 부지런히 금을 쳐서 쪼개놓습니다. 미세하게 쪼개진 금들이 그 시간들을 분할하고 있습니다. 크로노스 시간은 연속된 시간에 특정한 날짜들을 새기는 것입니다. 객관화된 시간이라고 말해도 괜찮습니다. 지금도 시계를 크로노그래프(chronograph)라고도 합니다. 시계는 정확해야 합니다. 시계의 시간은 우리가 인위적으로 분할해 놓은 시간입니다.

이에 반해 카이로스는 순전히 나만의 주관적 체험으로서의 시간입니다. 나만의 체험은 달력으로 규정하고 새길 수 있는 차원이 아닙니다. 나의 주관적 체험은 어떻습니까? 나의 체험, 나만의 체험, 내 인생을 뒤흔들어놓은 사건, 나의 인생을 그 사건을 겪는 전과 후로 완전히 나눈 커다란 사건의 체험… 그 체험은 몇 년 몇 월 몇 일의 그러한 기록과는 차원을 달리합니다. 그 체험은 내 인생의 새로운 시작이 되기도 하고, 내 인생의 종말이 되기도 합니다. 그 사건과 그 사건을 대하는 지금의 나의 태도는 내 현재와 미래의 인생의 바로미터(barometer)가 되어버리기도 합니다. 나의 과거와 현재, 미래는 나의 고유한 주관적 체험 하나로 완전히 녹아 내립니다.

지금 이 순간을 기준으로 무수한 시간이 흘러갑니다. 흘러가 버린 시간을 우리는 과거라고 부릅니다. 지금 흘러가는 시간은 현재라고 합니다. 다가오는 시간은 미래입니다. 내가 겪었던 시간은 과거, 겪고 있는 시간은 현재, 겪어야 하는 시간은 미래입니다. 또 내가 경험했던 지금은 과거, 경험하고 있는 지금은 현재, 경험하려 하는 지금은 미래입니다. 지금을 나는 지속적으로 겪어야 합니다. 수없이 많은 지금을 나는 겪어내며, 겪고, 겪을 것입니다.

이것을 우리가 쉽게 구분을 해서 과거와 현재, 미래로 구분하고 칭하는 것이지만 사실은 연속된 시간일 뿐입니다. 연속되는 시간밖에 없습니다. 단지 연속되는 시간에 내가 빗금을 쳐서 시간들을 인위적으로 구분을 합니다. 이 시간은 밤과 낮을 기준으로 재는, 시침과 초침을 기준으로 재는 크로노스의 시간이 아닙니다. 카이로스의 시간은 밤과 낮과는 상관없는, 내가 겪은, 겪고 있는, 겪어야 하는 나로서의 체험을 오로지 나의 시간을 구분하는 기준으로 삼습니다. 카이로스는 내가 기준인 시간관입니다. 이 시간은 부단히 내게 다가와서 지나가고 맞닥뜨리고 지금 다가오는 중입니다.

그런데 엄밀히 말한다면, 지금 내게는 흘러가 버린 시간과 흘러들어오는 시간밖에 존재하지 않습니다. 사실 나의 시간은 내게서 흘러가 버린 시간과 내게 흘러 들어오는 시간만이 전부입니다. 내가 현재라고 부르는 지금 이 시간은 이렇게 말하면서 이미 과거가 되어 버렸기 때문입니다. 즉 시간은 과거와 미래의 부단한 교차일 뿐입니다.

이 교차의 중심은 철저히 나를 기준으로 합니다. 카이로스 시간관에서의 중심은 나입니다. 더 정확히 말한다면 나의 의식이라고 해야 할 것입니다. 우리는 모두 세계를 경험합니다. 그러나 그 세계에 대한 각자의 경험은 모두 다릅니다. 각자의 경험으로서의 시간 또한 같을 수가 없습니다. 따라서 우리는 모두 세계를 경험하지만 그 세계는 우리 각자에게 모두 다른 세계입니다. 우리는 모두 각자 하나씩의 세계를 가지고 있으며 그 세계 중에 서로 동일한 세계는 없습니다. 하나밖에 없는 나이기에 나의 세계도 하나밖에 존재하지 않는 것입니다.

하나밖에 없는 고유한 나에게, 특별하지 않은 평범한 일상들은 기억되지 않습니다. 평범한 일상은 타자와 똑같은 의미에서 평범하므로, 그러한 일상은 내겐 의미가 없습니다. 의미가 없으므로 나의 의식은 그 평범하고 루틴(routine)한 일상을 기억하지 않습니다. 카이로스의 시간에서는 나는 타자와 다르고자 하기 때문입니다. 타자와 차별되는 시간에서 차별되는 나의 경험과 고유한 나의 의식, 그것이 카이로스의 시간관입니다.

그러나 고유한 개인으로서의 나에게 특별한 자극을 주는 경험은 오래 기억됩니다. 어찌 보면 이러한 특이한 경험은 한 사람의 평생을 지배하기도 합니다. 이 경험의 전과 후로 한 사람의 인생은 나뉠 수도 있습니다. 이 경험들은 달력 위에 표시한 구체적 사건들의 경험과는 다릅니다. 매일 하루 세 끼 밥을 먹는다고 모든 반찬들이 기억되지는 않습니다. 그러나 한 끼의 식사가, 별다른 식사이든, 그로 인해 위장의 탈을 일으켰던 식사이든 그 한 끼의 식사가 오래 기억되기도 합니다. 개인적 경험으로서의 트라우마(trauma)나 건강한 사람의 알레르기(allergy)를 떠올리면 이해하실 수 있을 것입니다.

아우구스티누스가 설명한 시간관을 좀 더 살펴보겠습니다. 과거와 미래의 시간은 현재와 같이 현실적으로 있습니다. 현재에 산다고 해서 우리의 삶이 현재에만 국한되어 있는 것은 아닙니다. 우리의 의식이 현재에만 갇혀 있고, 과거와 미래에 관한 의식이 없다고 가정한다면 우리는 인간으로서 존재할 수도 생활할 수도 없습니다. 만약 우리의 의식에서 과거와 미래를 제외하면 우리의 의식은 지금 내 앞에 있는 것들로만 차 있을 것입니다. 나의 앞에 있는 것들만이 내 의식의 전부라면 나는 인간으로서 존재할 수 없습니다. 단지 현재에만 살고 현재만을 바라보는 동물과 다른 것이 아니게 됩니다. 의식은 결코 과거와 미래 없이 현재만을 대상으로 할 수는 없습니다. 현재만을 의식의 대상으로 삼는다는 것은 우리가 인간인 한 불가능한 얘기입니다.

그런데 내 앞에 있는 것들에 대한 나의 의식은 부단히 과거로 흘러가고 있습니다. 내 의식에서 존재하는 것은 지금 내 앞의 현실일 뿐인데 그것조차 부단히 과거로 변하고 있습니다. 따라서 아우구스티누스는 다음과 같이 말합니다. 과거도 미래도 있지 않고 현재만 현실적으로 있다. 현실적으로 존재하는 것은 현재일 뿐입니다. 언급했듯 우리가 이미 과거라고 생각하는 것은 지금 내 앞의 세계에는 존재하지 않습니다. 없습니다. 지금 내가 말을 하면서 나의 말은 지속적으로 흘러가 버립니다. 말을 하면서 말이 사라져 버립니다. 이미 과거의 사건이 되어 버립니다. 나의 지금의 시간이 아닙니다. 또한 미래라고 우리가 간주하는 모습들이 내게 다가오면서 지금 나의 의식에서는 또한 금방 과거로 흘러가 버립니다. 그래서 엄밀히 말하면, 현재만 현실적으로 있는 것입니다. 그러나 이것은 우리가 시간을 의식하는 인간인 이상 불가능합니다. 과거와 미래의 시간은 현재와 같이 현실적으로 있을 수밖에 없기 때문입니다.

아우구스티누스는 과거는 기억과 동일시되고, 미래는 기대와 동일시된다고 말합니다. 카이로스로서의 시간관은 개인에게서는 과거란 기억이며, 미래는 기대일 뿐이라는 얘기입니다. 개인에게서 과거로 흘러간 사건은 더 이상 일어나지 않으니 그에게 과거란 단지 지나간 사건만을 떠올리는 기억일 뿐입니다. 또한 기억나지 않거나 기억할 수 없는 것들은 그 자신에게는 이제 더 이상 과거이지도 않게 됩니다.

개인, 즉 주체와 관련 없는 사건들은, 주체가 기억하지 못하는 사건들은 그 주체와 더 이상 아무런 관련이 없다는 말도 됩니다. 이는 실존주의적 함의를 간직한 말입니다. 그리고 미래 또한 아직 다가오지 않았으니 나에게는 발생이 불확실하기 그지없는 시간이며 그 시간 내의 사건입니다. 그런데도 우리의 의식은 지속적으로 늘 미래를 향해 있습니다. 어떤 식의 미래가 닥칠지 우리는 알지 못합니다. 그럼에도 우리가 지니는 불안감과 공포심, 염려 혹은 희망 등 미래를 향해 우리의 의식은 늘 작동하는 것입니다. 이렇게 본다면 기억과 기대는 둘 다 틀림없이 현재에 속한 사실들입니다. 그러지 않나요? 우리는 분명히 과거의 기억을 가지고 오늘을 살며 다가올 미래를 예감하고 기대하면서 또한 오늘을 삽니다.

또한 내가 경험했던 과거는, 나의 의식에 잔존하는 과거의 사건들은 나의 기억에 현재로 남아있습니다. 기억이란 것도 어차피 현재의 사건입니다. 과거를 향한 현재의 의식의 흐름을 우리가 단지 기억이라고 부를 뿐입니다. 즉 기억과 기대라는 과거와 미래에 관한 사건들을 우리는 지금이라는 현재의 의식에서 그것들을 부여잡고 있는 것입니다. 둘 다 틀림없이 현재의 의식에 발생하는 과거와 미래의 것들입니다. 이 기억과 기대의 교차라는 것은 과거와 미래가 교차한다는 것입니다. 달리 말하면 과거와 미래가 현재에서 부단히 다시 발생하고 있다는 것입니다. 즉 현재의 의식은 과거와 미래의 것들입니다. 이미 의식하면서 과거로 흘러가고, 미래의 것이 현재로 들어오면서 과거가 되어버리니 엄밀히 말하면 우리의 의식은 과거와 미래의 것들로 대개 구성이 되어있다고 말할 수 있는 것입니다.

그런 차원에서 아우구스티누스는 기억과 기대는 둘 다 틀림없이 현재에 속한 사실들이라고 말하고 있습니다. 더 구체적으로는 현재에는 과거에 일어난 일의 현재, 지금 일어나고 있는 일의 현재, 그리고 미래에 일어날 일의 현재라는 세 가지 시간이 있다고 말합니다. 이것은 아우구스티누스가 카이로스 시간을 언급하고 있는 것입니다.

언급했듯 카이로스적 시간관은 실존적 시간관이라고 말할 수 있습니다. 도대체 달력 위의 나와 관계없는 사건들로서의 시간이 내게 더 이상 무슨 의미가 있습니까? 퀴리 부인이 태어난 연도와 월일, 빙하기가 도래한 기간, 카이사르가 브루투스(Marcus Junius Brutus, B.C. 85~42)에게 암살당한 날 등이 내게 무슨 의미가 있습니까? 지금 나에게는 지금의 나를 구성하고 있는 나의 시간이 중요한 것입니다. 나를 구성하고 있는 과거의 나에 관한 사건들이 훨씬 더 중요합니다. 내가 미래에 이루어 내고 싶은 나의 사건들이 현재의 나에게는 무엇보다 어쩌면 지구가 망하는 것보다 더 나에게 의미가 있는 것들일 수 있습니다. 실존적 시간은 바로 이런 의미입니다.

이제 아우구스티누스의 신국론을 더 살펴보겠습니다. 아우구스티누스는 당시 북아프리카의 카르타고 지방에 있었다고 했습니다. 히포(Hippo)의 주교로 임명이 됩니다. 오늘날로 말하면 특정 교구의 추기경 비슷한 것입니다. 서로마제국의 멸망기 즈음은 게르만족이 동쪽의 훈족(Huns)의 이동에 밀려 서진과 남진을 할 시기입니다. 서로마제국으로 밀고 들어옵니다. 반달족도 게르만족의 일파입니다. 북아프리카의 카르타고 지방은 바로 이 반달족에게 침략을 당하고 도시 히포가 함락이 됩니다. 아우구스티누스가 사망할 때 히포는 반달족에게 포위가 되어있었습니다. 아우구스티누스는 전쟁 와중에 죽습니다. 그러나 반달족도 아우구스티누스의 명성을 익히 들어서 그의 무덤을 훼손하지는 않았다고 합니다. 우리가 익히 들은 반달리즘(Vandalism)이라는 말은 이 당시 반달족들이 문화재를 약탈하고 파괴한 행태에서 나온 말입니다.

생각해보면 좀 우스운 얘기입니다. 반달족은 아우구스티누스의 무덤까지도 보존을 해줬던 사람들입니다. 오히려 전쟁 중 유물들을 약탈하거나 파괴하는 행위는 서양이나 동양이나 예외가 될 수 없습니다. 제가 앞에서 나폴레옹이 이집트를 원정하던 얘기를 잠깐 했습니다. 나폴레옹은 원정을 할 때 미리 점령지역, 혹은 침공 지역의 유물이나 유적들을 약탈하고 연구할 인력들을 미리 징집하여 대동하고 출전합니다. 일례로 이집트 원정 시 로제타석(Rosetta Stone)의 상형문자를 해독한 샹폴리옹(Jean-François Champollion, 1790~1832)은 나폴레옹을 수행해서 간 학자입니다. 물론 나폴레옹 자신도 수학에 학자적 식견이 있었습니다. 그 시대 포병 출신은 주로 귀족들로 구성되었습니다. 대포의 사거리나 탄도 등의 계산에는 수학에 관한 지식이 필수적이었습니다. 근대의 위대한 철학자이자 수학자 데카르트도 군에서 포병으로 복무했습니다.

조선의 임진왜란 당시에 일본도 계획적으로 문화재를 약탈해갑니다. 일본에서는 도자기가 매우 귀해서 조선의 도공들을 많이 납치해서 데리고 갑니다. 조선의 경상도 진주 지방에서 이름 모를 도공이 만든 막사발은 현재 일본의 국보로 여겨질 만큼 빼어납니다. 정교하게 만든 자기가 아니라 서민들이 쓰는 모양 빠지는 막사발도 당시 일본의 수준에서는 이를 매우 흠모했던 모양입니다. 특히 오다 노부나가(織田信長 · 1534~1582)가 시바타 가츠이에(柴田勝家 · 1522~1583)에게 준 선물(시바타 이도 · 柴田井戸)은 현재 일본의 국보로 지정되어 있습니다. 중앙의 권력자인 오다 노부나가, 도요토미 히데요시(豊臣秀吉, 1537~1598)가 하사한 막사발은 지방의 다이묘(大名 · 각 지방을 다스린 유력자)에겐 권력자가 그들 다이묘들의 지위를 인정한 증표이기도 했습니다. 당시 조선의 막사발은 이도다완(井戸茶碗 · 고려다완)이라고 하였습니다.

임진왜란 당시 조선의 선비인 강항(姜沆, 1567~1618)은 납치되어 일본 유학의 토대를 놓기도 합니다. 당대 조선의 선비는 기본적으로 성리학자로 보면 됩니다. 과거 시험이 온통 성리학 경전 시험이니까요. 성리학은 중국 남송(南宋, 1127~1279) 때 주자(朱子, 주희, 朱熹, 1130년~1200)가 발전시켜 주자학(朱子學)이라고도 합니다. 전쟁이라는 것은, 특히 과거의 전쟁은 동서양 모두 인력과 재물에 대한 약탈이라고 할 수 있습니다. 단순화시키면 그것이 마구잡이냐 체계적이냐 그 차이만 있을 뿐입니다. 그래서 특별히 반달족의 약탈을 부각하여 반달리즘이라고 이름을 붙인다면 그들이 몹시 억울할 것입니다.

아우구스티누스는 기독교의 이론적 토대를 놓은 교부 철학자라고 이미 설명을 했습니다. 그는 교회의 이론적 토대를 놓는 과정에서 많은 반대파나 이단들의 반론들과 종교적으로, 사상적으로 논쟁을 해야 했습니다. 이는 동시에 기독교의 종교적 정통 교리를 놓는 작업이었습니다. 이는 교회법의 기초 이론을 세우는 과정이기도 했습니다. 또한 이 과정은 이교나 기독교 내 이단 분파들과의 지속되는 투쟁입니다. 현재에도 기독교 내에서는 교리를 달리하는 많은 분파들이 있습니다. 지속적으로 정통 신앙에서 이단들을 걸러내는 작업도 현재 진행형입니다. 이는 어느 종교에서나 마찬가지의 현상입니다.

당대에는 아직 체계적으로 기독교 교리가 정립되기 이전입니다. 이단적 신앙과 그 주장자들을 배척하고 이후의 정통 교리를 확립한 철학자가 바로 아우구스티누스입니다. 학문적으로 정통과 이단들을 정리하는 것이라고 보시면 됩니다. 기독교의 특정 교리나 논쟁점에 대해 차별화된 주장들이 있을 경우 이것들을 정리하기 위한 회의가 바로 공의회(公議會)입니다. 학문적으로 정통과 이단을 구분하는 것입니다. 이 역할을 주로 아우구스티누스가 해냅니다.

또한 플라톤 철학을 지적 배경으로 하고 그 사상을 전통 기독교의 교리와 잘 조화를 시킵니다. 가톨릭의 역사를 보면 이러한 공의회가 자주 열립니다. 제1차 니케아 공의회(First Council of Nicaea, 325년 6월 19일)는 삼위일체설(三位一體說)을 정통으로 확립한 공의회입니다. 성부(聖父), 성자(聖子), 성령(聖靈)의 삼위(三位)는 본질적으로 일체(一體)인 것을 주장하고 그것을 교리로 채택합니다. 아우구스티누스가 이를 체계화시킵니다. 트리엔트 공의회(Concilium Tridentinum, 1545~1563)도 있습니다.

아우구스티누스가 살던 당대는 아직 전통적인 그리스 로마 신을 옹호하는 이들이 많았나 봅니다. 이들의 주장에 대해 아우구스티누스는 반박이 필요했습니다. 아우구스티누스가 『신국론』에서 기독교를 어떻게 옹호하는지 살펴보겠습니다.

먼저 고트족이 기독교도이므로 로마가 침략당할 때 약탈의 정도가 그나마 완화되었다고 아우구스티누스는 변론합니다. 같은 기독교인이 점령을 하니까 그나마 약탈이 덜 심했다는 말입니다. 이미 당시 게르만족들도 대개 기독교로 개종을 한 시기였다고 앞에서 언급했습니다. 용병대장 오도아케르에 의해 서로마제국이 멸망합니다. 이후에도 지속적으로 용병들이 황제를 암살하거나 퇴위시키고 스스로 황제가 되지만 그렇다고 이 반란들이 종교적 적대감에 기인한 반란은 아니었습니다. 또한 용병들 스스로도 서로마제국 자체를 부정한 것은 아니었습니다.

트로이 전쟁(Trojan War)을 볼까요? 도시국가 트로이는 올림푸스 12신 중 아폴론(Apollon) 신이나 아프로디테(Aphrodite) 여신이 보호해줍니다. 아테네의 보호 신은 폴리스 이름 그대로 아테나이 (Athena) 여신이며, 스파르타는 아르테미스(Artemis) 신이 보호 신입니다. 아우구스티누스는 다음과 같이 말합니다. 이렇듯 트로이는 철저히 로마 신만을 섬기다가 약탈을 더 심하게 당했다고 말입니다. 올림피아드의 보호 신들은 트로이를 보호하지도 못했다고 비판합니다. 또 서로마제국이 멸망을 하면서 처녀들이 많이 정절을 잃었습니다. 그러나 아우구스티누스는 정절(貞節, chastity)은 정신의 덕이므로 육체적 능욕으로 잃지 않는다고 변호합니다. 육체적으로 해를 당했어도 정신의 정절로서의 순결은 잃지 않는다고 말입니다.

처녀들이 성욕의 절제를 지나치게 자랑하는 것이 당대의 풍조였나 봅니다. 예를 들어, 나는 순수하게 신에게만 바쳐진 몸이다. 그러므로 내 몸은 깨끗해서 노예들은 절대로 건드리지 못한다고 말입니다. 이것이 일종의 오만으로 아우구스티누스에게는 보였나 봅니다. 그래서 신이 이런 오만한 인간에게 경계를 내리기 위해 육체적 능욕을 허용했다고 말입니다. 이렇게 아우구스티누스는 기독교와 기독교의 신을 변호합니다.

아우구스티누스는 반(反) 자살론도 얘기합니다. 그가 자살을 권장하였다면 위대한 철학자, 그리고 교회학자로서 인정을 받지 못했을 것입니다. 물론 가톨릭에서도 자살은 죄악입니다. 기독교의 보편 신을 옹호하며, 동시에 이교도의 신에 대한 비판도 합니다. 이교도의 부도덕한 신을 섬기느니 스키피오(Publius Cornelius Scipio Africanus, B.C. 235~183)처럼 유덕한 인간을 숭배하는 편이 나을 것이라고 아우구스티누스는 주장합니다. 이교도의 신들, 올림피아

알프스 산맥을 넘는 나폴레옹, 자크 루이 다비드, 1805.

드의 12신을 섬기지 말라는 말입니다.

당시까지도 로마가 섬겼던 전통적 신들에 대한 숭배를 기독교의 도입 이후로 수행하지 않아서 서로마제국이 이처럼 국난을 겪게 되었다는 주장을 펴는 사람들이 있었습니다. 이에 대한 반박입니다.

스키피오는 포에니 전쟁에서 한니발(Hannibal Barca)을 패배시킨 로마의 젊은 장군입니다. 한니발은 포에니 1차 전쟁과 2차 전쟁을 수행했던 카르타고의 유명한 장군입니다. 포에니 전쟁은 3차 전쟁까지 벌어지는데 결국 카르타고가 로마에 무릎을 꿇습니다. 한니발이 알프스 산맥을 넘어 로마로 진군했다는 말을 한 적이 있습니다.

알프스를 넘는 나폴레옹, 폴 들라로슈(Paul Delaroche), 1850.
나폴레옹은 그림에서처럼 노새를 타고 알프스 산맥을 넘는다.

　나폴레옹 또한 알프스 산맥을 넘어 이탈리아의 도시국가들을 침
략합니다. 이 장면을 자크 루이 다비드(Jacques-Louis David, 1748~
1825)라는 자코뱅 당원이자 신고전주의 화가가 1805년에 그림으로
묘사를 했습니다. 「알프스 산맥을 넘는 나폴레옹」이라는 그림을 색
조만 달리하여 5점 남깁니다. 여러분이 보시는 그림은 그중 1점으
로 낭만주의 화풍(romantic version)으로 그린 그림입니다. 나폴레옹
이 타고 있는 말의 뒷발 아래 바위에 한니발의 이름이 새겨져 있습니
다. 한니발 이름의 아래에는 카를로스 대제 이름이 적혀 있습니다. 그

리고 한니발의 이름 위에 자기의 이름 '보나파르트(BONAPARTE)'를 새겨놓았습니다. 물론 이는 다비드가 나폴레옹을 흠모해서 그림에 새겨놓은 것이겠지만 말입니다. 역대 알프스 산맥을 넘은 위대한 두 위인과 자기의 이름을 적어놓은 것입니다. 나폴레옹이 자기의 무공(武功)을 한니발에 비교하고 더 뛰어나다는 것을 자랑하는 것입니다. 사실 나폴레옹은 1800년 5월에 실제로 알프스 산맥을 노새를 타고 넘습니다. 이는 폴 들라로슈(Paul Delaroche, 1797~1856)가 그린 그림으로 남아있습니다. 말은 그리 험한 지형을 잘 못 넘습니다. 군인들이 사용하는 군마는 그래서 훈련이 많이 된 말들입니다. 말들도 겁이 많거든요. 나폴레옹은 알프스를 넘어 이탈리아의 마렝고(Marengo) 전투에서 방어하는 이탈리아군을 맞아 승리합니다.

한니발을 패퇴시킨 로마의 젊은 장군 스키피오가 한니발에게 이전의 훌륭한 장군인 알렉산더나 그를 패퇴시킨 자기와 비교했을 때 이중 가장 뛰어난 사람은 누구인지 물어봅니다. 한니발은 자신만만하게 한니발 자신이 가장 뛰어난 인물이라고 말을 합니다. 나중에 3차 포에니 전쟁이 카르타고의 패배로 끝나고 승전국 로마에서 패전국 카르타고에 한니발을 로마로 압송하라고 요구하자 한니발은 카르타고를 탈출하여 중동지역으로 망명을 합니다. 그 지역 장군의 휘하에서 장군을 설득하여 다시 한번 로마 제국과 전쟁을 치르지만 결국 한니발은 패배하고 맙니다. 위 일화는 스키피오도 로마의 지도자들과 이견이 있어 정계에서 물러난 이후 한니발이 망명해 있던 지역에서 서로 우연히 만나서 있었던 일화입니다.

아우구스티누스는 말합니다. 현세에는 두 개의 나라, 곧 지상의 나라와 하늘의 나라가 뒤섞여있습니다. 내세에는, 다가오는 세상에는 신이 예정해둔 자와 신의 버림을 받은 자로 분리될 것이며 이때에는 완전한 신국이 구현될 것이라고 그는 말합니다. 그러나 신국이 완전히 이 지상에서 구현된다고는 말하지 않습니다. 근대 철학자 헤겔의 철학에서처럼 완전한 역사의 진보로서의 과정이 아니라 지상의 나라와 신의 나라가 혼재됩니다. 지상의 나라와 하늘나라가 섞여있다고 말합니다.

당연히 지상의 나라는 불완전한 나라이고 하늘나라는 완전한 나라입니다. 기독교적 시각이 반영되었습니다. 그것이 다가오는 내세에는 완전히 결정될 것이라고 말합니다. 즉 내세에는 완전한 신의 나라, 신국이 도래한다는 얘기입니다. 익히 알다시피 멸망기의 서로마제국의 부패와 일탈은 상당했습니다. 철학자가 보기에는 당대의 퇴폐한 문화들을 결코 긍정적으로 볼 수는 없었을 것입니다.

점성술은 사악하며 거짓이라고 아우구스티누스는 비판합니다. 그러나 그가 기독교의 신앙을 강조한다고 해서 현세의 덕을 완전히 무시하는 것은 아닙니다. 현세에서 덕이 불행을 초래하는 것은 아니며 현세에서 덕을 쌓는 것은 좋다고 말합니다. 현세에서의 성실함과 선을 아우구스티누스는 여전히 강조합니다. 특이한 것은 아우구스티누스는 인간의 모든 정념을 비난하고 비하했던 스토아학파에 반대했다는 점입니다. 스토아학파는 내세관을 지니지 않은 학파입니다. 우리가 사는 이 세계가 유일한 세계라고 주장합니다. 또한 유물론자들입니다. 육체와 분리된 정신을 인정하지 않으니 정신의 영원성으로서의 내세를 얘기하지 않는 것입니다.

스토아학파의 철학자들은 감각적 쾌락을 경계합니다. 따라서 감각적 쾌락을 일으키거나 감각이 욕망하여 불러일으키는 물질에 대한 탐욕과 집착을 경계합니다. 지나치게 감각적 쾌락에 얽매이지 말고, 탐욕으로서의 쾌락만을 일으키는 세계에 너무 빠져들지 말고 관조(觀照)하면서 살피라고 주장합니다. 명상(冥想)에 젖어서 생활하라고 말합니다. 결국 스토아 철학자에게서 중요한 것은 감각이나 사물로부터 벗어난 관조이게 됩니다. 이러한 관조를 아파테이아(apatheia)라고 합니다. 또 이렇게 관조하는 삶이 최상의 행복이라고 합니다. 이를 스토아 철학자들은 아타락시아(ataraxia)라고 칭합니다. 불교적으로 말하면 무념무상(無念無想)의 해탈(解脫)의 경지로 비유할 수도 있습니다.

영화 「글래디에이터[Gladiator, 감독: 리들리 스콧(Sir Ridley Scott), 2000, 미국]」 보셨습니까? 영화 초반에 등장하는 황제가 마르쿠스 아우렐리우스(Marcus Aurelius, 121~180)라는 황제입니다. 친아들인 콤모두스(Commodus)가 암살하는 것으로 영화에서 묘사됩니다. 아우렐리우스는 로마의 5현제 중의 한 황제입니다. 현명한 다섯 황제 중의 한 명입니다. 이 황제는 『명상록』이라는 철학서를 저술한 철학자 황제입니다. 이 황제는 자신이 스토아 철학자이기도 했습니다. 어려서부터 사색에 잠기는 것을 좋아하고 철학을 논하길 좋아했던 황제는 그런데도 늘 외부의 이민족들과의 전쟁에서 로마 제국을 방어하고 영토를 확장시키기 위해서 전쟁터를 종횡무진하다가 사망합니다.

그런데 아우구스티누스는 이런 스토아 철학에 대해서도 비판하고 있습니다. 모든 정념을 비난한 스토아 철학에 비해서 기독교는 육체적인 쾌락을 전적으로 거부하는 것은 아닙니다. 또 기독교의 내세관이 정신만으로 구성된, 즉 영혼만이 저편의 천국으로 건너가는 그런 내세관도 아닙니다. 기독교는 육체를, 육체의 정념을 부정하지 않습니다. 기독교의 천국은 자신의 육체를 가지고 가는 것입니다. 기독교의 부활은 육체까지도 포함하는 부활입니다. 이것을 헷갈리시면 안 됩니다.

플라톤 철학도 그렇습니다. 혹시 플라톤에 대해 선입견을 갖지 마시길 바랍니다. 플라톤은 감각을 전적으로 부정하는 것이 아닙니다. 단지 그 감각의 한계를 알고, 그것보다 뛰어난 능력인 이성을 동원하는 것이 더 신뢰할 만하다고 본 것입니다. 정삼각형은 실제로 존재하지 않으니 정신만으로 보는 것은 맞지요. 수학의 대상은 감각으로 보는 것이 아니라 정신, 즉 이성으로 보는 것입니다. 그런데 플라톤의 사상에서는 각각의 사물들의 이데아 역시 존재합니다. 이데아를 알기 위해서는 먼저 사물을 감각해야 합니다. 그런데 감각을 완전히 영의 상태로 놓아버리면 우리는 이데아를 모사한 사물들 또한 볼 수가 없을 것입니다. 그렇다면 플라톤은 모든 감각을 버리자고 주장하는 것인가요? 그렇게 논리를 펴면 이제 플라톤 철학은 불교와 비슷해집니다. 깨달음을 향한 불교적 정진으로서의 고행(苦行)이나 금욕과 비슷해집니다. 그렇게 되면 플라톤 철학의 본 모습은 우리의 시야에서 멀어집니다. 물론 플라톤이 감각을 인간이 이데아를 보는 것에 많은 장애를 일으키는 것이라고 본 것은 분명합니다. 그렇지만 감각을 잘 조절하고 극복하면 된다는 얘기입니다. 그래서 이것을 플라톤은 이성이라는 마부가 감정과 감각이라는 말들을 제어하는 것으로『파이드로스(Phaedrus)』에서 묘사합니다.

아우구스티누스는 계속 이야기합니다. 신국은 신의 선택을 받은 사람들로 구성됩니다. 또한 신에 관한 지식은 오로지 기독교를 통해서만 얻을 수 있습니다. 신의 선택은 은총입니다. 신의 선택이란 말은 신으로부터의 일방성, 은혜를 내포하고 있는 말입니다. 대가도 아니고 양방향의 소통도 아닙니다. 절대로 인간의 노력만으로 은총을 받을 수도 없고, 선을 부지런히 쌓는다고 천국이 보장되는 것도 아니라는 말입니다. 은총은 이런 것들과는 전혀 상관없습니다.

여기서 아우구스티누스는 이 은총에 철학을 더합니다. 철학은 인간의 지적인 탐구입니다. 반면 은총은 신의 계시입니다. 계시에 지식을 더하는 것입니다. 철학으로 신앙을 보충하는 것입니다. 아우구스티누스 이전에는 철학과 종교의 경계가 명확했습니다. 오히려 종교적 신앙심에 방해가 되는 지식으로서의 철학을 대단히 경계하였습니다. 학문이 아직 미분화하던 시대라 철학은 새롭게 발전하는 지식의 체계를 대표하였습니다. 기존의 미신적 지식 체계나 근거 없는 신념 체계 등에 철학은 그 본성상 도전할 수밖에 없습니다.

종교와의 관계에서 특히 중세기는 일반적으로 철학과 적대적 관계를 형성했다고 보아도 무방합니다. 그러나 아우구스티누스는 플로티누스의 철학을 이미 접하였고 철학의 긍정성을 잘 알고 있었으므로 철학과 기독교의 화해를 모색했습니다. 아우구스티누스가 심취했던 마니교(摩尼敎, Manichaeism)는 조로아스터교(Zoroastrianism, 마즈다교, Mazdaism, 배화교, 拜火敎)의 영향을 받은 종교입니다. 선한 신과 악한 신이 투쟁을 해서 결국은 선한 신이 승리를 한다는 믿음입니다. 아우구스티누스 스스로 한때 마니교의 전도사가 되기도 했습니다. 한 구역을 책임지는 지위에도 오릅니다. 그러다가 플라톤의 철학을 접하게 됩니다. 신플라톤학파나 세네카의 저술들을 읽으면서요. 이때 마니교보다 훨씬 나은 게 있다고 그는 생각합니다.

그래서 아우구스티누스의 철학은 중세철학의 일반적인 주지주의(主知主義), 주의주의(主意主義)적 경향에 더해 주정주의(主情主義)적 경향이 나타납니다. 머릿속의 이성적 소리보다는 가슴속의 심장의 소리를 우선하는 것입니다. 실존주의적 측면도 강하게 나타납니다. 그가 번민하며 방황한 젊은 날의 기록, 진리를 찾아 헤맨 탐구의 기록이 적힌 그의 『고백록』에 여실히 드러나 있습니다. 이제 아우구스티누스 이후 서양의 중세는 본격적으로 시작됩니다. 이후 기독교의 위압으로 인해 유럽에서 학문의 발달은 위축되고 그리스 학문의 계승과 그 중심은 아랍권으로 넘어갑니다. 고대 그리스의 사상, 특히 플라톤과 아리스토텔레스의 철학은 중동지방에서 온전히 보전되고, 이후 점차 서양으로 은밀히 넘어오면서 유럽에 지속적으로 영향을 주게 됩니다. 고대 그리스의 풍부한 지적유산은 아랍에서 새롭게 해석되거나 번역되어 더욱 발전하거나 보존되게 됩니다. 이 지적유산은 아랍의 자체적 학문발전과 어울리면서 이후 근대 유럽의 문명발달에 커다란 도움을 주게 됩니다. 유럽이 중세의 미망에서 새로운 학문으로의 발전을 시작하는 단계에서 아랍과 중동에서 보존된 고대 그리스의 지적유산들은 유럽이 다시 학문의 발전을 이룩하는 데 결정적인 역할을 하게 됩니다.

정리하자면 아우구스티누스가 말한 신국은 신의 선택을 받은 사람들로 구성됩니다. 철학자들처럼 지식을 이성으로 발견할 수도 있으나, 더 높은 종교적 지식을 얻으려면 성서에 의존해야 한다고 말합니다. 여기서 더 본질적인 것은 철학에의 탐구가 아니라 성서에의 의존입니다. 지식에의 의존이 아니라 신의 은혜로의 의존입니다. 지적 한계로 인해 한계에 부딪힌 더 높은 지식의 획득조차도 지식에의 치열한 탐구가 아닌 신의 은총이 주가 되어야 가능합니다. 그리고 은총을 받기 위해서는 절대적인 믿음이 있어야 합니다. 성서에 적힌 글을 믿어야 한다는 얘기입니다.

이성적 사려로는 잘 이해가 되지 않는데 그런 성서를 일방적으로 믿으라니요? 불합리한 말로 들립니다. 이런 의문은 당대의 학자들도 물론 가졌습니다. 그리고 이런 의문에 대해 교부신학자 테르툴리아누스(Quintus Septimius Florens Tertullianus, 155~240)는 '불합리하므로 믿는다(Credo Quia Absurdum)'라는 유명한 말을 합니다. 성서의 말을 이해하기 위해서는 먼저 믿어야 한다는 말입니다. 기독교에서 말한 특정한 교리들은 이성적으로 판단하면 절대로 이해가 안 되니 일단 믿어야 한다는 말입니다. 믿은 이후에 신의 섭리가 이해가 간다는 말입니다. 이해하기 위해서 믿는다는 말과도 상통합니다.

선(善)과 악(惡)의 문제에 대해서도 아우구스티누스는 다음과 같이 말합니다. 악한 의지는 결과를 낳는 원인이 아니라, 결핍을 일으키는 원인일 뿐이라고 말입니다. 선과 악이라는 문제는 심오한 형이상학적 문제입니다. 간단히 말하자면 아우구스티누스는 악이라는 문제를, 현실적으로 존재하는 악을 선의 결핍으로 본다는 말입니다. 근대 철학자이자 변신론자(辯神論者)인 라이프니츠(Gottfried Wilhelm Leibniz, 1646~1716)도 이 같은 관점을 유지합니다. 악의 정체성이란 없다는 말입니다. 적극적인 본질로서의 악이란 것은 존재하지 않는다는 말입니다.

이들의 논리에 따르자면 악은 적극적으로 정체가 있어 드러나는 문제가 아닙니다. 오히려 선이 적극적으로 드러나지 않은 것을 우리가 악으로 간주하는 것입니다. 적극적으로 드러나지 않았다는 것은 특정한 사건에서 선이 포함되는 정도가 희박하며 엷다는 말입니다. 온전히 악이라는 것은 악의 전부(100%)가 아니라 선의 전무(0%)라는 말입니다. 선이 부족해서 드러나는 것이 악이라는 말입니다. 이는 세계 내 사건들을 악의 관점이 아닌 선의 관점에서 관찰하므로 가능한 논법입니다. 다분히 변신론자다운 논리입니다.

이러한 문제도 플라톤적인 논법을 지니고 있습니다. 예를 들어 플라톤의 이데아 사상에 제기할 수 있는 물음입니다. 도대체 모든 사물에 각자의 이데아가 있다면 악에도 이데아가 있을 것 아니겠습니까? 이 말은 악이 적극적으로 악으로서의 정체성을 가지고 있는지 묻는 것과 다르지 않습니다.

예를 들어서 자기의 분노를 삭이기 위해서 살인을 한 사람이 있다고 가정합시다. 살인자는 자신의 분노를 살인이라는 행위가 해소해 줄 것으로 생각하겠지만 사실은 그렇지 않습니다. 오히려 평화롭게 분노의 대상자를 용서해주면 자기 마음이 편안해지고 이것을 기점으로 자신의 앞날에도 닥칠지 모르는 분노의 사건들을 평정심을 가지고 다스리는 능력을 지닐지도 모르는데, 그런 사려를 하지 않고 즉자적인 분노로 살인을 한 것입니다. 즉 살인이라는 행위는 별도의 악으로서의 정체성을 가진 것이 아니고 자기가 처한 상황을 이성적으로 판단하지 못하거나 제어를 못하든지, 살인 후의 죄책감이나 처벌 등의 후유증이나 피해를 파악 못하는 선한 정신의 결핍이라고 보는 것입니다.

즉 우리는 악의 정체성을 모릅니다. 악의 적극적인 정체성도 모릅니다. 단지 그것이 악인 것처럼 우리에게 보이기 때문에 악이라고 규정하는 것입니다. 그것이 선을 지니고 있지 않은 것으로 우리에게 보이기 때문에 우리는 그것을 상대적으로 악이라고 부를 뿐입니다. 살인은 악으로서의 적극적인 행위가 아니라 선으로서의 생명애가 없는 무지한 행위일 뿐이라고 보는 것입니다. 또한 살인은 생명에 대한 이해가 부족한 것입니다. 생명을 사려하는 것이 선이므로 결국 살인은 선에 대한 이해가 부족해서 행한 행위인 것입니다. 이렇게 결핍으로서 악을 사고하는 것입니다. 이런 관점은 후대의 철학에 많은 영향을 주게 됩니다.

아우구스티누스는 교회와 국가를 분리합니다. 그리고 국가는 신국에 속하는 일부라고 주장합니다. 초기의 기독교인처럼 국가를 종교에 적대적으로 해석한 것이 아닙니다. '카이사르의 것은 카이사르에게 속하고, 신의 것은 신에게 속한다'["…이에 이르시되 그런즉 가이사의 것은 가이사에게, 하나님의 것은 하나님께 바치라 하시니"(마태22:21), (개역 개정)]라는 예수의 말씀을 염두에 둔다면 아우구스티누스가 국가를 적극적으로 포용하고 해석한 것을 알 수 있습니다. 그러나 이 또한 자의적으로 해석한 것이 아니라 성서에 그 근거를 둔 것임을 알 수 있습니다.

다만 종교와 관련된 문제라면 국가 또한 교회의 권위에 복종해야 합니다. 이제 아우구스티누스로 인해서 교회의 이론적 기반이 잡히고, 명실상부하게 교회가 국가의 위에 있게 됩니다. 중세의 국가에 대한 교회의 전반적인 우위, 황제나 왕에 대한 교황의 우위를 이론적으로 세우고 이를 공인받게 됩니다.

위에서 언급했듯 아우구스티누스는 자유 의지를 믿고 원죄설(原罪說)에 의문을 제기한 펠라기우스주의를 반박합니다. 펠라기우스는 이러한 교설을 주장한 사람입니다. 펠라기우스주의자는 그의 이름을 따서 그의 이론을 추종하던 사람들을 일컫는 말입니다. 원죄설이 무엇인가요? 성서의 창세기에 보면 아담과 하와(Ḥawwāh, Eva)가 나옵니다. 뱀의 유혹을 이기지 못해 신이 금지한 선악과를 하와가 아담을 꼬드겨 먹게 하고 자기도 먹습니다. 더욱이 선악과를 먹었냐고 묻는 신에게 먹지 않았다고 거짓말도 합니다. 이후 신에 의해 그들에게 제공되었던 자유로운 낙원이었던 에덴동산(Garden of Eden, Paradise)에서 추방됩니다. 신은 아담에겐 평생 밭을 갈아야 하는 노동을, 하와에겐 출산의 고통을, 뱀에겐 배로 기어야 하는 고통을 이에 대한 벌로 내리게 됩니다.

선악과란 선악을 알게 하는 과일이란 말입니다. 이는 이 과일을 먹으면 지혜를 갖춘다는 말이기도 합니다. 참고로 남성의 목젖을 아담의 사과(Adam's apple)라고 부릅니다. 아담이 사과를 먹다 목에 걸린 것으로 본 것입니다. 원죄설은 인간 본연의 죄인 아담의 죄는 결코 씻을 수 없이 전 인류에게 유전된다는 것입니다. 원초적인 죄이자, 근원으로서의 죄입니다. 그래서 원죄입니다. 기독교 이론에 의하면 이 죄를 씻어준 자가 예수입니다. 예수가 인류의 죄를 대신 갚아주는 것, 즉 대속(代贖)해주는 것입니다. 십자가에 못 박히는 고통으로 인류의 죄를 신이 대신 갚아줬다는 말입니다. 기독교에서는 예수가 곧 신이니, 신이 인간을 위해 자신에게 고통을 주어서 죄를 씻어주었다는 말입니다.

그러나 펠라기우스는 이런 관점이 아닙니다. 인간이 덕을 행한다면 이는 인간 자신의 노력 때문이라고 그는 생각했습니다. 인간 자신의 노력으로, 그 노력에 대한, 자신의 덕에 대한 보상으로 천국에 가며, 갈 수 있다고 주장했습니다. 아까도 언급했듯 기독교는 이런 논리를 수용하지 않고 절대로 용납하지 않습니다. 오직 신으로부터의 일방적인 은총이 중요합니다. 인간의 노력으로 천국을 가는 것이 아닙니다.

펠라기우스주의는 합리적인 면들이 있어 지식인들에게 호응받기 쉽습니다. 따라서 당시 동로마제국에 위치한 교회의 많은 지식인들이 이 펠라기우스의 견해를 받아들였습니다. 동로마교회의 많은 신학자들이 현실적으로 이 견해를 공식 교리로 주장하는 것입니다. 아우구스티누스는 이러한 견해에 맞서 싸우고 이겼습니다.

History
/
Art
/
Philosophy

제5장

토마스 아퀴나스

이제 토마스 아퀴나스(Thomas Aquinas, A.D. 1224/1225?~1274)를 살펴보겠습니다. 아퀴나스는 아우구스티누스 이후로 근 900년이 지난 시점의 인물입니다. 아우구스티누스가 A.D. 354~430년입니다. 아우구스티누스는 흔히 고대의 마지막 철학자이자 중세의 최초의 철학자라고 얘기를 합니다. 철학사에서 고대에서 중세로 넘어가는 위치를 차지하고 있습니다.

오늘 다루는 토마스 아퀴나스는 중세의 스콜라주의(Scholasticism) 철학자입니다. school이라는 단어의 어원입니다. 학원 철학입니다. 당시 스콜라 철학자들이 지녔던 지적인 풍토를 배경으로 합니다. 형이상학적 문제들이 전문화되고 심도 있게 전개되며 이것들이 철학의 풍조로 나타납니다. 중세는 지식을 담당하던 계층이 주로 교회나 수도원의 신부나 수도사들이라고 앞에서 언급했습니다. 지금으로 말하면 천주교의 신부들과 비슷합니다. 토마스 아퀴나스도 도미니코 회(Ordo Fratrum Praedicatorum, Dominicani) 수사 출신입니다. 도미니코 회는 청빈(淸貧), 정결(貞潔), 순명(順命) 등을 강조합니다. 아퀴나스의 아버지는 지방의 영주로서 귀족이었습니다. 아퀴나스는 9남매 중 7번째, 아들로서는 막둥이로 태어납니다.

당시 중세의 관습에서는 장남(長男)은 아버지의 직위를 이어받고 그 아래의 아들들은 보통 기사가 되거나 수도사가 되어 출가합니다. 서양의 상속제는 철저한 장자상속제(長子相續制)입니다. 차남부터는 재산을 물려주지 않습니다. 그래서 대개 기사가 되거나 교회로 출가하여 신부나 수도사들이 됩니다. 예외적으로 게르만족은 자녀균분제(子女均分制)였는데 유럽의 문명에 동화되면서 그들 또한 장자상속제로 바뀝니다.

이는 동양에서도 마찬가지입니다. 재산의 상속에 관해서는 우리나라는 전통적으로 자녀균분제를 취합니다. 성리학(性理學)의 가부장제(家父長制)가 본격적으로 사회와 예법(禮法)에 영향을 미치는 조선 중기 이전에는 우리나라는 자녀들 모두에게 재산을 균등하게 나눠주는 제도였습니다.

일예로 조선의 16세기 초중반의 대유학자인 퇴계(退溪) 이황(李滉) 또한 그의 자녀들에게 남녀를 가리지 않고 골고루 재산을 나누어 주었습니다. 그가 오랜 세월 관직에서 수시로 물러나 학문에 몰두할 수 있었던 배경도 그의 첫째와 둘째 부인이 가지고 온 마찬가지의 상속 재산 덕분이었습니다. 그러나 왕가의 왕위 상속에 관해서는 서양의 제도와 같은 면도 있습니다.

예를 들어 고려 시대에도 그렇습니다, 장남은 왕위를 계승합니다. 차남(次男) 이후는 왕위에 대한 위협이 될 수 있으므로 출가(出家)를 시키기도 합니다. 그래서 승려가 되거나 절에 들어가서 생활하기도 합니다. 일례로 천태종(天台宗)을 개창한 대각국사(大覺國師) 의

천(義天, 1055~1101)은 고려 문종(文宗)의 넷째 아들로 왕자 출신입니다. 왕가의 장자로의 계통을 분명히 하기 위해서 조선 시대에도 정비(正妃)를 제외한 후궁들은 왕이 죽으면 모두 사가(私家)나 절로 출가해야 했습니다.

당시 아퀴나스도 장남이 아니므로 수도원에 들어가서 지식인으로 역할을 하는 것입니다. 여기에 얽힌 일화들이 있습니다. 아퀴나스가 수도원에 들어가고자 하는데 당시 부모님들이, 지금도 마찬가지겠지만 쉽게 승낙할 리가 없습니다. 다른 귀족들처럼 부모님들이 아퀴나스를 결혼시키려고 노력을 합니다. 그러나 아퀴나스는 그런 쪽으로 관심이 전혀 없었던 모양입니다. 학식은 풍부하고 공부는 잘합니다. 이미 당시에 아퀴나스는 유명해져 있었습니다. 교황의 명을 받아 사절로 파견되어 지금의 프랑스 지방으로 가게 됩니다. 그런데 이때 부모님들이 아퀴나스를 붙들어 두기 위한 작업을 합니다. 일설에는 친구들이란 설도 있고 친형들이란 설도 있습니다.

아퀴나스를 수도원으로 파견을 못 가게 하기 위해 중간에 아퀴나스를 잡아 감금을 합니다. 그냥 감금이 아니라 아주 아름다운 여성과 방 한 칸에 같이 가두어 놓았다고 합니다. 아름다운 여성과 하룻밤을 같이 보내면 아퀴나스도 마음을 돌릴 것이라 부모님은 생각을 한 것입니다. 그런데 다음 날 무슨 일이 일어났을까 기대 하에 들어가서 보니, 아무 일도 없었고 아퀴나스는 방 한구석에 우두커니 앉아있기만 했다고 합니다.

도미니코 수도사들은 당시 남루한 옷을 입고 길거리에서 설교를 하고는 했습니다. 아퀴나스는 이렇게 길거리에서 설교하는 수도사

토마스 아퀴나스의 승리, 베노조 고졸리 (Benozzo Gozzoli), 1471. 플라톤과 아리스토텔레스 사이에 있는 '질서의 박사 (Doctor Communis)' 토마스 아퀴나스 의 모습이 보인다.

들의 뛰어난 말솜씨와 그 행색이 마음에 들었나 봅니다. 그래서 자기도 수도사가 되기로 결심을 합니다. 당연히 아퀴나스의 어머니는 까무러쳤을 것입니다. 그래서 수도사가 되는 것을 말리려고 장가를 보내려고 했던 것입니다.

여기 토마스 아퀴나스의 그림이 있습니다. 3단으로 그림이 나누어져 있습니다. 중간의 2단에서의 그림을 보면 아퀴나스의 왼편에 플라톤이, 오른편에 아리스토텔레스가 서 있습니다. 그림에 글자로 이름을 적어놓았습니다. 플라톤과 아리스토텔레스 모두 책을 한 권씩 들고 있습니다. 아리스토텔레스는 책을 펴서 마치 아퀴나스에게 무언가 물어보는 듯, 혹은 강설하는 듯 보입니다. 아퀴나스는 큰 책을 한 권 펴서 정면으로 보이고, 그 책 아래에는 책 3권이 펴진 채로 이 큰 책을 받치고 있습니다. 왜 아퀴나스의 그림에 플라톤과 아리스토텔레스가 등장을 할까요? 단순히 말하면 아퀴나스의 철학은 플라톤과 아리스토텔레스의 철학을 종합하였다고 보시면 됩니다. 특히 아퀴나스에 이르러 아리스토텔레스의 철학을 기독교의 논리로 잘 포용을 시킵니다.

다른 그림을 보면 아퀴나스가 왼손에는 성서를 들고 있습니다. 오른손으로는 교회 건물을 받치고 있습니다. 이론적으로 기독교교리와 교회의 완전한 토대를 구축했다는 것을 그림으로 비유하고 있습니다. 아퀴나스는 대단한 지식인으로 당대에도 정평이 나 있었습니다. 천재로 간주되었습니다.

아퀴나스는 어렸을 때도 책을 큰 소리로 한 번에 쭉 읽을 만큼 영민했다고 합니다. 지금 보기로는 잘 이해가 안 갑니다. 지금도 똑똑한 아이들은 어릴 때부터 동화책 등을 줄줄이 읽지 않나요? 그러나 중세의 사정을 알면 아퀴나스가 왜 천재인지 이해가 갑니다. 중세시대에 책들이 얼마나 많이 있었기나 할까요? 구텐베르크 금속활자가 발명이 되기 전에는 책도 대개 손으로 베껴 씁니다(필사, 筆寫). 책이라는 게 당대에는 귀한 물건입니다. 주로 양피지 등에 수도사들이

아스콜리 피체노(Ascoli Piceno)에 있는 제단화, 토마스 아퀴나스가 성서와 교회를 각 손에 받치고 있다. 카를로 크리벨리(Carlo Crivelli), 15세기.

필사나 필경작업을 하고는 했습니다. 필경작업은 매우 힘이 들어 중세의 필경사들은 하루 평균 세 쪽만 필사할 수 있었다고 합니다. 양피지에 쓰여진 성서 한 권의 가격이 작은 집 한 채 가격이었다고 합니다. 종이가 등장하였다 해도 종이가격 또한 매우 비쌌습니다. 대략 1장당 양피지의 3분의 1가격이었다고 합니다. 그러니 책을 필사할 때는 양피지나 종이를 아끼려고 여백이 없이 적어내고 파손된 부분은 실로 꿰어 보수해서 다시 필경하기도 했습니다.

그런데 여러분들도 아시겠지만 띄어쓰기가 안 되었다면 단어와 어휘를 알지 못하는 이상 전혀 책을 읽지 못합니다. 쭉 이어져 있는 글씨들에서 단어들을 분간하지 못합니다. 그런데 이런 책을 아퀴나스는 소리를 내어서 읽었다는 것입니다. 더구나 중세의 공식 언어인 라틴어로 쓰인 책들을 어릴 때 읽어낼 정도라면 천재라고 해도 전혀 과언은 아닌 것으로 보입니다.

그림에서 아퀴나스의 초상을 보시면 알겠지만 그는 상당히 비만한 편에 속했습니다. 아퀴나스가 앉는 책상은 다른 책상과 달리 배와 접촉하여 닿는 부위가 둥그렇게 파여 있었다고 합니다. 배가 책상에 걸리니 책상의 동그란 홈 안에 배를 쑥 넣을 수 있도록 말입니다. 아퀴나스는 상당히 비대하고 키도 큰 편에 몸도 거대했다고 합니다.

아우구스티누스가 은총의 박사라는 호칭을 얻었다면 아퀴나스는 '천사(적) 박사(天使 博士, Doctor Angelicus)' 또는 '질서의 박사(秩序의 博士)'라는 칭호를 교황과 교회로부터 얻습니다. 중세 기독교의 세계관에서는 신으로부터 맨 아래 돌멩이까지 서열(序列)로 질서 지워져 있습니다. 맨 아래 돌멩이 같은 무기물에서부터 시작해서 위로 식물, 동물, 인간, 천사, 그리고 맨 위에 신이 있습니다. 아래로 내려갈수록 물질성이 강해집니다. 정신은 0의 상태에 가깝습니다. 위로 올라갈수록 물질성은 제로(zero), 즉 영(零)의 상태이고, 정신성이 강해지며 충만해져 갑니다. 가톨릭에서는 천사도 계급으로 나눕니다. 보통 9계급의 천사(구품천사론, 九品天使)로 나누는데 고대에 통용되었고 가톨릭의 공식 교리는 아니라고 합니다. 9품으로 천사를 나눈 사람이 아퀴나스였다고 하는 말도 있습니다.

천사는 순수한 정신으로서의 영혼의 상태입니다. 아퀴나스를 천사에 비유하여 칭호까지 정했다는 것은 아퀴나스가 그 정도로 박식했다는 것을 말합니다. 그리고 또 왜 아퀴나스를 '질서의 박사'라고도 불렀을까요? 아우구스티누스는 플라톤의 영향을 받아 기독교의 신앙을 체계화시켰다고 얘기했었습니다. 그러나 철학보다는 기독교의 본연의 은총을 강조합니다. 물론 아퀴나스도 아우구스티누스의 영향을 그대로 받습니다. 여기에 즉 기독교적인 신앙과 플라톤 철학에 더하여 아리스토텔레스의 철학을 수용합니다. 계시라는 것은 일체의 논리적 연관성을 배제합니다. 예를 들어 '기적'을 들 수 있습니다.

이 책의 앞에서 언급한 라파엘로의 '아테네 학당'이라는 유명한 그림에서 플라톤은 손가락으로 위, 하늘을 가리키고, 아리스토텔레스는 손가락으로 아래, 땅을 가리킵니다. 플라톤은 현재의 세계가 소유하고 있지 않은 이데아로서의 형상을 강조하고, 아리스토텔레스는 현재의 세계가 소유하고 드러내는 자연으로서의 질료(質料)를 강조합니다. 그러나 아리스토텔레스가 플라톤의 이데아, 정신, 형상, 수학의 세계를 비하한다고 보면 잘못입니다.

당시에 논리학과 윤리학에 더하여 자연에 속한 학문인 식물학, 동물학, 우주론, 수사학, 생물학 등은 아리스토텔레스가 상대적으로 중요하다고 생각한 것들입니다. 우리가 오해하듯이 아리스토텔레스와 플라톤은 상호 적대적인 철학자들이 아닙니다. 플라톤이 아리스토텔레스의 스승입니다. 물론 직접적 스승은 아니지만 말입니다. 플라톤의 철학적 경향을 아리스토텔레스도 그대로 계승하고 더 발전시키는 것입니다. 플라톤의 직계 제자로부터 아리스토텔레스가 교육을 받습니다.

그러나 아리스토텔레스는 플라톤에 비해 상대적으로 이 세계에 비중을 더 두는 것입니다. 그렇다면 아리스토텔레스의 영향을 아퀴나스가 받았다는 얘기는 이 세계 내의 지식을 아퀴나스 역시 무시하지 않았을 가능성이 크다는 말입니다. 오히려 세계 내의 지식을 기독교적 신앙, 초월적 이데아에 대한 플라톤의 갈구와 잘 조화를 시키려 했을 것입니다. 그래서 질서의 박사라는 칭호를 그가 받은 것입니다.

아퀴나스의 저술로는 『대 이교도 대전(Summa contra Gentiles)』(1259~1264)과 『신학 대전(Summa theologiae)』(1266~1273)이 유명합니다. 중세의 기독교를 옹호하는 철학자인지라 여전히 이교도에 대한 이론적 반박이 우선적 과업이기도 하였을 것입니다. 이는 아우구스티누스와 유사하게 신학적인 정통을 세우는 작업이기도 합니다. 『신학 대전』 역시 신학에 대한 내용입니다.

『이교도 반박 대전』에서 나오는 내용을 조금 살펴보겠습니다. 자연 이성(natural reason)은 기독교적인 믿음이나, 일방적 은총을 배제한 이성입니다. 아퀴나스는 자연 이성은 신의 실존과 영혼 불멸을 논리적으로 증명하지만, 삼위일체설이나 육화(incarnation), 최후의 심판을 논리적으로 증명하지는 못한다고 말합니다. 삼위일체설은 아우구스티누스가 완성한 교리입니다. 육화는 신성이 인간의 육체가 되는 것입니다. 살이 되는 것입니다. 예수는 동정녀 마리아(Maria, B.C. 18.년경~A.D. 41.년경)라는 인간의 육체에서 태어납니다. 기독교의 관점에서는 인간의 육체를 신이 빌려 태어나는 것입니다. 무한한 신이 유한한 인간의 육체가 되는 것입니다. 즉 예수는 인간이지만 동시에 신이기도 한 것입니다. 무한함이 유한함이 되는 것이고, 다시 유한함으로 무한함이 되는 것이라고 할까요? 또한 정신이 물질 속으로 들어오는 것입니다. 신이 인간이 되는 것이기도 합니다.

예수를 인간으로 볼 것인지, 신으로 볼 것인지가 아우구스티누스 당대 미묘한 문제였습니다. 예수의 인성(人性), 즉 인간임을 강조한 기독교의 분파도 있었고, 예수의 절대 신성(神性)을 강조한 기독교의 분파도 있었습니다. 예수의 신성을 부정한 분파가 아리우스파(Arius 派, 250 or 256~336)입니다. 아리우스가 대표적으로 주장해서 그리 불립니다. 반면 예수의 절대 신성을 긍정한 기독교 분파는 아타나시우스파(St. Athanasius 派, 296 or 298?~373)입니다. 이 두 분파가 예수의 인성 문제에 관해 종교적인 논쟁을 하게 되고, 마침내 교황은 아타나시우스파의 교설을 공인합니다. 이 회의가 제1회 니케아 공의회입니다. 삼위일체설은 신인 성부, 인간인 예수, 그리고 도처에 있는 성령의 한 몸 됨, 즉 세 위격의 일체설을 말합니다. 예수의 신성을 절대 긍정하는 이론입니다.

아퀴나스는 말합니다. 증명할 수 있는 것이 무엇이든 증명한 범위 안에서 논리적이고 이성적이라면 그것은 기독교 신앙과 위배되지 않는다고 말입니다. 기독교 신앙을 이성적으로 설명하는 것은 가능하다는 주장입니다. 나아가 계시(啓示)에 드러나는 어떤 것도 이성에 반하지 않는다고 말합니다. 계시란 우리가 이성적으로 설명을 못 할 뿐이지 이성에 위배되는 사건이 아니라는 말입니다. 우리가 이성적으로 설명 불가능한 계시로서의 사건을 목격할 때, 충분히 이성적으로 사려할 수 없는, 배우지 못했거나, 깨닫지 못한 사람들이 볼 때는 이런 종류의 사건은 자연의 규칙을 뛰어넘는 사건으로 보일 것이 분명할 것입니다. 그러나 아퀴나스의 시각에서는 그렇지 않습니다.

계시적 사건은 이성적으로 그 인과관계를 충분히 사려한다면 계시와 이성은 상호 충돌하고 대립하는 것이 아니라고 그는 주장합니다. 우리는 신의 본질을 이성적으로 불완전하게 지각할 뿐입니다. 세계 내의 사건들을 대할 때도 아직 우리의 과학은 사건들의 논리적, 인과적 결합을 충분히 사려하거나 그것들을 증명하지 못합니다. 그러나 우리의 이성이 계시를 충분히 설명하지 못할지라도 그 때문에 이성과 계시가 서로 대립한다고 말할 수는 없습니다. 계시에 관해서도 이성적으로 설명할 가능성을 아퀴나스는 인정하는 것입니다.

더구나 계시를 떠나서 알 수 없는 문제들도 있습니다. 신의 실존을 증명하는 것이 그 한 예입니다. 우리는 신의 본질을 아주 불완전하게 아는 경우를 제외하면 결코 알지 못한다고 아퀴나스는 말합니다. 신의 실존을 이성적으로 증명하는 것은 매우 어렵습니다. 증명한다고 해도 오직 지식인, 즉 배운 사람만이 이러한 증명들을 이해할 수 있을 것입니다. 그러나 배우지 못한 사람들은 증명이 아닌 계시로도 알 수 있다고 아퀴나스는 말합니다. 16세에 불과했던 프랑스 오를레앙(Orléans)의 농부 처녀이자 성녀 잔 다르크(Jeanne d'Arc, 1412~1431)가 마주한 계시로서의 체험이 그 한 예일 수 있을 것입니다.

당시에는 과학이 미발달한 상태이므로 학문도 분화하기 전입니다. 신학이나 철학, 법학이나 의학 등이 그나마 전문적인 학문이라고 칭할 수 있는데 그 발달 수준, 특히 법학이나 의학은 조야한 수준이었습니다. 자연 과학은 말할 것도 없습니다. 이성적 탐구인 철학을 공부한다면 어느 정도의 자연의 질서를 이해할 수는 있을 것입니다. 그러나 학문은 시대의 한계에 국한되어 있습니다. 이것은 지금도 마찬가지입니다. 이성적 탐구로 신의 실존에 대해 확신을 가질 수도 있을 것이고, 배우지 못한 사람은 계시로도 알 수 있다는 말입니다. 이것이 가능한지는 별론이지만 말입니다.

계시(revelation)는 폭발하듯 다가옵니다. 갑자기 확연히 드러납니다. 또 논리적 연관을 뛰어넘는 도약(跳躍)입니다. 논리적 연관은 1, 2, 3… 등의 순서와 수열의 질서를 건너뛸 수는 없습니다. 그러나 계시는 1에서 10으로 건너뜁니다. 도약하고 비약합니다. 신의 실존에 대한 확신도 계시가 개입되었을 때는 이렇게 진행이 된다는 말입니다.

잔 다르크가 신의 계시를 받고 16살밖에 되지 않는 나이인데도 말을 타고 투구를 쓰고 갑옷을 입고 나아가서 사람들 틈에 숨어있는 왕세자를 단숨에 알아봅니다. 이후의 승전은 자체가 기적입니다. 영국과의 백년전쟁 중의 프랑스는 거의 멸망하기 직전의 수준이었습니다. 그러나 프랑스는 이 소녀 잔 다르크로 인해 기사회생을 합니다. 앞에서의 아우구스티누스에게 '집어서 읽으라'라는 음성도 계시로서의 사건이라고 볼 수 있습니다.

또한 아퀴나스는 감각을 부정하지 않습니다. 신은 만약 증명할 수 있다면 감각 가능한 결과로부터도 알려질 수 있다고 말합니다. 아리스토텔레스의 영향이 담겨 있습니다. 감각을 전적으로 부정하는 게 아닙니다. 기독교적 신앙은 감각에 대한 전적인 배격이라기보다 감각에 대한 평가 절하의 경향이 있습니다. 플라톤 철학도 그런 부분이 있습니다. 그러나 플라톤 철학에서 제가 말씀드린 부분이 있습니다. 감각의 확실성을 의심한 것이지 감각 자체를 제외하거나 전적으로 배격하는 것은 아닙니다. 이러한 부분은 데카르트 철학에서도 나타납니다. 감각은 인간이 가지고 있는 현실입니다. 감각을 의심하는 나머지 데이터를 취합하는 것에, 외부의 진실성을 감지하는 방법에서 감각을 완전히 추방하는 것이 아닙니다. 다만 그 확실성을 의심하는 것입니다. 감각은 자주 우리를 속이니 말입니다.

그러나 아리스토텔레스는 이러한 경향과 조금 대립하는 면들이 강합니다. 아리스토텔레스는 현재의 세계와 그 세계를 구성하는 실제의 것들에 관심이 많았습니다. 세계는 이성으로 바라보기도 하지만 우리의 감각으로도 바라봅니다. 오히려 이성보다는 우리의 감각이 주된 수단인 듯합니다. 우리는 주로 감각으로 세계를 경험하는 것입니다.

그렇다면 이 세계를 다루는 학문은 어떻습니까? 많은 학문이 우리의 감각에 기반을 두고 있습니다. 예를 들어 인간이 사용하는 언어의 신뢰성과 기술을 다루는 학문이 논리학이나 수사학입니다. 언어는 인간의 입으로 발설하는 것입니다. 물론 그 질서를 다루는 것은 정신으로 수행하지만요. 언어의 기초적인 의사소통의 문제는 오로지 정신의 문제일 수는 없고 감각의 문제가 동반이 됩니다. 사과는 빨갛습니다. 그 맛은 답니다. 그 형태는 동그랗습니다. 벌써 사과를 정의할 때 감각인 시각과 미각이 동반됩니다. 빨갛다고 지각하는 것은 분명히 정신이 아닌 눈이 색채를 지각하는 것입니다. 그것이 온전한 빨강인지, 혼합된 빨강인지는 정신이 감각의 지각 이후에 그 감각 데이터를 분석하는 것입니다.

사과의 동그란 형태도 마찬가지입니다. 그것이 완전한 원인지, 타원형에 가까운 원인지 이런 것들을 비교하는 것은 정신의 역할이지만, 그 정신에 데이터를 주는 것은 시각이라는 감각입니다. 그런데 사과가 달다는 감각 데이터는 전적으로 확실합니까? 아닐 수 있습니다. 신체의 상태에 따라 쓰게도 느껴지고 달게도 느껴지고 맛이 없어질 수도 있는 것입니다. 이런 착각을 자주 감각은 일으킵니다. 그래서 감각 데이터를 분석하는 것에는 정신의 도움이 절대적으로 필요합니다.

당시의 동물학이나 식물학도 이렇게 감각들에 기반을 둔 학문입니다. 자연 세계를 탐구하니 일차적으로 감각에 의존해야 하는 것은 당연합니다. 그래서 아퀴나스가 감각을 일부나마 지식을 얻기 위한 재료로 인정을 하는 것입니다.

부동의 원동자(不動의 原動者, unmoved mover, 시동자, 始動者, prime mover) 논증은 세계의 시초에 관해 고민했던 아리스토텔레스가 수행했던 논증입니다. 이후 신의 존재에 관한 우주론적 증명(宇宙論的 證明, The Cosmological Argument for the Existence of God)의 방법이 됩니다. 세계의 기원이나 시초에 대해서는 이성적으로는 알 수는 없고 계시로만 가능하다고 아퀴나스는 말합니다. 이성적으로 탐구하면 해답이 없다는 말입니다.

아리스토텔레스의 부동의 원동자 논증이 무엇을 의미하는지 볼까요? 물체들이 운동을 합니다. 운동을 시작하는 최초의 A가 있습니다. 그리고 이 A가 B를 칩니다. 당구공을 생각하시면 되겠습니다. 다시 B가 C를 칩니다. 이렇게 물체들은 운동을 합니다. 나는 아버지가 낳고 아버지는 할아버지가, 할아버지는 증조부가, 그 위는 고조부가… 이렇게 올라갑니다. 내가 아들을 낳고, 아들은 손자를 낳고, 손자는 증손자를 낳고… 이렇게 내려갑니다. 원인과 결과는 이렇게 쭉 이어집니다. 그렇다면 최초로 운동을 시작한 물체는 무엇일까요? 정지 상태에서 최초로 움직이기 시작한 사물은 무엇일까요? 만약 존재한다면 최초의 그 사물은 누가 힘을 주어, 누가 원인이 되어 최초의 운동을 시작했던 것일까요? 이것에 대해 아리스토텔레스가 물음을 던졌습니다. 따져보면 최초의 것이 분명히 있을 것이며, 있어야 합니다. 최초의 사물은 존재해야 합니다. 그것은 아마도 정지 상태에서 운동을 시작한 최초의 물체일 것입니다. 이것을 일컬어 아리스토텔레스는 부동의 원동자라고 부릅니다. 이것은 기독교의 탄생보다 이른 시대에 살았던 아리스토텔레스가 신이라는 최초의 존재자에 대해 증명을 하는 것은 아닙니다. 세계의 탄생과 시작에 대해 그가 사고하고 내린 결론입니다. 이러한 아리스토텔레스의 증명 방식을 차용해 신의 존재 증명에 도입한 논리를 우주론적 증명이라고 합니다. 기독교는 익히 알다시피 세계는 무로부터, 정확히 말하면 신으로부터 창조되었다고 주장을 하니, 아리스토텔레스의 부동의 원동자 논증은 기독교적인 신의 존재 증명에 바로 차용될 수 있을 만도 합니다. 아퀴나스는 신의 존재 증명은 이성적인 증명 방법만으로는 절대적으로 부족하다고 말합니다. 이것은 칸트의 말을 빌리면 이성의 사용 능력에 그 한계가 있기 때문입니다. 따라서 아퀴나스는 이런 문제는 오직 계시로만 알 수 있다고 합니다.

아퀴나스는 신에 대해 다음과 같이 정의합니다. 신은 수동성(受動性)이 아닌 순수 능동성(能動性)이라고 말합니다. 수동적이라는 것은 reactive하다는 것이고, 이 말은 반응(反應)하며 소극(消極)적이고 작용을 받는다는 말입니다. 능동적이라는 말은 active하다는 말이며 적극(積極)적이고 작용을 가한다는 말입니다. 만약 신이 작용을 받는다면 그건 신이 아니게 됩니다. 단지 내가 반응적이라면 특정한 누군가가 나에게 영향을 주면 그 영향대로 나는 그대로 작용받고 행위하게 됩니다. 그래서 만약 신이 그렇다면 그것은 신이라는 말의 개념상 모순(矛盾)입니다.

또한 신은 결코 수동성이 될 수가 없습니다. 신이 수동적이라면 능동적으로 사물이나 사건에 개입하는 대신 사물이나 사건이 나타나거나 벌어진 후에 작용을 받는 신은 단지 2차적 존재자란 말입니다. 만약 그렇다면 시간적 순서상 신은 2차적 존재자에 작용을 가하는 1차적 존재자의 뒤에 있을 것이며, 이 말은 1차적 존재자보다도 신은 더 열등하다는 말입니다. 이는 신의 개념상 모순입니다.

또 신은 나눠질 수 없으므로 물체가 아니라고 말합니다. 물체는 분할이 가능합니다. 나누어질 수 있다는 말입니다. A가 있는데, 똑같은 크기의 A′, A″로 나눠집니다. 그러면 A′는 뭐고, 이 A″는 무엇입니까? A가 신이라고 해봅시다. 신이 두 개의 신으로 나누어진다는 말입니다. 이쪽도 신이고 다른 쪽도 신이 됩니다. 그럼 신이 둘이 되는 것인가요? 이건 불가능하다는 말입니다. 신은 절대적인 존재자입니다. 절대적이라는 말은 상대적이라는 말의 반대입니다. 상대적이라는 말은 둘 이상을 전제하는 말이고, 절대적이라는 말은 고유하며 단독적이고 혼자라는 말입니다. 그래서 신 자체가 나눠진다는 말은 모순이 됩니다. 만약 신이 나누어진다면 두 개의 신이 있게 됩니다. 그런데 보편적 신이 두 개일 수 있다는 것은 논리적으로 성립 불가하며 개념적으로 모순입니다. 그래서 신은 결코 물체가 될 수 없다는 말입니다.

또 아퀴나스는 신 안에서 본질과 실존은 동일하다고 말합니다. 실존(實存)이라는 말은 존재(existence)라는 말과 같습니다. 존재라는 말은 '있다'라는 말과 같습니다. 본질과 실존이 동일하다는 말은 신의 본질이 신의 존재와 동일하다는 말입니다. 예를 들어 신은 개념상으로 존재를, 즉 있어야 함을 전제합니다. 이는 존재하는 것은 존재하지 않는 것보다 우월하기 때문입니다. 이는 신이 최고의 완전성을 전제하므로, 그 개념에는 존재가 반드시 포함되어야 함을 말함입니다. 그런데 그런 본질로서의 신이 존재하지 않는다면 이는 모순입니다. 이는 150여 년 전의 안셀무스(Anselm of Canterbury, 1033 or 1034~1109)가 행한 신의 존재에 대한 존재론적 증명(Ontological Argument for God's Existence)을 그대로 긍정하고 있는 말입니다. 성 안셀무스는 "믿기 위해서 알려고 하는 것이 아니라, 알기 위해서 믿는다"라는 말을 한 사람으로도 유명합니다.

또한 신은 본질상 선한 존재자인데, 존재의 측면에서 악하다는 것 또한 있을 수가 없다는 말입니다. 물론 신이 본질상 악하다는 것도 성립할 수 없습니다. 그렇다면 신이 아니기 때문이며 신으로 지칭을 할 수도 없기 때문입니다. 또 본질상으로 가능한 것이 존재상으로는 불가능할 수도 없습니다. 그 역도 마찬가지입니다.

신 안에서 우연(偶然)은 없다는 말을 살펴보겠습니다. 우연적이라는 말은 필연(必然)적이지 않다는 말입니다. 필연적이라는 말은 원인(遠因)과 결과(結果)가 정해져 있으며 결정(決定)되어 있다는 말입니다. 그 반대가 우연적이라는 말입니다. 원인과 결과 사이에 뚜렷한 인과 관계가 없다는 말입니다. 즉 결정할 수가 없다는 말입니다.

우연성은 변덕스럽고 즉자적(卽自的)입니다. 만약 신이 동일한 사건들을 볼 때 최초에는 슬퍼하다가 이후에는 기뻐할 수는 없습니다. 신이 어제는 선했다가 오늘은 악할 수는 없습니다. 신이 어제는 내게 왼쪽으로 가야만 한다고 지시했다가 다시 오늘은 오른쪽으로 가야만 한다고 지시할 수는 없습니다. 내가 신에게 왜 그렇게 지시했냐고 물어보니 그냥 '기분 내켜서'라고 대답하는 것은 신에게서는 불가능합니다. 이때의 불가능은 신의 본질상의, 본성상의 불가능입니다.

1+1은 반드시 2일 수밖에 없습니다. 1+1이 3이 되는 것은 수의 본성상 불가능합니다. 결코 필연적인 것이 아니며 우연일 뿐입니다. 그러나 수는 그 본성상 필연을 전제합니다. 그래서 만약 신이 1+1을 자의적으로 3으로 만든다면 그 신은 우리가 신으로 부르는 존재자가 아닙니다. 그것은 신의 본성과 모순되기 때문입니다. 그런 우연적 존재자를 우리가 신으로 부를 수는 없습니다. 더구나 신은 곧 진리이기 때문에 결코 오류를 자신의 속성으로 할 수는 없습니다.

아퀴나스는 신은 어떤 유(類)의 탁월성도 결여되어 있지 않다고 말합니다. 달리 말하면 신은 모든 존재자 중에서 최고로 탁월한 존재자입니다. 탁월하다는 것은 우등하다는 말입니다. 모든 존재자 중에서 가장 탁월하니 신은 우리가 사유할 수 있는 한 가장 완전한 존재자입니다. 우리가 생각할 수 있는 한, 사유하고 상상할 수 있는 한 가장 완전한 존재자가 곧 신입니다.

신은 지적(知的)입니다. 신은 정신적인 존재자입니다. 그러나 신이 육체적인 존재자일 수는 없습니다. 육체는 변덕스럽게 변화하며, 사물을 욕망하고, 탐욕을 생산하기 때문입니다. 육체는 우연적이며, 사라지는 것들을 갈구하고, 자기를 파괴할 욕망을 사랑하기 때문입니다. 육체는 결국 사멸해야 할 운명에서 벗어날 수 없습니다.

육체는 유한성을 내포합니다. 또한 육체는 물질들로 구성되어 있습니다. 물질은 사멸하는 존재자이며 유한합니다. 아예 중세에는 물질을 선의 반대편에 존재하는 것으로 보았습니다. 따라서 신이 이러한 유한함으로 자기를 구성할 수는 없습니다. 존재상 불가능합니다. 신은 유한성이 아니라 무한성 중의 무한성이기 때문입니다.

신은 지성적이므로, 논리적이고 따라서 이성적입니다. 그래서 신의 이성적 활동은 신의 본질이라고 할 수 있습니다. 신의 지적 활동은 신의 본질로 구현이 됩니다. 그래서 논리적 · 이성적으로 결론이 나는 일을 신이 그것과는 다르게 결론을 내릴 수는 없습니다. 이성에 대치되는 감성적이고 비논리적인 사유를 신은 수행할 수가 없습니다. 논리적인 결론을 거부한다는 것은 원인과 결과의 연쇄를 벗어난다는 말입니다. 그것은 자의적(恣意的)이란 말이고 우연적이라는 말과 연결됩니다. 이는 신이 변덕스럽다는 말과도 같습니다.

신은 자신의 본질에 의해 이해되고 자신을 완벽하게 이해합니다. 본질이란 무엇입니까? 고유하게 지니고 있는 근본 성질입니다. 하나의 사물을 그 사물로 존재하게 하는 것이 바로 본질입니다. 그렇다면 신의 본질은 무엇입니까? 신이 신으로 불리는 이유는 무엇입니까? 바로 위에서 언급한 모든 것들입니다. 신은 이성적이며, 선하고, 필연적입니다. 능동적이며 절대적입니다.

근대인 17세기는 신에 관해 사유했던 시대입니다. 그러나 근대인 17세기의 신은 중세의 신이 아닙니다. 절대자이자 완전자로서 신은 위치합니다. 완전함에 대한 갈구, 세계의 기초(基體)로 자리한 신에 대한 추구, 존재의 본질로서의 신에 대한 탐구가 17세기를 풍미했습니다. 이 세기는 무엇보다 진정으로 있는 것, 있는 것 중에 있는 것, 존재자 중의 존재자, 변함없이 존재하는 것, 즉 존재론에 천착했던 시대였습니다.

아퀴나스는 다시 논의합니다. 신은 보편자와 일반적 진리를 인식하는가? 아니면 개별 사물만을 인식하는가? 이것이 유명한 중세의 보편론(普遍論, 실재론, 實在論)과 유명론(唯名論, nominalism)의 논쟁입니다. 보편 논쟁(普遍論爭, Universalienstreit)이라고 부릅니다. 중세의 스콜라철학을 지배했던 대표적인 논쟁이라고 볼 수 있습니다. 보편자(普遍者)의 존재에 관해 벌였던 논쟁입니다. 보편자와 개별자(個別者)의 관계에서 개별자를 묶어 내는 추상명사들이 과연 실제로 존재하는지, 그리고 그 둘의 관계는 어떻게 되는지 등에 관해 특히 스콜라 철학자들끼리 이 문제를 가지고 격렬한 논쟁을 벌였습니다. 보편자에서 우리는 플라톤의 이데아로서의 형상을 떠올릴 수도 있습니다.

예를 들어 우리는 인간입니다. 그런데 인간이라 불리는 인간이 구체적으로 어디에 있습니까? 식물이라 칭하는 데 식물이라 불리는 구체적인 식물이 어디에 있습니까? 단지 사람들의 집합, 나무들의 집합을 우리는 인간이나 식물로 묶어서 부를 뿐입니다. 동물이나, 우주 같은 경우도 그렇습니다. 이런 예는 아주 흔합니다. 개별자로서의 '나'인, 정영수라 불리는 구체적인 1명이 있을 뿐이지 인간이라 불리는 종의 이름은 구체적으로는 존재하지 않습니다. 소나무나 장미 같은 구체적인 나무들이 있을 뿐이지 식물이라고 불리는 한 그루의 나무가 있는 것은 물론 아닙니다.

달이 있고 태양이 있을 뿐이지 우주라고 불리는 한 개의 행성이 실제로 존재하는 것은 아닙니다. 특정한 사자나 특정한 고양이 한 마리가 구체적으로 존재할 뿐이지 사자 일반, 고양이 일반, 나아가 동물로 통칭되는 한 마리의 동물이 있는 것은 결코 아닙니다. 이러한 주장들을 유명론이라고 합니다. 유명론은 글자 그대로 보편자들은 단지 이름일 뿐이며, 오로지 개별자만 실제로 존재한다는 주장입니다.

반면에 보편론은 인간이나 식물, 우주 같은 보편적 명사들이 실제로 존재한다는 주장입니다. 그래서 실재론이라고도 합니다. 실재한다는 말은 존재한다는, 있다는 말입니다. 실제로 있다, 최소한 있는 것으로 봐야 한다는 말입니다. 만약 개별자들만 존재한다고 하면 우리는 인간을 말할 수가 없습니다. 여기 영수하고 영희가 있습니다. 이 둘은 성별도, 얼굴도, 키도, 성격도, 기질도, 말씨도 다릅니다. 그래서 이 둘을 묶어 줄 수 있는 인간이라는 상위 개념이 존재해야만 이 둘에게 법률이 적용되고 예의가 적용되고 교육을 시킬 수가 있습니다. 둘을 묶어주는 공통 범주는 인간이라는 보편자입니다. 인간이라는 공통의 보편자가 없으면 수많은 난점들이 초래됩니다.

하위의 개별자들을 비교할 수도 없습니다. 공통의 범주가 없다면 이 개별자들을 묶어서 비교할 수 있는 표준이 사라지게 됩니다. 개별자들을 묶어서 말할 수 있는 언어의 범주가 사라집니다. 개별자들은 각자 제각각이게 됩니다.

그렇다면 아퀴나스는 이에 대해서 어떻게 얘기했을까요? 신은 개별 사물을 인식하는지, 아니면 보편자와 일반적 진리만을 인식하는지에 관해 말입니다. 위에서 언급한 보편론과 유명론의 논쟁을 떠올리면서 아퀴나스의 말을 살펴보겠습니다. 신은 개별자, 개별적 사물까지 인식하느냐 아니면 그들이 속한 인간이라는 상위의 보편자만 인식하느냐에 관한 물음입니다.

아퀴나스는 이 문제를 다음과 같이 정리합니다. 신은 개체들의 원인으로서 개체들을 안다고 말합니다. 신은 제작자가 어떤 것을 만들 때 그렇듯, 아직 실존하지 않는 사물을 안다고 말입니다. 제작자가 작품을 만들 때 제작자는 아직 작품을 실현하지는 않았을지라도 그의 정신에는 이미 완성된 작품이 예비되고 있습니다. 마찬가지로 신이 사물을 아직 만들지 않았더라도 신의 계획에 사물은 이미 있습니다.

플라톤 철학을 설명할 때 얘기했습니다. 『티마이오스』에서 데미우르고스라는 공작 신을 플라톤이 얘기합니다. 데미우르고스는 이미 존재하고 있는 질료들을 가지고 공작물을 만듭니다. 데미우르고스가 참고로 하는 도표는 이데아입니다. 즉 이데아를 보면서 공작물을 만드는 것입니다. 이데아는 형상입니다. 아퀴나스의 말은 플라톤의 이 말과 비슷하게 들립니다.

사물을 만들 때 아직 실존하지 않는 사물을 이미 정신에 계획으로 가지고 있다는 것이며 이것은 미리 안다는 말과 다른 것이 아님니다. 신이 그렇다는 말입니다. 신이 미래에 발생할 일을 이미 아는 까닭은 시간 내의 사물을 마치 현재에 있는 것처럼 보고 있으므로 가능합니다. 신은 시간에 국한되어 있지 않은, 시간을 초월한 존재 자이기 때문입니다. 시간은 변화를 내포합니다. 변화란 사멸을 내포 합니다. 물론 탄생도 내포합니다. 그래서 시간은 죽음과 탄생을 이미 함의하고 있습니다.

항구적인 것, 영원한 것은 시간 내의 존재자에서는 불가능합니다. 시간에서 영원하다는, 시간에서 죽지 않는다는 말은 모순입니다. 시간 내에서는 진리가 없다고 말을 할 수는 있습니다. 만약 진리가 영원에 속한 부분이라면 말입니다. 양보해서 진리가 시간에 처할 수는 있겠 지만, 그 시간의 변화에 진리도 변한다면 그것은 이미 진리가 아닙니 다. 시간을 견디면서, 혹은 시간을 초월하여 지속적으로 어느 시간 혹 은 어느 시대에서든 살아있어야 하는 것이 진리의 운명입니다.

그렇다면 당연히 신은 시간의 한계에 놓여있지 않을 것입니다. 만 약 신에게 환희와 기쁨, 사랑이 있다고 한다면, 만약 그것이 인간적 인 정욕과 비슷한 것이라고 한다면 그것이 도대체 가능한 일일까 요? 불가능합니다. 신은 아무것도 미워하지 않고 관조적이며 능동 적인 덕을 소유합니다. 아무것도 미워하지 않으니 신에게서는 인간 적인 정욕은 존재하지 않는다는 말입니다. 신은 늘 행복하고 신이라 는 말은 행복 자체라고 아퀴나스는 말합니다. 그러나 신의 행복은 인간들이 지니는 행복의 느낌과는 다릅니다. 인간들의 행복감 기저 에는 정욕의 만족이 자리하고 있습니다. 인간의 행복에는 탐욕이 전 제됩니다. 욕망의 만족이 인간의 일반적인 행복입니다. 그러나 정욕을 소유하지 않은 신의 행복감은 다른 차원의 것입니다. 단지 인간이 자신들의 행복이란 단어로 신의 행복을 표현할 뿐이지 인간의 행복과 신의 행복은 서로 다릅니다. 물속의 물고기와 천궁도 물고기자리의 물고기가 서로 완전히 다르듯 말입니다.

근대의 스피노자(Baruch Spinoza, 1632~1675)는 인간의 신에 대한 관조를 지극한 행복, 즉 지복(至福, beatitude)으로 표현하였습니다. 스피노자에게서 행복은 신에 대한 지적 사랑에 있습니다. 아퀴나스도 신이 갖는 기쁨은 인간적인 정욕과는 다르다고 스피노자와 같이 말을 하는 것입니다. 이것은 인간적인 관점으로 바라보는 행복이 아닙니다.

또한 신에게 불가능이란 존재합니까? 불가능은 신이라는 개념의 본질상 존재하지 않습니다. 불가능이란 한계를 가지고 있다는 말입니다. 이 말은 한계의 밖에서는 무능력하다는 말입니다. 그러나 이것은 신의 본성상 모순입니다. 이미 전능자(全能者)를 우리는 신이라고 칭하기 때문입니다. 불가능한 무엇이 있는 한, 행하지 못할 무엇이 있는 한 그것은 신의 개념과 모순됩니다.

그렇다면 신은 악을 행할 수 없으므로 무능력한 것 아닐까요? 아우구스티누스에 의하면 악은 결핍이지 적극적인 어떤 것이 아닙니다. 따라서 이러한 관점에서의 신은 악을 선택해서 행할 수 없는 것이 아니라 그 본성상 결핍으로서의 악을 행할 수는 없는 것입니다. 악을 행하는 것이 불가능하다는 말이 신이 적어도 악에 관해서는 무능력하다는 말이 아닙니다. 악은 선의 결핍에 불과하고, 선에 비해 열등하므로, 열등한 악을 행할 이유가 우등한 신에게는 전혀 없습니다.

아퀴나스는 신은 물체일 수 없고, 자신을 변화시킬 수 없다고 말합니다. 물체일 수 없다는 것은 아까 설명했습니다. 물체는 분할되지만 신 자체는 분할될 수가 없습니다. 또한 시간을 초월한 존재자이기 때문에 신은 그 자신을 변화시킬 수 없습니다. 또한 신은 실패할 수 없습니다. 실패한다면 신이 아닙니다. 당연한 얘기입니다.

지루해하거나 후회할 수도 없으며, 화를 내거나 슬퍼할 수도 없습니다. 지루하거나 후회한다는 것은 시간에 처한 존재자만이 가능한 것들입니다. 후회한다는 것은 과거의 행위를 잘못했다고 반성하는 것입니다. 과거를 오류로 생각한다는 말입니다. 이것은 완전한 신에게서는 불가능한 말이며 모순입니다. 화를 내거나 슬퍼한다는 것은 감정에 기반을 둔 것입니다. 신은 감성의 한계에 국한되지 않으며 완전한 정신이므로 이는 신과는 어울리지 않습니다. 신은 인간이 아니므로 누구한테 화를 내거나 무엇 때문에 애탄(哀歎)해하지 않습니다.

신은 인간들처럼 과오를 일으키거나 자기의 한계 밖에서 일어나는 사건들 때문에 슬퍼하지 않습니다. 그렇지만 인간들은 무수히 과오를 일으키고, 타자들 혹은 사물이나 사건이 자기의 뜻대로 흘러가지 않기 때문에 애탄하고 비탄합니다. 신이 이렇게 유한한 세상과 그 규칙에 얽매인 존재자라면 그는 이미 개념상의 신이 아닙니다. 세계는 신의 뜻대로 움직여지는 대상입니다. 혹은 신이 내재하여 같이 움직입니다.

마찬가지로 아퀴나스는 신은 영혼이 없는 인간을 만들 수도 없다고 주장합니다. 즉 이성이 없는 인간을 만들 수가 없습니다. 왜냐하면 이 경우 이성이나 영혼이 없는 인간이라면 이미 그 존재자는 인간일 수가 없으며, 신이 만든 피조물인 인간이 개념상의 인간에 부합하지 않게 되어 불가능한 일이 되기 때문입니다. 마찬가지로 신은 삼각형 내각의 합이 180도가 되지 않도록 만들 수도 없습니다. 삼각형 내각의 합은 180도이며 이것은 필연이며 영원한 진리입니다. 예외를 허용하지 않는 필연적 진리입니다. 만약 내각의 합이 90도이거나 360도라면 이것은 이미 삼각형이 아니게 됩니다. 삼각형의 본성으로 그렇게 존재할 수는 없습니다. 우연에 사는 신은 개념상 불가능합니다. 신은 과거를 되돌릴 수도 없으며, 죄를 저지를 수도 없습니다. 신이 과거를 되돌리고 싶어 하고 후회한 나머지 그 과거를 다시 만든다는 것은 불가능합니다. 이것 또한 신이라는 개념상 모순입니다.

기독교의 신은 보편신입니다. 기독교의 십계명이 있습니다. 구약의 계명이 6개이고 신약의 계명이 4개입니다. 그 첫 계명은 '너는 나이외에는 다른 신들을 네게 두지 말라'입니다. 이는 가톨릭, 동방 정교회 모두 마찬가지입니다. 그 첫 계명은 유일한 신은 오로지 야훼인 것을 명시하고 있습니다. 엄밀히 말하면 기독교의 신 외에 다른 신은 존재 불가능합니다. 보편 신만이 신이라 불릴 수가 있으니까요. 이 보편 신이 자신을 존재하지 않게 한다는 것은 모순입니다. 신의 완전성에는 이미 현존이 포함되어 있기 때문입니다. 이것은 존재론적 증명의 일환입니다. 현존하지 않는 것은 결핍입니다. 무는 존재에 비해 열등합니다. 따라서 전능한 신이 스스로 무로 변한다는 것은 열등한 것이며 결핍입니다. 그래서 신은 존재를 그 본성으로할 수밖에 없습니다. 이 말들이 어려운 말 같지만 신에 대해서 곰곰이 생각해보면 당연히 도출되는 결론입니다. 인간의 궁극적인 행복은 신에 대한 관조라고 말합니다. 도미니코 수도사였던 아퀴나스는 이렇게 생각했을 만합니다. 도미니코 수도회는 스토아 철학의 영향을 받아 관조를 높게 평가했기 때문입니다.

서양철학의 역사에서도 전통적으로 관조의 위치는 높습니다. 고대 철학자 피타고라스가 말한 유명한 '경기장의 비유'가 있습니다. 인생을 경기장 내의 사람들에 비유한 얘기입니다. 피타고라스에 의하면 경기장 내에는 세 종류의 사람들이 있습니다. 첫째는 뛰는 선수, 둘째가 그 경기장 내에서 돌아다니며 먹을 것을 파는 사람들, 오징어 등 먹거리를 파는 상인이라고 하면 되겠네요. 셋째는 경기를 지켜보는 관객입니다. 피타고라스는 이 세 가지 부류 중에서 가장 좋거나 나은 삶은 관객의 삶이라 말합니다. 관객은 관조합니다. 사태와 사건으로부터 동떨어져서 평정심과 객관성을 가지고 관찰합니다. 상인은 특정한 기회를 이용해서 자기의 이익을 취하는 부류입니다. 이 부류가 최하의 부류입니다. 운동선수는 승리를 위해, 고군분투하며 노력합니다. 이 부류는 두 번째에 속합니다. 상식적으로 볼 때 운동선수의 삶이 제일 고등의 삶으로 보일 듯도 한데, 서양의 전통적 정신은 관조를 훨씬 우등하게 간주합니다. 타자를 이용해서 자기의 이익을 취하는 것은 지금도 그렇지만 최하로 떨어집니다. 비유이니 다른 오해는 하지 마시기 바랍니다.

스토아학파의 철학도 비슷합니다. 앞서 언급했었죠? 최상의 행복은 아타락시아이며 그 행복을 얻는 삶의 자세는 관조, 즉 아파테이아에 있습니다. 이런 서양 정신의 전통이 그대로 이어져 내려오는 것입니다. 지금 아퀴나스에도 그러한 사상이 보입니다. 이런 사고는 이미 아우구스티누스도 가지고 있었습니다. 특히 중세시대에는 이런 식의 사고들이 강하게 나타납니다.

아퀴나스는 계속 얘기합니다. 신을 아는 세 가지 길이 있습니다. 첫째는 이성입니다. 철학이라고 말할 수도 있습니다. 둘째는 계시입니다. 이것은 종교라고 말할 수 있습니다. 물론 기독교입니다. 세 번째는 계시로 미리 알려진 중요한 것을 직관한다고 합니다. 직관함으로써 알게 된다는 말입니다. 세 번째의 말은 좀 모호하다고 버트런드 러셀도 지적합니다.

설명하자면 직관(intuition)은 감성에도 있고, 이성에도 있습니다. 감성적 직관이 있는 반면, 이성적 직관도 있습니다. 일반적으로 감성의 상위에 이성을 놓습니다. 철학자에 따라서는 이성의 상위에 직관을 위치시키는 철학자들이 있습니다. 근대 철학은 이성이 최상위의 자리를 차지하고 있습니다. 근대 철학은 대부분 이성주의입니다. 이성이 활짝 개화한 시대가 근대입니다. 직관을 이성의 위에 위치시키는 대표적인 근대 철학자가 스피노자입니다. 내일 지구가 망하더라도 오늘 사과나무 한 그루를 심겠다고 일반적으로 얘기되는 철학자입니다. 그러나 이 말은 스피노자가 한 말이 아닙니다. 이 부분은 나중에 하권에서 스피노자 철학을 설명할 때 말씀을 해드리겠습니다.

아퀴나스 철학은 일반적으로 아리스토텔레스의 철학과 일치합니다. 아리스토텔레스의 철학을 기독교의 교리에 맞게 개조한 작업이 아퀴나스의 독창성이라고 얘기합니다. 아우구스티누스 이후로 플라톤 철학이 기독교의 교리와 접합이 되어있었는데 여기에 더하여 아퀴나스가 기독교의 교리에 아리스토텔레스의 사상을 직접 끌어들인 것입니다. 물론 당시 중동지방에서 보존되어있던 아리스토텔레스의 철학 전부가 수입되는 것은 아닙니다. 일부라고 보아야 합니다.

동로마제국의 멸망 이전에는 그리스철학, 특히 플라톤과 아리스토텔레스의 철학은 중동지방에서 보존이 되고 있었습니다. 기독교의 사상적 경직성과 폐쇄성이 물론 그 첫 번째 이유일 것입니다. 동로마제국의 지식인들이 새로운 발칸 반도의 주인이 된 무슬림의 아랍 문명에 예속되게 됩니다. 물론 지식인들 중 상당수는 유럽으로 이전하여 이탈리아에서 르네상스가 발현하는 것에 큰 도움을 줍니다. 당시의 아랍은 서구의 기독교권보다 더 개방적이었고, 학문적으로도 더 활발한 활동이 이루어진 지역입니다. 고대의 그리스 철학은 아랍 문명에서 그 내용을 보존하게 됩니다.

플라톤 철학은 아우구스티누스에 의해서 수용이 되고, 아리스토텔레스의 철학은 대략 900여 년 뒤에 아퀴나스로 인해 본격적으로 수용이 되는 것입니다. 아퀴나스의 스승은 알베르투스 마그누스(Albertus Magnus, 1193~1280)라는 철학자입니다. 아퀴나스와 함께 스콜라철학을 완성했다고 평가받습니다. 이 철학자는 아리스토텔레스의 철학을 공부한 사람입니다. 마그누스도 역시 수도사였습니다.

중세에는 최초의 대학 형태가 있었습니다. 볼로냐 대학(Università di Bologna, 1088 설립) 등이 최초의 대학으로서 예시가 됩니다. 이때 대학에서 가르치는 학문은 대략 세 가지입니다. 신학 혹은 철학, 의학, 법학입니다. 중세에 전문적이라고 칭해지는 학문입니다. 따라서 신학자 혹은 철학자, 의학자, 법학자가 최초의 전문적(professional) 직업으로서 인정되는 시대입니다.

지금 존재하는 수많은 직업들은 중세에는 아직 그 분화가 미미한 형태였습니다. 농사를 지으면서 가죽업도 하고, 목축도 하고 그렇게 혼재된 시대였습니다. 예를 들어 거리의 쓰레기와 분뇨를 치우는 사람, 새벽에 우유를 파는 사람, 밤에 야식을 파는 사람 등… 이런 사람들에게 일종의 자격증과 면허들을 영주나 도시의 시장이 발급해주기 시작한 시대가 중세입니다. 직업들이 생기고 분화하며, 다시 그것을 공적(公的)으로 인정해주는 시대가 시작한 것입니다.

철학과 의학, 신학이 전문적인 학문으로 인정받았다는 것은 그 이외의 학문은 아직 충분히 발달하지 않았다는 말도 됩니다. 중세를 암흑기라고 부르는 이유 중의 하나입니다. 종교의 득세가 막강하므로, 종교적 해석이나 교리에 반대할 수 있는 자연 과학의 발달들은 억압받고 경원시됩니다. 중세사회에서 이런 학문은 인정되지 않고 소외됩니다.

그렇다면 이 세 가지 학문은 왜 중요하다고 당대에도 평가를 받았을까요? 법학은 인간의 생활을 다룹니다. 인간 생활의 규범과 상호 관계에서의 규칙을 다룹니다. 의학은 인간의 신체를 다룹니다. 육체의 병을 고치고 건강을 유지하는 기술입니다. 그러나 당대의 의술 수준을 지금의 의학 수준에 견주어서는 안됩니다. 제가 중세의 의학과 의료 기술의 수준에 대해 이전에 언급한 적이 있습니다. 의술 역시 근대에 들어오면서 비로소 비약적으로 발전하게 됩니다.

현대에도 의사들은 인정받는 계층입니다. 기본적으로 인간들의 건강과 생명을 유지하는 기술에 관한 종사자들이니 의사들이 홀대를 받았던 시대는 동서양 모두 찾기 힘듭니다. 성리학이 점령해있던 조선 시대에도 의사들은 아무리 못해도 중인 정도의 위치를 차지했습니다. 철학 혹은 신학은 인간의 정신과 영혼을 다룹니다. 종교란 거의 인간의 탄생과 함께 시작하는 제도이자 현상이라 시대를 막론하고 인간의 삶에 절대적인 영향을 끼쳤습니다. 지금도 종교의 영향은 개인에게든 사회에든 무시할 수 없습니다.

근대 자유 사상의 핵심에는 종교와 사상의 자유가 절대적인데, 이 사상의 자유 또한 종교의 자유를 확보하려는 투쟁에서 연원한 것입니다. 신대륙인 미국의 개척자인 청교도(淸敎徒, Puritans) 즉 프로테스탄트(Protestant)들은 종교의 자유를 찾아 메이플라워호(Mayflower 號)를 타고 미국으로 건너간 사람들입니다. 프로테스탄트라는 말은 '저항하다'라는 말입니다. 요약하면 중세에서 철학 혹은 신학은 인간의 정신에 대한 치유, 의학은 인간의 육체에 대한 치유, 법학은 인간의 관계에 대한 치유라고 말할 수 있습니다.

아퀴나스의 스승인 알베르투스 마그누스는 낮에는 대학에서 강의를 했습니다. 중세시대의 사상적 엄격성은 자유롭게 공공연히 아리스토텔레스 철학을 언급할 분위기가 아니었습니다. 이른바 공인된 스콜라철학만을 가르쳤을 것입니다. 아리스토텔레스의 철학은 여전히 사회적으로 이단시 되었습니다. 마그누스는 대학에서 강의를 마친 후 거처인 수도원으로 갑니다. 이 수도원에서 그는 다시 아리스토텔레스의 철학을 연구하고 강의합니다. 은밀하게 가르치는 것이지요. 여기서 스승인 마그누스에게 아퀴나스가 아리스토텔레스의 철학을 전수 받게 됩니다.

근대 철학

제6장

서양의 근대와 근대 철학자들

본격적으로 근대 철학을 소개하기 전에 서양의 근대 철학자들을 개괄적으로 먼저 살펴보겠습니다. 서양의 근대 철학자 중에는 이성 주의자들도 있고 비이성주의자들도 있습니다. 이 장에서는 개괄적으로 서양의 근대 철학과 철학자들을 살펴보겠습니다. 하권에서 설명하지 않는 철학자들을 우선해서 다룰 것입니다.

이성주의는 영어로 Rationalism입니다. ratio는 비율이나 계산이란 말입니다. 비율이나 계산을 따질 때는 이성으로 수행합니다. 주로 유럽 대륙에서 발달합니다. 그래서 대륙 이성주의 또는 대륙 합리론이라고도 합니다. 경험론은 Empiricalism입니다. 주로 영국에서 발달합니다. 그래서 영국 경험론 또는 경험주의라고 합니다. 영국이나 옆 나라 일본만 보아도 섬인 국가의 발전들이 좀 특이합니다. 문화적, 사상적 풍토도 섬이라 그런지 내륙에 위치한 나라들과는 좀 다릅니다.

종교도 그렇고, 법률도 마찬가지입니다. 영국은 불문법(不文法)이며 판례법(判例法) 국가입니다. 대륙법(大陸法)은 성문법(成文法)입니다. 대륙법과 영미법은 서로 다릅니다. 영미는 판례, 즉 구체적인 사건들의 발생과 그 사건에 대한 개별적 재판을 중시합니다. 반면 대륙은 성문법이라 법전에 규정된 내용을 현실에 적용합니다. 영미는 법전에 규정된 내용 자체가 사건들에 관한 판결의 누적이었던 것이고, 대륙은 일반적 규칙으로서의 법전을 만들어놓고 사례들에 법을 적용하여 판결하는 방향이었습니다. 유럽 대륙의 이성 위주의 사고방식과 섬인 영국의 경험 위주의 사고방식이 대별됩니다.

영국의 프로테스탄트들이 건너가서 건국한 미국도 수정 헌법 체제입니다. 기존의 조문은 그대로 놓고 계속 부가시켜 나가는 방식입니다. 반면 대한민국은 대륙법 체제인지라 헌법 자체를 뜯어고칩니다. 제1공화국 헌법, 제2공화국 헌법… 지금은 제7공화국 헌법입니다. 1987년 개정된 헌법이 여전히 적용되고 있습니다. 1948년 7월 17일이 제1공화국에 적용되는 헌법이 최초로 제정된 제헌 헌법의 날입니다. 즉 제헌절입니다. 미국은 수정된 조항이 몇 조, 몇 조 해서 지속적으로, 헌법에 부가적으로 붙습니다. 그래서 예를 들어 100년 전의 조항이 현대의 헌법에 여전히 표기되어 있기도 합니다.

영국 경험론의 유명한 근대 철학자에는 로크(John Locke, 1632~1704), 버클리(George Berkeley, 1685~1753), 흄(David Hume, 1711~1776) 등이 있습니다. 또 윤리적 공리주의자로서 제러미 벤담(Jeremy Bentham, 1748~1832)과 존 스튜어트 밀(John Stuart Mill, 1806~1873) 등이 유명합니다.

칸트 　　스피노자 　　루소 　　벤담

로크 　　밀 　　홉스 　　베이컨

니체 　　데카르트 　　쇼펜하우어 　　흄

버클리 　　베르그손 　　라이프니츠 　　헤겔

여기 제가 보여드리는 인물들을 보시면 프랜시스 베이컨이 보입니다. 데카르트, 스피노자, 라이프니츠, 로크, 버클리, 흄, 루소(Jean-Jacques Rousseau, 1712~1778)도 등장합니다. 또 칸트(Immanuel Kant, 1724~1804)가 보입니다. 헤겔(Georg Wilhelm Friedrich Hegel, 1770~1831), 니체(Friedrich Wilhelm Nietzsche, 1844~1900), 쇼펜하우어(Arthur Schopenhauer, 1788~1860), 베르그손(Henri-Louis Bergson, 1859~1941), 벤담, 홉스(Thomas Hobbes, 1588~1679) 등이 또한 보입니다.

근대에는 과학이 본격적으로 발달하는 시대입니다. 보통 세계에 대해 경험적이고 과학적인 탐구를 수행하는 분야를 그 이전은 물론 근대까지도 자연철학이라고 칭합니다. 따라서 근대는 자연철학으로서의 과학의 분과들이 급속히 발달을 하는 시대입니다. 우리가 익히 아는 케플러(Johannes Kepler, 1571~1630)나 코페르니쿠스(Nicolaus Copernicus, 1473~1543)도 이때 등장합니다. 근대에는 과학 이론뿐 아니라 실용 과학도 발달합니다. 갈릴레오(Galileo Galilei, 1564~1642)나 레오나르도 다빈치(Leonardo di ser Piero da Vinci, 1452~1519)도 이때 등장을 합니다. 실용 과학의 영역이 급속히 확장이 됩니다. 실용 과학이라 함은 과학이론, 즉 이론과학과 대비되는 말로 실제로 활용되는 도움으로서의 학문과 기술들이 등장을 하는 것입니다. 응용 과학이라고도 부를 수 있습니다. 고대 그리스철학에서는 이러한 기술로서의 덕을 테크네(techne)라고 불렀습니다. 필요한 것을 만들어내는 능력이 테크네입니다. 따라서 실용 과학의 발달로 인해 실천적 유용성이 아주 빠르게 확장합니다.

케플러는 태양계의 행성이 태양을 중심으로 타원형의 운동을 한다고 주장합니다. 케플러의 행성 운동 법칙(行星運動法則, laws of planetary motion)이라고 부릅니다. 플라톤 이래 서양에서는 우주의 행성은 원형 운동을 한다고 간주했습니다. 케플러도 플라톤주의자였습니다. 원형은 완전함입니다. 반면 타원형은 불완전함입니다. 그래서 신의 피조물이자 혹자에게서는 신으로까지 간주되는 우주가 절대로 불완전한 운동을 할 리는 없다고 당시의 지식인들은 생각했습니다. 그러나 케플러는 태양계의 행성이 원형 운동을 한다는 지극히 상식적인 가정을 포기하고 타원형 운동을 할 것이라고 추론합니다.

케플러의 스승이였던 티코 브라헤(Tycho Brahe, 1546~1601)는 당시 새롭게 도전하는 지동설에 대응하여 천동설을 옹호하려 방대한 천문 관측 자료를 수집했었습니다. 그는 맨 눈으로 천체를 관측하고 그 데이터를 집적시켜 놓은 인물입니다. 그런데 역설적이게도 이 천문 관측 자료들이 케플러 등을 비롯한 새로운 주장을 하는 천문학자들의 이론에 많은 도움이 됩니다. 코페르니쿠스 이전에 서양을 지배했던 프톨레마이오스의 천동설은 관찰한 자료에 기반을 둔 이론이 아니라 순전한 머릿속의 이론적 가정에 불과했었습니다. 그런데 이러한 가정이 천문학에서도 근대까지 효력을 미치게 됩니다.

행성이 완전 운동을 당연히 할 것이라는 가정은 플라톤과 아리스토텔레스 철학의 영향을 그대로 보여줍니다. 근대는 이렇게 단순한 가정들에 대한 반박의 역사로 탄생하고 발전한 시대입니다. 피사의 사탑(Torre di Pisa)에서 갈릴레이가 실험을 합니다. 실제로는 갈릴레이는 사고만으로 실험하였고, 그를 지지하는 사람이 피사의 사탑에서 실험을 하였다고 합니다. 물체의 낙하에 관한 실험인데 무거운 물체와 가벼운 물체를 동일한 높이에서 떨어뜨리면 무거운 물체가 먼저 떨어진다는 통념을 갈릴레이가 반박하여 바꾼 실험입니다. 실제로는 무거운 물체가 가벼운 물체와 동시에 떨어집니다. 이렇듯 갈릴레이 이전의 사고는 전형적으로 아리스토텔레스의 사상과 이론을 반영하고 있습니다. 아리스토텔레스의 영향이 중세 전반을, 특히 자연철학의 영역에서는 확고하게 지배하고 있는 것을 보여주는 것입니다.

케플러는 갈릴레이와 거의 동시대 인물입니다. 갈릴레이의 약간 이전 사람입니다. 두 사람은 상대방을 서로 잘 알고 있었습니다. 논문을 가지고 서로 다투기도 합니다. 갈릴레이는 망원경을 최초로 발명합니다. 그렇지만 이 망원경이 지금의 허블 우주 망원경처럼 천체를 넓게 관찰할 수 있는 망원경은 아닙니다. 갈릴레이가 발명한 망원경은 굴절 망원경입니다. 이것으로 그는 최초로 천체를 관찰하였다고 합니다.

태양계 행성들의 운동이 실제로는 타원형의 운동을 해야만 태양계 천체가 쉽게 이론적으로 설명이 된다는 것이 케플러의 발상이었습니다. 그러나 실제로 케플러가 관찰을 해서 행성들이 타원형의 회전 운동을 한다고 설명하는 것이 아닙니다. 티코브라헤의 후임으로 천문대 관장에 부임하게 되어서 전임의 많은 관측자료들을 분석할 수 있는 행운을 케플러가 누렸기 때문입니다. 코페르니쿠스 또한 마찬가지로 관찰을 해서 지동설을 주장하는 것이 아닙니다. 머릿속에서 이론적으로 가장 간단하고 단순한 설명을 채택하는 것입니다. 이것들 모두를 우리는 그들이 이성적으로 사고하고 추론하였다고 말할 수 있습니다.

중세의 우주관과 천문학을 지배했던 프톨레마이오스의 관점으로 천체의 운동을 설명하면 우주 내의 천체는 지나치게 복잡한 운동을 하게 됩니다. 지구는 자전(自轉)을 하고 공전(公轉)을 합니다. 그런데 코페르니쿠스의 가설대로 하면 지구는 스스로 자전하면서 태양의 주위를 공전하기만 하면 되는데, 프톨레마이오스의 가설에 의하면 태양이 아닌 지구가 태양계의 중심으로 위치함에 따라 금성과 화성 등의 불규칙한 위치 변화를 설명하기 위해서 태양계 내의 행성들이 복잡한 궤도를 그려내면서 운동을 합니다. 반면 코페르니쿠스의 지동설은 태양계 행성들의 움직임을 아주 단순하고 간단하게 설명합니다. 훨씬 명료해지기도 하고요.

과학이란 자연을 대상으로 하는 학문입니다. 자연은 우리가 멋대로 머릿속으로 그려내고 상상하는 대상이 아닙니다. 우리가 실제로 경험하고, 우리가 그 안에서 살아가는, 우리를 둘러싼 환경입니다. 그래서 자연을 알기 위해서는 자연을 겪어야만 합니다. 겪는다는 것은 경험한다는 것입니다. 관찰과 실험이 바로 경험의 중요한 일부분입니다. 즉 과학적 탐구에는 경험이 필수적이라는 것들을 우리는 위의 예들로 알 수 있습니다.

이런 기초적인 진리들을 깨달으면서 근대의 자연철학, 즉 과학은 비약적으로 발전합니다. 실험과 관찰은 이렇듯 사유에만 치우치는 편견들을 고쳐내고 그 방향을 교정해 나갑니다. 달리 말하면 이성적인 사고를 더욱 완성한다고 보아도 됩니다. '어떻게 하면 자연을 보다 완전히 파악할까'라는 문제의식은 전통적 이성이 가지고 있던 편견과 선입견에서 벗어나 그 자연을 보다 온전히 알고자 하는 실험과 관찰이라는 이성적 방법을 새로 끄집어내고 활용하였습니다. 그동안 자연에 대해 당연시되었던 쉬운 단정에 기반을 둔 아리스토텔레스의 자연학은 이제 급격히 무너져 내립니다.

근대를 열었던 철학자 데카르트를 표현한 그림을 보면 그가 아리스토텔레스의 책을 발로 밟는 그림이 있습니다. 데카르트 이전까지 고대와 중세 내내 서양을 지배했던 사유가 아리스토텔레스의 철학이었으므로 그리 표현한 것입니다. 비단 철학에만 그의 영향이 국한되었던

연구 중인 데카르트. 오른 발로 밟고 있는 책은 아리스토텔레스의 저서이다.

것은 아닙니다. 이것은 현대에서도 마찬가지입니다. 과학적 실험과 검증으로 아리스토텔레스의 철학을 반박할 수 있는 분야를 제외하면 플라톤과 더불어 아리스토텔레스의 철학이 가지는 영향력은 지금도 계속됩니다.

레오나르도 다빈치는 해부학에도 관심이 있었습니다. 물론 다빈치는 미술의 회화나 조각에도 뛰어났습니다. 근대는 인간의 신체에 대한 새로운 관점과 관심들이 탄생을 하는 시대입니다. 이전의 중세에는 인간의 신체를 표현하는 데도 종교적인 관점과 해석이 동반되었습니다. 회화나 조각들도 주로 성서의 일화, 예수나 성인의 일대기 등이 중심이 되었습니다. 근대가 도래하면서 드디어 신으로부터 인간으로 본격적으로 눈을 돌리는 시대가 도래합니다. 실용 과학의 영역이 전반적으로 확장하면서 이제 현대는 기술 문명의 미래를 고민해야 하는 시대까지 왔습니다. 인공 지능(AI)의 영역 등은 우리 현대인에게 제기하는 문제들이 많습니다. 인간이 제대로 이러한 자율 기계를 통제할 수 있는지 하는 물음들이 그 한 예입니다.

기계들의 발명은 인간 삶의 유용성(有用性, utility)을 확장합니다. 그러나 그 유용성이라는 것이 과연 인간 삶의 본질적인 개선에, 또는 진정으로 인간적인 삶을 고민하는 이들에게 도움이 되는가는 전혀 별개의 문제입니다. 이제 스마트폰 없이는 살 수 없는 세상이 되었습니다. 하루 종일 스마트폰을 보고 SNS로 연락하며 소식을 받습니다. 하루가 나 자신의 시간이 아니라 스마트폰의 시간입니다. 부모님보다, 연인보다 스마트폰이 더 친숙한 이웃입니다. 버스를 타고 가서 만나는 연인의 얼굴보다 SNS의 프로필이나 게시물에 올린 연인의 얼굴이 더 익숙합니다. 심지어 만나거나 전화로 대화하는 것보다는 떨어져서 문자나 카톡으로 대화하는 것이 더 편하다고 하는 젊은이들도 있습니다. 만남의 근원적인 목적이 붕괴되는 것이지요. 이렇게 기술이 발전했다고 해서 그것이 인간에게 유용성을 주는 것처럼 보이지만, 그 유용성이 진정으로 우리에게 유용한가 하는 유용성 자체에 관한 물음을 제기했을 때 그 답은 쉽지 않습니다. 이러한 물음은 철학적 물음입니다. 고대의 소크라테스도 기술, 즉 테크네에 대한 물음들을 제기합니다. 이른바 유용성이 아닌 덕으로서의 기술을 언급하는 것입니다.

근대가 이전의 중세와 차별되는 세 가지의 중요한 사건을 말할 때 먼저 정치적으로는 프랑스 혁명을 말합니다. 경제적으로는 영국의 산업 혁명, 종교적으로는 종교 개혁을 말합니다. 프랑스 혁명은 정치적으로 인간의 보편적 존엄성과 인권의 문제에 대해 피지배층들이 역사적으로 각성하고 지배 구조를 바꾼 사건입니다. 영국의 산업 혁명은 경제적 생산성이 획기적으로 발전한 사건으로서 앞서 언급한 기계 문명이 본격적으로 출발하게 된 계기입니다. 생산성에 관한 이성적 고민과 사려가 그 방법으로 기계를 만들었다고 보아도 될 것입니다. 마지막으로 종교 개혁은 중세를 지배해왔던 기독교의 일원적 사상과 지휘 체계가 붕괴하게 된 사건입니다. 인간은 정신과 육체로 존재하는 자입니다. 따라서 정신의 신념 체계가 바뀌면 활동으로서의 삶의 체계 전반이 바뀌는 것이지요. 또한 경제적, 정치적 변화는 자연스럽게 신념 체계도 변화할 것을 요구하게 됩니다.

종교 개혁은 영어로 Reformation입니다. 소문자 r로 쓰면 개혁이라는 말이지만 대문자 R로 쓰면 종교 개혁이라는 말이 됩니다. 포맷을 다시 짰다는 말입니다. 여기에 덧붙여 기독교권으로서 중세를 지탱해왔던 동로마제국이 멸망하고 무슬림 문명이 서구에 밀고 들어온 것도 근대로의 전환을 가속시킵니다. 이 사건들은 상당한 연차를 두고 서서히 진행됩니다.

이제 중세를 지배해왔던 가톨릭교회의 권위가 서서히 감소하게 됩니다. 중세 내내 내부적으로 오랜 기간의 십자군 전쟁과 지역의 각 제후들의 저항으로 인해서 교황권의 쇠퇴가 서서히 진행되고 있었습니다. 독일의 마르틴 루터, 스위스의 칼뱅과 츠빙글리, 체코의 얀 후스 등이 대표적입니다. 정통 가톨릭의 교회권과 교황권에 대해 종교적 해석을 새롭게 하는 분파들이 등장하게 됩니다. 이들이 마찬가지로 교황권에 저항하려고 하는 지역의 제후나 영주들과 연합하는 것입니다. 지역의 제후나 영주들 또한 신성로마 제국으로 상징되는 황제의 권위에서 벗어나려고 노력하며 저항하고 있었습니다.

영국의 성공회 독립도 같은 맥락입니다. 종교 개혁이라는 사건은 지역의 각 제후나 영주, 왕들의 이권과 이해관계가 얽혀 전개되는 사건입니다. 중세의 혈연을 매개로 한 왕실 세력, 교회와 신앙을 명분으로 한 가톨릭 세력, 그리고 새롭게 뻗어 나오려고 하는 부르주아지(bourgeoisie) 세력들의 정치와 경제, 문화적 이해관계가 상호 얽혀있습니다.

제가 몇 년 전 체코의 프라하(Praha)를 다녀왔었던 적이 있습니다. 종교 개혁가 얀 후스가 지금의 체코의 수도인 프라하에서 활동하였습니다. 이 지역은 예전에는 신성로마 제국의 영토였습니다. 지금도 광장에 얀 후스의 동상이 서 있습니다. 바로 뒤쪽이 시청사입니다. 동상의 앞쪽으로 조금 가보면 유명한 천문 시계가 서 있습니다. 이 시계는 프톨레마이오스의 천동설에 근거해서 만들어진 아주 아름답고 유명한 시계입니다. 수학자와 시계공이 같이 만들었는데 너무나 아름다워서 다시는 이런 아름다운 시계를 만들지 못하게 하기 위해 시계공의 눈을 멀게 했다는 말이 있습니다. 이 시계에는 농부들이 농사를 제때 짓게 하기 위한 절기(節氣)가 표기되어 있고, 그 절기를 시계의 시침이 때가 되면 가리킵니다. 하루에 두 번 12시가 되면 위쪽에서는 예수의 열두 제자들이 차례로 모습을 드러내면서 회전하여 돌아가고 시계의 맨 꼭대기에선 닭이 나와서 웁니다. 닭이 운다는 것은 새로운 시작을 의미합니다. 매일 새벽, 닭이 울듯이 말입니다. 중세 철학에서 설명한 카르페 디엠과 메멘토 모리의 관계와 유사합니다.

당시 신성로마 제국의 영토를 통치하고 있었던 가문은 합스부르크 왕가(Haus Habsburg)였습니다. 신성로마 제국(1273~1292, 1298~1308, 1438~1806)이란 국호는 교황으로부터 수여받은 것입니다. 기독교권을 수호하는 제국으로서의 명예로운 칭호입니다. 엄밀히 말하면 이 당시의 유럽의 황제는 오직 신성로마 제국 황제 1명뿐입니다. 로마가톨릭을 보호한다는 명예로 교황으로부터 수여된 것입니다. 동방 정교회, 즉 러시아, 그리스 정교를 비롯한 정교회는 러시아 황제가 수호합니다. 나중에 프랑스 혁명 이후 나폴레옹이 황제를 자칭하고 교황으로부터 황제의 관을 수여 받습니다(1804). 황제들을 제외한 나머지 국가들은 왕이나 영주로 불립니다. 신성로마 제국의 영토는 광대해서 지금의 프랑스, 독일, 네덜란드, 이탈리아 북부까지 모두 합스부르크 왕가가 통치하는 제국의 관할이었습니다.

이렇듯 교권까지도 보호하는 신성로마 제국의 황제가 가지는 상징적인 의미는 매우 강해서 황제는 세습으로 물려받는 것이 아니라 제후 7명의 선거로 선출되었습니다. 이들을 선제후(選帝侯)라고 부릅니다. 카를 4세의 금인칙서(金印勅書) 이후 인정된 7명의 제후들입니다. 마인츠 대주교, 트리어 대주교, 쾰른 대주교, 보헤미아의 국왕, 팔츠 백작, 작센 공작, 브란덴부르크 변경백, 이 7명의 공개 투표와 다수결의 결정으로 신성로마 제국의 황제가 선출됩니다. 이후 신성로마 제국은 나폴레옹의 침입으로 붕괴합니다.

고대 로마 제국은 기독교가 공인된 이후 황제가 스스로 기독교의 수호자임을 자처했습니다. 특히 동로마제국은 콘스탄티누스 황제가 최초로 기독교를 공인하고, 유스티니아누스 황제는 지금 이스탄불에 있는 아야 소피아 성당(Hagia Sophia)을 건축하기도 합니다. 이때 황제의 칭호 중에는 기독교의 수호자임을 부여하는 칭호들도 있습니다. 이렇게 기독교를 수호하는 의무와 명예를 신성로마 제국이 계승하고 교황으로부터 인정을 받는 것입니다. 로마 제국의 정통성을 물려받은 것이기도 합니다.

황제는 세속적인 지위라 당연히 그 아래의 제후들에게 세금을 걷습니다. 세금을 납부하는 대신 제후들과 그들의 이익을 보호해줘야 하는데 이 시기에는 황제나 교황의 교회가 그들에게 반대급부로서의 보상을 제대로 제공해주지 못했나 봅니다. 이에 제후들의 불만이 커집니다. 민족도 서로 다르고 특별히 잘해주는 것도 없는데 세금만 몽땅 걷어갑니다.

콘스탄스 공의회에서의 얀 후스, 칼 프리드리히 레싱(Karl Friedrich Lessing), 1842.
얀 후스는 이 회의에서 이단자로 정죄받고 콘스탄스에서 1년 후 화형에 처해졌다.

세금은 왕이나 영주들만 거두는 것이 아니고, 교황도 자기 관할 하의 수도원과 교회에 늘 세금을 매기고 걷습니다. 교회의 재산들에 대해서는 세속의 왕은 함부로 간섭하지 못합니다. 이건 지금도 마찬가지인 경우가 많습니다.

프라하 시청사에 온 합스부르크 왕가의 사절이자 세금을 독촉하는 징세관들을 시청사 3층 창문에서 아래로 던져버립니다. 본격적으로 중앙의 황제와 교황의 권력에 저항하는 종교 개혁 세력에 제후 세력이 협조를 하고 적극적으로 가담하는 것입니다.

개혁 세력들은 가톨릭의 교리에 대해서도 저항을 합니다. 특정의 교리가 종교의 문구에 그치는 것이 아니라 그 문구들이 해석되어 일상에 적용이 될 때 그 파급력은 매우 큽니다. 이 해석들은 그러한 해석으로 인해 이익을 얻는 자들에 의해 옹호되고 전파됩니다. 곧 종교 교리가 이데올로기로 변질하는 것입니다.

화형에 처해지는 얀 후스(1415),
카밀 블라디슬라프 무티히(Kamil Vladislav Muttich)

얀 후스는 주로 성체(聖體) 문제로 교황과 대립을 합니다. 중세의
교회에서는 일반 평민은 성서를 해석하는 것은 물론 읽을 수 있는
권한도 없습니다. 성서 자체가 라틴어로 쓰여 있어서 애초에 지식인
들이 아닌 이상 평민들은 읽을 엄두도 못냅니다. 주로 수도사들이나
수도원의 신부들이 지식인층이라고 전에 설명을 했습니다. 오로지
성서를 읽고 해석하고 설교할 권한은 가톨릭의 신부들밖에 없었습
니다. 지금도 가톨릭에서는 마찬가지입니다. 성체 의식은 예수님이
제자들과의 최후의 만찬에서 포도주를 자신의 피로, 설병 떡을 자신
의 육신으로 비유한 것에서 그것을 기념하고자 교회의 의례에서 행
하는 것입니다(누가 22: 19~20). 가톨릭에서는 성체성사(聖體聖

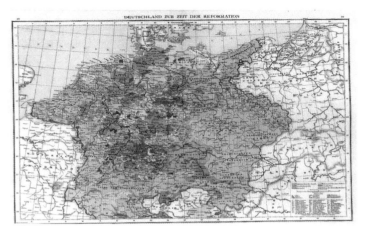

종교개혁 시기 독일 지도

事)라고 합니다. 개신교에서는 포도주와 만나를 일반 신도들에게 줍니다. 중세 교회에서는 이러한 성체로서의 포도주와 만나조차도 일반 신도들은 먹을 권한이 없었습니다. 반드시 고해성사(告解聖事)가 완료된 특별한 신도들만 먹을 수 있었습니다. 여러 쟁점 중에 이런 문제를 가지고 얀 후스는 교황과 대립합니다.

즉 성찬식에서 왜 성체를 평민들은 못 먹게 하고 신부들만 먹을 수 있게 하냐는 것이지요. 이런 교리 해석의 차이들이 지역 제후들의 황제에 대한 반감 등과 결합해서 서로 긴밀한 동맹 관계를 맺게 합니다. 교황권의 위축은 결과적으로 제후들에게 유리해지는 결과를 낳습니다. 달리 말하면 제후들이 교황에 대립할 수 있게 하는 이데올로기를 종교 개혁가들이 제공하는 것입니다.

마르틴 루터는 아주 유명합니다. 당시 교황이 면죄부를 팝니다. 엄밀히 말하면 죄를 면해주는 것이 아니라 죄에 대한 처벌을 면해주는 것이니 면벌부(免罰符)가 맞습니다. 루터가 이를 반박하는 문서를 성문 앞에다 붙입니다. 당시에는 민족으로서의 독일이라는 정체성은 형성되지 않았고 단지 독일 지방의 제후들과 그 영지들로 분할된 상태였습니다. 마르틴 루터는 라틴어로만 쓰여 있던 성서를 독일어로 번역을 합니다. 따라서 독일의 평민들이 어려운 라틴어가 아니라 독일어로 성서를 읽을 수 있게 되는 것입니다. 다른 언어로 성서를 번역한다는 것은 다른 해석들이 충분히 도출될 수 있다는 것을 뜻합니다. 라틴어의 특정한 의미를 독일어에서 합당한 어의를 찾아서 옮기는 것인데 그것은 번역 과정에서 상당한 자의성이 개입될 수 있습니다. 물론 라틴어 성서조차도 고대 히브리어 성서에 대한 하나의 번역이지만 말입니다.

신문에서 이집트의 콥트어(Coptic)로 양피지나 나무판에 쓰인 성서의 사본을 발견했다는 기사를 읽은 적이 있습니다. 최초의 성서가 어떤 언어로 쓰여 있었느냐에 따라 다른 언어로 된 성서는 번역본이라고 볼 수도 있을 것입니다. 루터가 독일어로 번역한 루터판 성서(Luther Bible)는 지금도 발행이 됩니다. 저도 독일어를 공부하려고 예전에 한 권 구입하기도 했었습니다. 루터는 당시의 교황이나 교회가 가지고 있는 종교적 권위에 이처럼 도전합니다. 가톨릭의 사제들에게만 전적으로 주어진 권리와 권한을 거부하고 성서를 읽는 모든 사람이 사제일 수 있다는 만인사제설(萬人司祭說)을 주장합니다. 우리가 배운 중세 철학자 아우구스티누스가 기독교의 핵심 중의 하나를 구원과 은총으로 파악했다고 말했습니다. 마르틴 루터도 이 아우구스티누스의 영향을 받습니다. 그래서 진정한 구원은 가톨릭 사제들의 권한과는 거리 있는, 개인들의 진정한 신앙심과 여기에 부합하는 신의 은총이라고 주장합니다. 벌써 이러한 주장은 교황권과 교회 세력으로부터 신앙인들의 이탈을 합리화하는 함의를 지니고 있습니다. 황제권으로부터 이탈하려는 제후들의 의도와도 맞아 떨어집니다. 당시 루터가 성문에 교황을 반박하는 55개 조의 반박문을 게시했습니다. 이것을 그 성을 관할하는 제후가 교황과 황제의 질책에도 이를 묵인하고 오히려 적극적으로 루터를 보호합니다.

사실 면죄부(免罪符)는 중세시대 교황이 늘 발행해왔던 증서입니다. 800년경 교황 레오 3세가 최초로 발행했다고 합니다. 무슬림 세력이 예루살렘을 비롯한 기독교의 성지를 점령하자 교황은 이를 회복하기 위해 노력합니다. 그래서 십자군 전쟁에 참여하면 범죄자의 형을 면제해줍니다. 그 증서가 바로 면죄부, 면벌부입니다.

당시의 독일어는 지금으로 말하자면 한 지방의 방언입니다. 지방의 사투리 정도입니다. 중세의 공식 언어는 라틴어입니다. 또한 당시는 프랑스 정도가 지금으로 비유하면 선진국이면서 강대국이었습니다. 중세의 왕들은 서로 결혼을 통해 친인척 관계를 맺었고, 그러한 관계로 국가의 정체성을 형성했습니다. 지금처럼 민족적 정체성은 중요하지 않았습니다.

예를 들어 스페인 왕가와 프랑스 왕가, 영국 왕실과 보헤미아 왕실이 서로 사돈으로 묶이면서 두 개로 나누어진 국가가 하나로 합쳐지기도 합니다. 오히려 민족적 단일성보다 중요한 것은 종교적 단일성이었고 왕이나 왕족의 혈연관계상의 정통성이었습니다. 왕가나 왕족의 정통 족보를 중시한 것입니다. 결혼을 통해 특정한 왕족에 부속된 영지와 그 영지에 속한 주민은 자연스럽게 결혼 상대자에게 속했습니다. 이런 점을 보아도 민족의 이해관계보다 왕족의 이해관계가 중요하게 여겨졌던 시대라고 볼 수가 있습니다.

유럽 왕실에서 사용하는 언어도 주로 프랑스어였습니다. 예를 들어 영어는 나중에 프랑스어를 구사 못하는 헨리 5세가 등장하고 나서야 영국의 왕실에서 쓰이게 됩니다. 지금도 돼지고기를 말할 때 고급 요리로서의 돼지고기는 프랑스어에서 유래된 stock을 쓰고 그 외의 일반적 돼지고기는 영어인 pig를 씁니다. 고급스러운 요리를 말할 때도 cuisine이라는 프랑스어를 사용하고, 평범한 요리는 영어로 그냥 food라고 말합니다.

이미 루터의 종교 개혁 이전에 영국의 성공회는 영국 왕의 이혼 문제로 교황권으로부터 독립합니다. 앤 불린(Anne Boleyn)이라는 여성과 결혼하기 위해 영국 왕 헨리 8세가 교황으로부터 영국 교회를 독립시켜 영국의 교회권과 세속권 모두 영국 왕에게 귀속시키게 됩니다. 중세에는 교황의 허락 없이는 이혼이 절대 허락이 되지 않는 시대였습니다. 이혼이 허락되지 않으면 재혼도 할 수 없습니다. 이때는 이혼을 허락하는 것이 아니라 이전의 결혼을 무효로 하는 형식을 취했지만 말입니다. 마찬가지로 결혼도 교황의 허락이 있어야 합니다. 평민들 역시 교회의 공인이 없으면 결혼을 하지 못합니다. 그래서 결혼도, 장례도 오직 교회의 권위로 행합니다. 우리나라에서 전통적인 관혼상제(冠婚喪祭)의 의식이 유교적 권위 아래에서 행해졌던 것과 비슷합니다.

루터의 종교 개혁으로 인해 루터교의 사제들은 이때부터 결혼도 할 수 있게 됩니다. 지금도 그렇지만 천주교의 사제는 결혼을 못합니다. 대신 고해성사를 받을 수 있는 권리를 지닙니다. 개신교의 사제들은 결혼을 하는 대신 고해성사를 받을 권리가 없습니다. 종교개혁으로 인해 농민들도 성서를 읽을 수 있게 되고, 봉건 체제에 강하게 저항을 합니다. 유명한 독일 농민 전쟁(German Peasants' War, 1524~1526)입니다. 영주와 귀족들의 농민들에 대한 수탈이 가혹했고, 그 체제를 합리화하는 사제들의 이념도 형편없었습니다. 일례로 귀족들의 농민에 대한 일반적 수탈은 말할 것도 없고, 십일조도 성서에 규정된 십일조 외로 영주와 귀족들에게도 별도의 십일조를 바쳐야 했습니다. 그들이 슈바벤 농민조합(oberschwäbische Eidgenossenschaft)을 결성하고 귀족들에게 요구한 『12개 조(Zwölf Artikel』(1525)의 규약은 가히 혁명적이었습니다. 농민들의 자치지역으로서 꼬뮨에서는 교회가 독점적으로 가진 성직자의 임명권도 요구합니다. 또한 자신들의 처지에 대한 요구로서 농노의 해방을 요구합니다. 당시 사냥과 어업도 자신들에게 허용할 것을 요구하며, 소작료 인하를 요구하고, 귀족들이 자기들 고유의 것이라 주장하는 숲과 땅을 모든 이들에게 반환할 것을 요구합니다. 농민들은 이 규약에 루터의 협조를 구하나 그는 농민들을 미친개 취급하며 이들을 토벌하는 귀족들의 편에 섭니다. 이로써 루터와 농민 세력은 결별을 고하고, 루터의 제자인 토마스 뮌처(Thomas Münzer, 1489?~1525)만이 그들을 지지합니다. 그 시대의 계급과 의식의 한계를 루터 자신도 아직 완전히 극복하지 못한 것입니다. 훗날 마르크스나 엥겔스(Friedrich Engels, 1820~1895)는 이 독일 농민 항쟁을 최초의 계급투쟁이라고 부르며 높이 평가합니다.

프랑스의 칼뱅은 예정 구원설을 주장합니다. 인간의 자유 의지로 선행을 하면 그 사람은 천국에 가고, 악행만을 저지른 사람은 죽어도 천국에 못가고 지옥에 간다고 펠라기우스주의는 주장합니다. 아우구스티누스는 이에 반박을 하여 전적인 신앙심과 이에 기반을 둔 신의 은총만이 인간의 구원에 절대적이라고 주장합니다. 믿는다면 이해할 수 있다(crede, ut intelligas)고 주장합니다.

칼뱅의 예정 구원설도 이 아우구스티누스의 은총설과 주장하는 바가 유사합니다. 각자의 인간들의 구원은 이미 결정되어 있다고 말합니다. 우리가 구원받을지, 구원받지 못할지는 이미 정해져 있습니다. 우리가 아무리 이 세계에서 우리만의 생각대로 열심히 노력하여 구원의 자격을 갖추었다고 스스로 판단할지라도 그대로 되는 것은 결코 아닙니다. 칼뱅에 의하면 구원은 이미 정해져 있습니다. 구원받을지 구원받지 못할지는 우리는 절대 알지 못합니다. 그런데 이런 칼뱅의 주장이 결국은 자본주의의 발전을 이끕니다.

이 예정 구원설이 부르주아지들의 자본주의적 근면에 자극이 됩니다. 우리는 결코 우리 자신의 구원을 알 수 없으니 구원되었다는 믿음과 소명 의식을 갖고 열심히 일하면 된다고 그들이 생각하게 되는 것입니다. 당시 정치, 경제적으로 새로이 발흥하고 있던 부르주아지들에게 이러한 교의는 그들에게 자기들의 구원에 관한 종교적 확신을 심어줍니다.

근대에는 개인주의(個人主義)와 무정부주의(無政府主義) 등이 출현하면서 자유라는 개념이 등장합니다. 이때의 개인주의란 현대인의 삶의 태도를 지칭하는 개념으로서의 개인주의라고는 말할 수 없습니다. 아직은 미흡하지만 사회와 비교해 개인이라는 자율적 주체로서의 의식이 서서히 등장한 것으로 봐야 할 것입니다. 현대의 우리나라조차도 아직은 완전한 개인의식이 발현되지는 않았다고 저는 봅니다.

근대는 예술과 문학의 인문주의로서의 르네상스가 탄생한 시기이기도 합니다. Renaissance란 re-birth로서 다시 탄생하는 것, 즉 부활(復活)을 말합니다. 그렇다면 무엇을 다시 태어나게 하고, 부활시킨다는 말입니까? 고대 그리스의 정신입니다. 고대 그리스는 우리가 이 책의 초반부에 살펴보았던 소크라테스, 플라톤, 아리스토텔레스, 페리클레스 등의 시대를 말합니다. 중세시대에 고대 그리스의 조각들이 발굴되었던 적이 있습니다. 고대 그리스의 조각품을 보면 아름답고 정교하기 그지 없습니다. 지금의 우리가 보아도 그렇습니다. 예술적 솜씨가 놀랍기 그지없습니다. 중세에 제작되었던 작품들과 비교하면 조각의 섬세함이 이루 말할 수 없이 훌륭하고 아름답습니다.

페리클레스 시대 페이디아스(Phidias)라는 뛰어난 조각가가 있었다고 하는데 그의 작품이 아니더라도 고대 그리스에서 만들어지고 전해지는 작품은 놀랍습니다. 그리스인들은 중세인과 달리 자유롭게 인간을 묘사하고 조각했습니다. 중세와 같은 종교적인 금기가 없었습니다. 개인의 자발적 창의성에 제한을 받지 않았습니다. 상대적으로 중세보다 훨씬 더 자유로운 관점이었습니다. 고대 그리스인들의 발랄한 정신과 인간에 대한 사실적 관찰, 만약 이러한 것들을 인문 정신이라 한다면 이러한 그리스의 인문 정신을 다시 본받고 부활시키자는 운동이 곧 르네상스입니다.

스콜라철학으로 상징되는 풍조, 수도원과 밀실에 갇혀서 현실과 상관없는 고담준론(高談峻論)만 탐구하던 세태에서 빠져나와 새로이 경험과 관찰에 기반을 둔 경험주의, 인간의 감각을 신뢰하는 감각주의, 인간의 합리성을 믿고 이성적 사고에 주안점을 둔 이성주의가 근대에 출현합니다.

언급했듯 이슬람 진영으로부터 서구의 기독교권 문명으로의 진입 통로인 동로마제국의 콘스탄티노플이 함락됩니다. 오스만 제국의 마호메트 2세에 의해서 점령이 됩니다. 콘스탄티노플을 오스만이 점령한 후에 오스만은 그들의 영토가 된 이전 동로마제국의 발칸 반도 방향으로 유럽 대륙을 향해 나아갑니다. 또한 오스만 제국은 스페인의 아래쪽, 바다로부터 유럽으로 진출하려 했으나 스페인 함대에 패하여 저지당하게 됩니다. 이 해전이 유명한 세계의 4대 해전 중의 하나인 레판토 해전(Battle of Lepanto, 1571)입니다. 그렇지만 이전에 북아프리카의 무슬림 세력에게 다시 침공을 당해 진출이 허용된 스페인 이베리아 반도에는 그라나다 왕국 등의 무슬림 왕국이 세워집니다. 클래식 기타 곡 「알람브라(Alhambra) 궁전의 추억」으로도 유명한 알람브라의 궁전이 이 당시 세워졌습니다(1238 ~1358). 그러나 이후 다시 스페인 기독교 세력이 무슬림 세력을 북아프리카로 축출한 것에 성공한 것을 기념하는 축제들이 지금도 열립니다. '레콩키스타'라고 해서 재정복을 기념하는 것입니다. 앞에서 언급했습니다.

이 책을 보고 있을지 모를 전쟁 덕후(德厚, 오타쿠)들을 위해서 콘스탄티노플 공방전만 국한해서 잠깐 살펴보겠습니다. 오스만 제국이 그들의 영역을 서방의 유럽으로 넓히려고 노력합니다. 그러나 동로마제국 콘스탄티노플의 막강한 무기는 바로 3중으로 둘러쳐 있는 성벽입니다. 로마 제국의 테오도시우스 황제가 세운 삼중 성벽이며 천 년 동안 점령당한 적이 없는 난공불락의 성벽입니다. 물론 실제로는 제4차 십자군 전쟁에서 성지 회복을 위해 진출하던 프랑스 십자군과 이들이 이동할 전함과 전비를 지원한 베네치아 공화국에 의해 침략을 당합니다.

그 이유는 이렇습니다. 십자군 내부의 사정에 의해 그동안 제4차 십자군 전쟁을 위해 준비했던 전비를 배상받을 길 없던 베네치아가 동로마제국을 대신 노략질할 것을 십자군 전쟁의 주요 병력이었던 프랑스 십자군 등의 지휘부에 제안합니다. 이를 수락한 프랑스 십자군이 당시 동로마제국의 쿠데타 와중에서 탈출한 황태자의 간청을 수용하면서 공격목표를 콘스탄티노플로 바꾸게 됩니다. 그리고 이때 베네치아 군에 의해 콘스탄티노플이 점령을 당합니다. 높은 깃대 위에 병사가 올라앉아서 성벽의 내부로 넘어가는 베네치아의 전술에 난공불락인 3중의 성벽이 함락됩니다.

그 이후 오스만 제국의 황제인 마호메트 2세가 성을 공략합니다. 이때 우르반(Urban, 1453년 사망)이라는 헝가리 사람이 거대한 대포를 제작하려 동로마제국의 황제를 찾아갑니다. 그러나 황제에게서 제작을 거절당한 대포를 마호메트 2세가 받아들여 제작하게 됩니다. 지금도 실물이 남아있는데 우르반 대포(Urban's Bombard, Great Turkish Bombard)라고 불리는 거대한 대포입니다. 중세의 대포는 화약이 들어가지 않습니다. 성벽을 부수는 용도로 사용되며 원모양으로 갈아놓은 돌을 탄환으로 사용합니다. 동로마제국 측에서는 테오도시우스 성벽에 더하여 그리스의 불(Greek fire)이라 불리는 비밀병기가 있었습니다. 이 불은 물속에서도 꺼지지 않고 더 활활 타오릅니다. 그 제작 성분은 일급의 비밀로 극비에 부쳐졌습니다. 지금도 그 성분을 완전히 밝히지 못한 것으로 압니다. 또 하나의 비밀병기는 콘스탄티노플의 안쪽 바다로 들어갈 수 있는 입구 양쪽을 거대한 쇠사슬 줄로 걸쳐 놓아 적국 전함들의 진입을 차단해놓은 것입니다. 이 안쪽 바다는 금각만(金角灣, Golden Horn)이라 불립니다. 적선이 안쪽 바다로 잠입하여 공격하는 것을 방어하려는 용도입니다. 쇠사슬 줄로 양쪽 해안에 걸어놓아 적의 배가 안쪽으로 들어오지 못하게 하려는 것입니다. 이순신 장군의 명량 대첩(鳴梁大捷, 울돌목 海戰, 1597. 9월)에도 이렇게 쇠사슬 줄을 걸어놓았다는 얘기(명량 철쇄설)가 있지만 진위는 현재 입증되지 않은 것으로 알고 있습니다.

성벽이 삼중이라는 말은 세 겹으로 성벽을 쌓아놓았다는 얘기입니다. 보통 중세시대의 성벽을 보면 맨 바깥의 외성(外城) 밖에는 해자(垓字)라고 불리는 큰 물웅덩이를 성 주변에 둘러 쳐놓습니다. 폭이 큰 것은 그 폭이 몇십 미터 정도나 됩니다. 우리나라에서 고대 삼국시대에도 이 해자들을 둘러치곤 했습니다. 우리나라는 산성(山城)들이 많아서 해자를 둘러친 성은 그리 많지는 않습니다. 그러나 예를 들어 고구려의 평지에 쌓은 성들은 예외 없이 해자를 둘러칩니다. 일본에 가면 성들이 예외 없이 해자를 가지고 있습니다. 지방의 영주들 간의 전쟁이 빈번하니 해자는 반드시 파 놓아야 하는 방어물입니다.

도쿠가와 이에야스(德川家康, 1543~1616)가 전국을 통일하기 전까지 남아있던 성들, 도요토미 히데요시(豊臣秀吉, 1537~1598)가 쌓은 오사카성(大坂城)이나 아니면 지역의 영주들이 쌓은, 지금 남아있는 많은 일본의 성들이 해자를 갖추고 있습니다.

도쿠가와 이에야스가 도요토미 히데요시 사후 히데요시의 아들 히데요리(豊臣秀賴)를 비롯한 그의 세력들을 제거하기 위하여 오사카성을 공략합니다. 그러나 히데요시가 쌓은 오사카성은 해자가 두 겹으로 쳐져 있었고, 도쿠가와 이에야스는 공략에 실패합니다[겨울의 진(陣), (1614)]. 그래서 해자를 메울 것 등을 조건으로 화친을 합니다. 이에 히데요시의 아들 히데요리 측은 해자를 메웁니다. 잠시 철군했던 이에야스의 군대는 여름에 해자가 없는 오사카성을 점령합니다[여름의 진, (1615)].

다시 콘스탄티노플 공방전을 살펴봅니다. 오스만 제국 군이 이 삼중 성벽의 외성을 돌파한다고 해도 그 외성보다 높이가 더 높은 두 번째의 내성(內城) 성벽에서 공격을 합니다. 화살이나 투석의 사정거리 내이니 적군이 저항하기가 어렵습니다. 두 번째 성벽이 돌파당한다고 해도 그것보다 더 높은 세 번째 내성 성벽이 다시 대기하고 있습니다. 그래서 난공불락의 성입니다.

마호메트 2세가 이 공방전에서 이 삼중의 성벽을 넘지 못하자 묘책을 하나 냅니다. 즉 쇠사슬로 막혀 금각만 안으로 들어가지 못하는 전함들을 밤중에 끌어서 내부의 육지를 통해 옮깁니다. 금각만 안쪽의 육지들을 통해 전함들을 안쪽의 바다로 이동시키는 전술을 씁니다. 거대한 바퀴 달린 이동장치 위에 배를 얹어서 옮깁니다. 그 래서 상대적으로 성벽이 약했던 내해를 통해 콘스탄티노플로 상륙 을 하고 공격을 합니다.

금각만이나 주변의 적선에 대한 경비는 당시 이탈리아의 베네치 아 군이 도와주고 있었습니다. 이탈리아의 베네치아나 제노바는 도 시 공화국이었습니다. 서로 다투기도 하고 전쟁도 벌이는 관계입니 다. 특히 베네치아와 제노바는 서로 경쟁하는 국가들이었습니다. 워 낙 해양 문명이 뛰어났던 국가들이라 전함을 모는 전술이라든지, 해 전의 전략이라든지, 선원과 해군의 자질 등이 아주 뛰어났습니다. 그래서 이들은 중세의 유럽 전쟁, 특히 바다를 배경으로 이루어지는 전쟁에서는 자주 용병으로 활동을 합니다. 아무튼 그래도 제해권만 큼은 결코 오스만 제국에게 넘어가지 않았는데 마호메트 2세의 전 략으로 수적으로 열악하기까지 한 콘스탄티노플이 점령당하고 결 국은 패배합니다. 동로마제국의 마지막 황제 콘스탄티누스 11세 (Constantine XI Palaiologos, 1405~1453)는 최후까지 분전하다 결 국 전사합니다.

근대 철학의 특징은 무엇보다 개인주의입니다. 그래서 주관적 관 점에 기인한 주관주의입니다. 철학에서의 주관주의는 르네 데카르 트부터 시작이 됩니다. 데카르트 당시는 여러 가지로 혼란한 시대였 습니다. 따라서 철학적으로도 확실한 지식의 토대를 구축할 필요성 이 있었습니다. 데카르트가 활동하던 당시는 유럽에서 30년 전쟁이 한창이던 시기였습니다. 30년 전쟁은 유럽에서 새롭게 발흥하는 신교, 즉 개신교 국가들과 이것을 용납하지 않으려는 구교, 즉 가톨릭 국가 간의 30여 년에 걸친 긴 전쟁입니다. 제1차 세계대전에 버금 가는 아주 피해가 막심한 전쟁이었습니다. 대략 당대 유럽 인구의 3분의 1이 죽은 전쟁이었습니다. 특히 주요 전쟁터가 된 지금의 독일 지방은 아주 황폐해졌습니다. 전통적 구교 국가인 스페인, 신성로마 제국, 이탈리아 도시 공화국의 일부, 프랑스 등이 한 편에, 신교 국가인 영국, 스웨덴, 네덜란드 등이 다른 편에서 상호 전쟁을 합니다.

나중에 프랑스의 리슐리외(본명: 아르망 장 뒤플레시, Armand Jean du Plessis, 1585~1642)라는 걸출한 추기경이자 재상이 등장하여 신교 측과의 이면 접촉을 유지하면서 전쟁이 종결됩니다. 신성로마 제국은 이로써 최종적으로 붕괴합니다. 30년 전쟁은 유럽 전체가 가담한 전쟁이라고 보면 됩니다. 신흥출현계급인 부르주아지가 프랑스 혁명에서 본격적으로 등장한 시기도 근대입니다. 따라서 그들의 경제적·정치적 자유를 사상적으로 뒷받침할 필요가 있었으며 이에 걸맞은 이데올로기들이 서서히 등장합니다. 철학에서 데카르트의 인식 주체로의 관점의 전환도 이러한 시대에 걸맞은 사상을 제공합니다. 17세기의 실체에 관한 탐구들, 실체로서의 신에 관한 존재론적 탐구를 위한 인식 주체로서의 인간으로의 관점 전환이 근대에 본격적으로 일어납니다. 그러므로 데카르트로 인해서 주체로서의 내가 중심이 되는 근대 주체성의 철학이 확립되기 시작한다고 볼 수 있습니다.

프랑스에서는 프랑스 혁명을 기점으로 부르주아지들이 등장을 합니다. 부르주아지(bourgeoisie)는 제3계급입니다. 제1계급은 성직자, 제2계급은 귀족입니다. 부르주아지라는 말의 어원은 부르크 (bourg)라고 해서 성안에 거주하던 사람들을 일컫던 말입니다. 재산이 있으니 당연히 성 내부에서 안전히 사는 사람들인 것이죠. 마르크스는 이들을 가리켜 유산 계급(有産階級)이라고 칭하고 반대는 무산계급(無産階級) 즉 프롤레타리아트(Proletariat)로 칭했습니다.

프랑스 혁명 당시의 프랑스의 왕은 루이 16세(Louis XVI, 재위 1774~1792)였습니다. 당시의 프랑스 재정은 거의 파탄 상태였습니다. 해외의 식민지를 개척하고 영위하는데 거의 재정이 바닥이 납니다. 현재의 미국 동부를 제외하고 중부는 프랑스의 식민지였습니다. 지금의 루이지애나(Louisians)를 중심으로 한 지역입니다.

나폴레옹 1세 당시 이미 유럽 전쟁을 수행할 자금을 만들기 위해서 루이지애나를 미국에 매각합니다(1803). 이 당시 미국은 3대 대통령 토머스 제퍼슨(Thomas Jefferson, 1743~1826)의 시기입니다. 이즈음 아이티(Haïti)도 프랑스령이었는데 아이러니한 것은 프랑스 혁명 당시 아이티에서 독립전쟁이 일어났는데 프랑스가 무자비하게 이를 진압합니다. 혁명의 상징인 프랑스가 아이티의 민중을 학살한 것입니다.

이러한 자금난 등을 타개하기 위해서 나중에 루이 16세가 삼부회를 소집하게 되는 것입니다. 160여 년 만에 소집합니다. 삼부회(三部會, États généraux)란 위에서 언급한 3계급 모두의 회의를 말합니다. 그러나 여전히 신흥 계급으로서 평민을 대표하는 부르주아지들은 성직자와 귀족에 비해 차별을 받고 있었습니다. 투표권도 동일한 한 표씩 주어진 것이 아니었습니다. 예를 들어 성직자와 귀족에게 1

인당 2표를 행사할 권리를 주었다면 부르주아지는 1표밖에 주지 않습니다. 루이 16세의 의도는 이 회의를 통해서 3계급 모두에게 더 세금을 증액하려는 계획이었는데 그 의결의 권한을 부르주아지들에 불리하게 적용을 시키는 것입니다. 당연히 회의는 원활하게 이루어지지 않습니다. 이에 부르주아지들이 자기들의 의견을 받아들여 주지 않는 왕과 성직자, 귀족들에게 반감을 품고 별도로 테니스장에서 회합을 합니다. 이것이 유명한 테니스코트 서약(Tennis Court Oath, 1789년 6월 20일)입니다. 정확히는 테니스구장이 아닌 죄드폼(Jeu de paume)이라는 스포츠구장에서 부르주아지들이 별도로 회합하여 서로 맹세한 사건입니다(죄드폼의 맹세, Serment du Jeu de paume). 자기들과 관련한 안건은 자기들이 의결을 하겠다고 선언합니다. 이제부터 부르주아지가 본격적으로 혁명의 주도세력으로 등장을 합니다.

혁명(革命)이란 말은 가죽 혁(革) 자에 목숨 명(命) 자입니다. 동물의 생가죽을 무두질해서 연하게 만드는 것에서 기원한 말입니다. 부르주아지 아래에 다른 한 계급이 있었습니다. 상퀼로트(Sans-culotte)라고 합니다. 무산계급(無産階級)을 일컫습니다. 퀼로트(culotte)란 승마 바지를 일컫는 말입니다. 당시는 귀족들만이 승마 바지를 입었습니다. 오늘날의 레깅스(leggings)와도 비슷합니다. 상퀼로트란 퀼로트를 입지 않았다는 말입니다. 귀족이 아니라는 말입니다. 실제로 생산 업무에 종사하다 보니 고급스러운 퀼로트보다는 투박하고 통이 넓은 바지들을 입고 일을 했습니다. 값비싼 퀼로트를 입을 형편도 안 되고요.

당시의 회화를 보면 귀족들의 옷차림은 정말로 화려했습니다. 퀼로트 위에 치마 같은 것을 걸쳐 입고, 의상도 천연 색색 호화로웠습니다. 이것은 여성뿐만 아니라 남성도 마찬가지였습니다. 가발도 쓰고 다닙니다. 당시 귀족들이 입던 담비 털 외투는 그 가격이 엄청났습니다. 그래서 이 담비들을 사냥하여 잡느라고 러시아가 동진하여 넓은 시베리아를 지나 베링 해협(Bering Strait)을 건너 알래스카까지 넘어갑니다. 러시아의 동진이 사회 문화적으로 특별히 거대한 목적을 가지고 진행된 것이 아닙니다. 이렇게 단순한 이유입니다. 담비 잡으러 가는 것입니다.

프랑스의 부르주아지들은 두 파로 나뉩니다. 온건 세력은 지롱드(Girondins) 당이라고 합니다. 급진 세력은 자코뱅 당(Club des jacobins)입니다. 자코뱅은 주로 파리 시내에서 높은 산 지방에 거주하고 있었으므로 산악파(山嶽派) 또는 몽테뉴 파(La Montagne)라고도 합니다. 이들 사이의 중도파는 파리의 평원 지방에 주로 근거지를 두고 있었다 하여 평원파(la Plaine) 또는 늪지파(le Marais)라고 합니다.

프랑스에서 혁명이 일어났다는 소식은 전 유럽에 퍼집니다. 전에 얘기했듯이 중세국가들의 정체성은 민족들에 기반을 둔 것이 아닙니다. 왕실 상호 간 서로 일가친척입니다. 일례로 루이 16세의 부인은 유명한 마리 앙투아네트(Marie Antoinette d'Autriche, 1755~1793)입니다. 그녀는 합스부르크 군주국의 왕이자 신성로마 제국의 왕비인 마리아 테레지아(Maria Theresia, 1717~1780)의 막내딸입니다. 마리아 테레지아의 아버지인 카를 6세(Karl VI, 1685~1740)가 아들이 없어 그녀에게 황제의 지위를 물려줍니다. 이때 카를 6세의 지위를 물려받을 자격이 있다고 다른 나라들의 왕들이 주장하게 됩니다. 이른바 스스로 황제의 적통이 마리아 테레지아보다 더 있다고 주장하는 것이지요. 이래서 벌어지는 전쟁이 오스트리아 왕위 계승 전쟁인 7년 전쟁(Seven Years' War, 1756~1763)입니다. 30년 전쟁이 끝난 후 조금 있다가 벌어지는 전쟁입니다. 여기서 마리아 테레지아는 다른 나라들의 침략을 잘 방어합니다. 그리고 주변국들의 재침략을 방어하는 방편으로 프랑스와의 동맹관계를 체결하기 위해 루이 16세에게 막내딸 마리 앙투아네트를 시집보낸 것입니다.

볼프강 아마데우스 모차르트(Wolfgang Amadeus Mozart, 1756~1791)는 7살에 음악 신동으로서 오스트리아 궁정에서의 음악 연주를 성공리에 마쳤습니다. 여기서 모차르트가 마리 앙투아네트를 보고 청혼했다는 일화는 유명합니다.

다시 얘기를 돌려서 프랑스에서 혁명이 일어나니 주변 국가들에서 가만있을 리가 없습니다. 프랑스의 혁명의 기운이 자기들의 나라에도 번지면 아주 위험하니 말입니다. 그래서 주변국들이 연합하여 프랑스를 침략합니다. 이들을 백군(白軍)이라고 부릅니다. 프랑스의 혁명군은 붉을 적자의 적군(赤軍)이 되겠네요. 러시아의 소비에트 혁명(1917) 당시도 혁명을 진압하려는 주변국들과 러시아 내부의 군대를 백군이라고 불렀습니다. 소비에트 혁명군은 마찬가지로 적군이라고 불렀고요.

이렇게 혁명을 막으려는 주변국들의 침입에 대응하기 위해 프랑스는 전 세계 최초로 국민 징병제를 도입하게 됩니다(1793). 그리고 이때 등장한 유명한 인물이 바로 코르시카섬 출신인 보나파르트 나폴레옹입니다. 그가 주변국의 반혁명군에 맞서 싸우고 프랑스의 혁명을 방어하는 것에서 나아가 주변국을 점령하는 것에 이르자 그 전공으로 통령까지 오르고 나중에는 황제의 지위에까지 오르게 되는 것입니다.

나폴레옹은 이탈리아의 북부 도시들을 무릎 꿇리고 멀리 이집트까지 원정을 합니다(1798~1801). 이집트는 당시 영국의 속령이었습니다. 여기서 나폴레옹의 포병들이 사격 연습을 하며 스핑크스의 코를 깨뜨렸다는 설이 있습니다. 또한 그를 따라 종군했던 이집트학 연구가인 샹폴리옹(Jean-François Champollion, 1790~1832)이 이집트의 로제타석(Rosetta Stone)에 새겨진 상형문자들을 해독합니다.

루이 16세는 왕비 마리 앙투아네트와 함께 혁명의 진행 중에 그의 처가인 오스트리아로 도망가다가 잡힙니다. 당시의 프랑스는 물가는 오르고 민중들은 끼니를 때울 밀가루도 없고 먹을 빵도 없는 극악한 지경에 처해있습니다. 이것을 항의하는 민중들에게 마리 앙투아네트가 '먹을 빵이 없으면 케이크를 먹으면 된다'라고 했다는 얘기가 있습니다. 그러나 이 말은 실제로 그녀가 한 말이 아닙니다. 외국의 왕비인 그녀를 모략하려던 풍문이었습니다. 이런 풍문들은 의도적이든 자연적이든 아주 많아서 그녀를 프랑스를 망하게 하는 악녀의 이미지로 만들었습니다. 일종의 마녀사냥이었습니다.

바스티유 감옥(Bastille Saint-Antoine) 습격으로 혁명의 서막이 오릅니다(1789년 7월 14일). 그런데 루이 16세는 태양왕 루이 14세가 지은 호화로운 베르사유 궁전(Château de Versailles)에 처박혀 있었습니다. 이에 프랑스 민중들은 주부들까지 베르사유 궁전에 몰려가서 왕 내외에게 항의를 합니다. 왕에게 파리로 돌아오라고 말입니다. 이에 왕은 거의 반강제적으로 파리의 튀일리궁전(Palais des Tuileries)으로 와서 사실상 유폐됩니다.

이제 왕과 왕비는 파리에 있습니다. 이때 혁명 세력들의 잠정적인 목표는 입헌군주제였습니다. 특히 지롱드 당은 혁명의 목적을 이 정도로 국한을 시켰습니다. 그런데 왕과 왕비가 오스트리아로 탈출을 하다 중간에 잡히는 사건이 발생합니다(1791년 6월). 이 사건은 프랑스의 왕이 프랑스 국민을 배반한 것으로 민중들에게 보였습니다. 이에 자코뱅 당과 지롱드 당은 루이 16세의 책임을 놓고 논쟁을 벌입니다.

지롱드 당은 루이 16세를 최대한 보호하려 합니다. 그러나 자코뱅 당은 루이 16세에게 프랑스 국민을 배반한 책임을 묻고자 합니다. 이에 당시 로베스피에르(Maximilien François Marie Isidore de Robespierre, 1758~1794)는 유명한 연설을 합니다. 만약 이 사건에 왕이 책임이 없고 무죄라면 프랑스 민중의 혁명이 유죄라는 말인가? 혁명은 죄가 있을 수 없으므로 마땅히 왕은 죄가 있으며 있어야 한다는 유명한 연설을 합니다. 이로써 왕과 왕비는 단두대(斷頭臺), 즉 기요틴(Guillotine)에서 생을 마감합니다. 단두대는 기요탱(Joseph-Ignace Guillotin, 1738~1814)이라는 의사가 발명했습니다. 그의 이름을 따서 기요틴이라고 부릅니다. 수많은 범죄인들과 반혁명세력을 힘을 안 들이고 수월하게 처형하기 위한 일종의 기계입니다. 그러나 최초에는 죽음의 고통을 덜어준다는 인권주의적 시각에서 발명되었습니다. 그리고 이를 발명한 기요탱도 이 단두대에서 목숨을 잃었다는 말이 있습니다. 그러나 이는 사실이 아닙니다. 그는 천수를 누리고 자연사했습니다. 오히려 정치보다는 다른 면에 관심이 많았던 루이 16세가 기요틴의 날이 사람의 목뼈가 잘 잘리지 않아 사형수가 더 고통스럽다는 점을 지적하고 기요틴의 날을 곡선형의 대각선에서 직선형의 대각선으로 바꾸었다고 합니다. 루이 16세와 마리 앙투아네트는 기요틴에서 죽었습니다.

유명한 자코뱅 당의 지도자로는 공포정치(恐怖政治, 1793~1794)로 유명한 로베스피에르 외에도 장 폴 마라(Jean-Paul Marat, 1743~1793)가 있습니다. 「마라의 죽음(La Mort de Marat)」이라는 회화는 유명합니다. 자크 루이 다비드라는 유명한 고전주의 화가가 그린 작품입니다(1793). 다비드 또한 자코뱅 당원이었습니다. 앞에서 얘기했듯 나폴레옹이 알프스 산맥을 말을 타고 넘어가는 그림도 이 사람이 그린 것입니다. 다비드가 프랑스의 현재 국기인 삼색기를 최초로 도안했다고도 하는데 사실은 바스티유 감옥 습격 당시 국민군 총사령관이었던 라파예트(Marquis de La Fayette, 1757~1834)가 삼색기를 최초로 도안했다고 합니다.

마라는 파리의 하수도에서 생활을 했다고 합니다. 그래서 늘 피부병을 가지고 있었습니다. 그래서 프랑스 혁명을 지도하는 의회나 혁명 정부에서의 활동이 끝나면 늘 집안의 욕조에서 목욕하면서 피부 질환을 치료했다고 합니다. 욕조에 있으면서도 각종 정무를 처리했다고 합니다. 탄원이나 청탁 등의 편지들에 대해 일일이 답장을 해가면서 말입니다. 어느 날 샤를로트 코르데(Marie-Anne Charlotte de Corday d'Armont)라는 처녀가 편지를 전하려 그를 방문합니다. 그리고 마라는 욕조에서 그녀에게 피살됩니다. 그녀는 지롱드를 지지하는 반혁명세력이었습니다.

마라의 죽음, 자크 루이 다비드, 1793.
마라가 왼손에 든 편지에는 샤를로트 코르데가 청탁한 편지가 쥐어져
있다. 번역하면 이렇게 쓰여 있다. '1793년 6월 13일, 마리엔느 샤를로
트 코르데가 시민 마라에게, 불행한 내가 당신의 도움을 원합니다.'

로베스피에르는 혁명을 지도할 시기에 30대의 변호사였습니다.
하숙집에서 생활을 했고요. 하숙집 딸과 연애를 했습니다. 미혼이었
습니다. 유창한 연설 능력과 언변으로 유명한 사람입니다. 나중에
반혁명세력에 의해 혁명이 실패로 돌아갈 때 하숙집에서 체포가 됩
니다. 하숙집에서 그를 체포하러 온 이들에 의해 발사된 총탄을 턱
에 맞게 됩니다. 로베스피에르는 턱이 너덜너덜한 채로 끌려가서 그
날 오후에 재판도 없이 기요틴에서 마찬가지로 처형이 됩니다. 그를

구하려는 자코뱅과 상퀼로트의 노력은 실패합니다. 그만큼 순식간에 벌어진 일입니다.

이 사건이 일련의 반혁명세력의 준동, 테르미도르의 반동(Thermidorian Reaction)입니다. 혁명이 진행되면서 프랑스에서는 많은 종교, 사회 제도 등이 바뀝니다. 달력도 바뀝니다. 혁명력으로 테르미도르는 11월로서 그레고리력으로는 7월 16일에 시작됩니다. 테르미도르가 더운 달이라 이를 '열월(熱月) 반동'이라 부르기도 합니다. 혁명은 기독교의 신도 없애야 한다고 주장한 나머지 혁명세력은 이성 신(神)을 내세우고 축제도 거행합니다. 인류사에 지속되는 인간의 정신을 숭배하는 것입니다. 프랑스의 실증주의 철학자 콩트(Isidore Marie Auguste François Xavier Comte, 1798~1857)에 의해 창시됩니다.

파리에 미라보의 다리가 있습니다. 미라보(Honoré Gabriel Riqueti, Comte de Mirabeau, 1749~1791)는 프랑스 혁명 진행 시 제3신분인 평민의 대표로 국민의회의 지도자이기도 합니다.

자코뱅의 열혈 세력으로 상퀼로트들이 가담을 합니다. 앞에서 언급했듯 부르주아지가 갖춘 경제력을 지니지 못한 하층의 민중들입니다. 상퀼로트 출신인 생쥐스트(Louis Antoine Léon de Saint-Just, 1767~1794)라는 인물은 자코뱅에 열렬히 가담합니다. 그는 로베스피에르를 절대적으로 지지했으며 그의 오른팔로 불렸습니다. 나중에 로베스피에르와 같이 처형됩니다. 테르미도르의 반동 와중에 나폴레옹이 등장하게 됩니다.

유명한 근대 철학자 임마누엘 칸트(Immanuel Kant, 1724~1804)는 정해진 시간에 산책을 하는 것으로 유명했습니다. 오후 2시경에 꼭 산책을 했습니다. 아마 이것은 그의 병약한 체력 탓으로 저는 생각합니다. 어려서부터 병약해서 이를 직관적으로 알고 있는 칸트는 더욱더 자기 관리를 철저히 했습니다. 그래서 당시는 아직 위생학(衛生學)이 확립되지 않은 시기인데도 불구하고 칸트는 외출에서 돌아온 후에는 꼭 손을 씻었습니다. 마찬가지로 정해진 시간에 산책, 즉 운동도 한 것입니다.

이런 그도 산책을 빼먹은 경우가 딱 두 번 있었다고 합니다. 한 번은 루소(Jean-Jacques Rousseau, 1712~1778)의 『에밀(*Émile, ou De l'éducation*)』(1762)을 읽을 때였고, 다른 한 번은 프랑스에서 혁명이 발생했다는 소식을 실은 신문을 읽을 때였다고 합니다. 병약한 칸트는 이렇게 자기 관리에 철저했기 때문에 당시 사람들의 평균 연령인 40세의 두 배에 달하는 80세, 한국의 나이로는 81세에 사망합니다. 오히려 병약한 자들이 자기 관리에 뛰어나기 때문에 더 오래 사는 역설 비슷한 것입니다. 이런 경우는 흔치 않지만 종종 있습니다. 병치레가 잦았던 미술가인 미켈란젤로도 86세까지 장수합니다. 칸트 훨씬 이전인데도 말입니다.

30년 전쟁은 언급했듯 정통 가톨릭인 구교 국가들과 개신교인 신교 국가들 사이의 전쟁입니다. 새로운 개신교가 정통의 가톨릭에서 독립하려는 것이고 가톨릭은 이를 못하게 하려는 것입니다. 결국은 베스트팔렌 조약(Westfälischer Friede, 1648)으로 마무리되는데 외형상으로는 무승부 같지만 사실은 개신교가 그들의 지위를 인정받은 조약입니다. 이후에 앞에서 언급한 마리아 테레지아가 주축이 된 오스트리아 왕위계승 전쟁인 7년 전쟁이 일어납니다. 독일 지방에서는 마찬가지로 오스트리아 왕위의 정통성을 주장하는 계몽 군주 프리드리히 2세(Friedrich Ⅱ, 1712~1786)가 이때 등장합니다.

철학자 르네 데카르트가 『방법서설(方法序說, *Discours de la méthode*)』(1637)에서 'Cogito ergo sum(코기토 에르고 숨), 나는 생각한다. 그러므로 존재한다'라는 명제를 끄집어낸 때도 바로 이 30년 전쟁의 와중이었습니다. 그는 프랑스인이었으나 네덜란드 쪽에서 참전을 합니다. 아마 그의 출신 학교가 예수회 학교인 라 플레슈(La Fleche)인지라 그도 가톨릭 구교 측에서 참전하지 않았을까 생각합니다. 데카르트는 포병 막사에서 밤을 지새우다 이 명제를 끄집어냅니다. 데카르트는 포병 출신입니다. 당시의 포병은 수학을 잘 해야 합니다. 그래서 주로 귀족들이나 사관학교 출신들이 포병을 합니다. 일단 탄도 계산을 잘 해야 하니 수학적 계산 능력은 필수입니다. 아시다시피 데카르트는 철학자이기도 하지만 수학자이기도 합니다. 해석 기하학 혹은 분석 기하학, 좌표 기하학이라 부르는 것은 데카르트가 창안한 것입니다. 병약해서 누워있는 시간이 많았던 데카르트는 그래서 별명이 침대 철학자였습니다. 침대에 누워서 천장을 바라보던 그가 천장에 붙어있는 파리의 위치를 수학적으로 표시하기 위해서 창안한 것이 해석 기하학입니다.

나폴레옹도 포병 출신입니다. 그 역시도 탁월한 수학 실력을 자랑했습니다. 점령지의 유적들을 발굴할 때 학자들과 같이 토론도 했던 실력파였습니다. 그런 식견 때문에 이집트를 원정하면서 점령지의 유적과 유물을 조사할 연구단을 167명이나 별도로 이끌고 갔습니다. 물론 그가 전리품으로 가져온 전 세계의 유물들이 이후 파리의

유명한 루브르 박물관을 건립하고 전시하는 토대가 됩니다. 38만
점의 작품이 있는데 1개의 작품당 1분씩 밥도 안 먹고 잠도 안 자고
24시간을 봐도 꼬박 24.3일이 걸린다고 합니다. 그가 혁명기의 정부
청사였던 루브르궁에 유물을 가져다 놓은 것들이 이후 프랑스 루브
르 박물관의 토대가 됩니다.

이제 서양 근대 철학자들을 개괄적으로 설명을 해드리고, 데카르
트나 칸트 같은 주요한 철학자들은 하권에서 별도로 다루겠습니다.
데카르트, 스피노자, 라이프니츠 이 세 명의 철학자들은 근대 이성
주의자로서 회자되는 대표적인 세 명의 철학자입니다.

라이프니츠

먼저 라이프니츠는 다방면으로 뛰어난 천재였습니다. 현대의 컴
퓨터 언어인 이진법(二進法)도 발명하고, 미·적분(微·積分)도 발
견했습니다. 미적분은 독일의 라이프니츠와 영국의 아이작 뉴턴(Sir
Isaac Newton, 1642~1727)과의 사이에 누가 먼저 발견했는지 논
쟁이 있습니다. 그러나 뉴턴이 실제로 좀 더 먼저 발견했고, 발표는
라이프니츠가 먼저 한 것으로 알려져 있습니다. 이런 논쟁 때문에
이후 외교관으로서의 라이프니츠는 영국 국민들에게 반감을 사서
영국 방문도 자제하게 됩니다. 라이프니츠는 뉴턴의 지지자인 클라
크(Samuel Clarke, 1675~1729)와 서신 교환을 통해 공간과 시간의
본질에 대해 길게 토론도 합니다. 뉴턴이 공간과 시간을 절대적인
것으로 보았다면, 라이프니츠는 공간과 시간을 상대적인 것으로 보
았습니다.

뉴턴의 만유인력(萬有引力) 설에 대해서도 라이프니츠는 일종의 힘을 주장합니다. 파동설과 입자설 등의 논쟁입니다. 뉴턴은 태양계 내에서는 만유인력이 작동을 하고 태양계를 넘어선 우주에서는 일종의 힘, 즉 신의 힘이 작동하고 있다고 말합니다. 이에 대해 라이프니츠는 그 신의 힘들이 태양계 내에서도 작동하고 있다고 주장합니다. 뉴턴의 만유인력은 기계적인 힘을 말하고, 라이프니츠는 생기론(生氣論, vitalism)으로서의 힘을 말하고 있습니다. 또 라이프니츠의 철학 중에는 유명한 단자론(單子論, monad 論)이 있습니다. 스피노자와 라이프니츠 모두 데카르트 주의자입니다.

데카르트는 실체란 존재하는데 타자의 도움이 필요하지 않는 존재자라고 봅니다. 그가 정의한 바로는 실체란 자기 원인(causa sui)입니다. 이 실체로 신을 말하고, 신에게서 파생된 정신과 물질을 두 번째의 실체로 봅니다. 즉 제1실체이자 직접적 실체인 신과 제2실체이자 파생된 실체인 정신과 물질을 말합니다. 스피노자는 데카르트의 실체에 관한 논리의 비일관성을 지적하며 오로지 실체를 신에게만 귀속시킵니다. 정신과 물질은 신의 속성에 불과한 것으로 지위가 낮추어집니다. 그래서 스피노자는 일원론자(一元論者)라고 말할 수 있습니다.

라이프니츠는 스피노자와 반대로 모든 개체, 개별자들의 실체성을 말합니다. 무한한 세계들이 있습니다. 개별자는 이 무한한 세계들 중에서 그에게만 특유한 속성들을 갖습니다. 그리고 그 특유한 속성을 지니고 있는 개별자로서의 실체들은 서로 교통하지도 않고 소통하지도 않습니다. 각자의 개별자들은 그만의 방식으로 세계를 반영하고 표현합니다. 이 개별자가 단자입니다.

단자들은 창(窓)이 없습니다. 예를 들어서 A가 있습니다. B도 있을 것이고요. 그러면 A라는 단자가 존재하면서 나타내는, 발현시키는 여러 양태들이 있습니다. B가 존재하는 독특한 양태들이 있기도 합니다. 이 각각의 단자들에는 고유한 그만의 양태들이 내재해 있습니다. 그 고유한 양태들이 풀어지는 것, 곧 전개되는 것이 그들 개별자들의 존재성입니다. 이 존재성들이 곧 그 단자들의 속성입니다.

나의 양태들이 풀어지는 것이 나의 삶입니다. B도 그에게 고유한 양태들이 내재해있다가 전개되는 것입니다. A와 B는 서로 소통하지 않습니다. 서로 교통하지 않습니다. 이 둘이 만날 때 단지 이 둘은 동일한 시간과 동일한 공간에서 잠깐 만나는 것에 지나지 않습니다.

예를 들어서 여기 율리우스 카이사르가 있습니다. 카이사르가 갈리아 정복 중 로마원로원에서 그를 제거하려는 심상치 않은 움직임을 보고 받고 휘하의 군대를 이끌어 로마로 회군합니다. 이제 루비콘강을 건너면 바로 이탈리아 북부로 진입합니다. 이때 루비콘강을 건너면서 카이사르는 '주사위는 던져졌다(alea iacta est)'라는 유명한 말을 합니다(B.C. 49). 쿠데타를 감행해야 하느냐 마느냐의 상황에서 결단을 내린 것입니다.

라이프니츠는 카이사르라는 단자에는 이미 그가 루비콘강을 건너는 양태들이 카이사르라는 실체에 포함이 되어있다고 말합니다. 카이사르를 주어로 본다면 루비콘강을 건너는 술어는 이미 카이사르라는 주어에 포함이 되어있다고 말합니다. 카이사르라는 주어에는 폰토스의 파르나케스 2세와 싸워 이기고, '왔노라 싸웠노라 이겼

노라(Veni, vidi, vici)'라고 원로원에 서신을 보내는 사건이라는 술어, 루비콘강의 도강(渡江)과 브루투스(Marcus Junius Brutus, B.C. 85~42)에게 암살당하는 모든 술어들이 포함이 되어있다고 말입니다. 비유하자면 카이사르라는 실타래를 풀면 그의 삶의 사건들이 실로 풀어져 드러난다는 것입니다. 단자는 그의 모든 양태를 함유한 것입니다.

그래서 라이프니츠는 이성주의자답게 모든 명제(命題)는 분석(分析) 명제라고 주장합니다. 주어를 분석하기만 하면 그의 속성, 즉 술어들을 모두 알 수 있다는 말입니다. 당시의 경험주의자들, 특히 프랜시스 베이컨(Francis Bacon, 1561~1626) 등이 중시했던 새로운 방법론, 즉 관찰과 실험으로서의 경험의 중요성을 반박하는 것입니다. 경험으로써 새로운 것을 발견할 수는 없다는 말입니다. 그리고 중요한 것은 이성적 분석이게 됩니다. 이것이 단자론입니다. 그런 의미에서 라이프니츠의 세계관은 다원론(多元論)입니다.

또한 그는 변신론(辯神論)을 주장합니다. 신을 논리적으로 변호하는 것입니다. 호교론(護教論)이라고도 합니다. 이런 논리들은 중세와 근대의 교차점과 과도기에서 유신론(有神論)과 무신론(無神論), 생기론(生氣論)과 기계론(機械論)을 중재하기 위한 목적이 있습니다.

예를 들어 신이 존재한다면 왜 이 세계에는 악(惡)이 있는 것입니까? 왜 선한 사람들이 이유 없이 고통을 당하는 것입니까? 왜 신이 창조한 아름다운 이 세계에 자연재해가 끊이지 않습니까? 예를 한 번 들어볼까요? 라이프니츠가 죽은 지 40년 후인 1755년 11월 1일, 포르투갈(Portugal)의 리스본(Lisboa)에 거대한 지진이 발생합니다.

이 날은 만성절(萬聖節, All Saints' Day, All Hallows' Day)이자 가톨릭의 '모든 성인 대축일'입니다. 핼러윈 축제는 이날의 전야제입니다. 이 지진으로 리스본시 건물의 85%가 파괴되었습니다. 이날 리스본의 시민 3~4만 명이 목숨을 잃었으며 이중 대다수는 축일에 성당에 모인 독실한 신자들이었습니다. 이런 아비규환의 사태에도 불구하고 신은 여전히 존재한다고 우리는 강변할 수 있는 것일까요? 리스본의 지진은 신을 변호하는 철학자, 신학자들의 논리를 단숨에 압도하였습니다.

라이프니츠는 이러한 세계의 불행에 대해 어떻게 신을 변호했을까요? 그는 이러한 불행 또한 신의 모든 사려 중에 포함이 되어 있다고 말했을 것입니다. 악이 존재하지 않는다면 선이란 스스로 선이란 것을 드러낼 수가 없습니다. 잘못인 것을 알아야만 그 대립자로 올바른 것을 알 수 있습니다. 악은 선으로 가는 디딤돌입니다. 아니 악의 정체성은 단지 선의 결핍에 지나지 않습니다. 그래서 모든 가능한, 무한한 세계를 신이 창조할 수는 있었지만 창조주로서의 그의 선한 의도가 가장 완전히 구현되도록 하기 위해서는 지금의 이 방식, 악이 존재하는 이 세계가 최선의 창조였다는 주장입니다. 그것이 라이프니츠가 이 세계를 '모든 가능한 세계 중에 최선의 세계'라고 표현한 이유입니다. 신이 인간으로 하여금 자유 의지를 완전하게 구현시키기 위해서 악을 존재하게 했다는 말입니다. 아우구스티누스도 악은 선의 결핍이라고 했습니다. 그런 관점으로 악을 보는 것입니다. 악이란 어떤 적극적 존재성도 지니고 있지 않다는 말입니다.

신은 무한히 많은 다양한 세계를 창조할 수가 있었고 그런 능력이 전적으로, 실재적으로 있습니다. 만약 세계에 선만 존재하고 악은 전혀 존재하지 않는 경우가 있다고 가정합시다. 아니면 첫째의 세계는 선 70% 악 30%의 세계, 둘째의 세계는 선 50% 악 50%의 세계… 등 무한히 많은 세계가 순서대로 등장할 수 있습니다. 또 선은 전적으로 존재하지 않고 악만 100%로 구성된 세계도 있을 수 있습니다.

그런데 인간이 다른 존재자와 차별되는, 자신이 인간임을 구현하기 위한 조건은 무엇입니까? 인간의 자유 의지로 보편적 선을 추구하고 보편적인 악을 지양하는 것일 겁니다. 그렇다면 자유 의지란 무엇입니까? 자유 의지는 선택을 전제로 합니다. 타자의 강요나 맹목적 의무에 의한 선택은 결코 자유가 아니며 자유로운 의지를 발휘한 것이 아닙니다. 또한 정서적 충동으로 수행한 선택도 자유가 아닙니다. 이것은 칸트의 말대로 단지 신체의 경향대로 따라가는 것이기 때문입니다.

아담이 그의 의지로 사과를 따먹어서 신의 진노를 부른 것이지 뱀이나 하와가 시켜서 따먹은 그런 이유가 아닙니다. 아담과 하와는 상대방이나 뱀에게 그 책임을 전가하지만 실제로 그들은 약속으로서의 신의 말씀에 대한 믿음이 없어 그 행위를 선택했기 때문에 낙원에서 추방된 것입니다. 라이프니츠는 자유 의지의 구현에 가장 좋은 상황은 바로 지금의 세계처럼 적절한 악과 선이 혼재된 사회이며, 여기서 인간들이 그들의 자유 의지를 가지고 적극적으로 선택할 수 있는 사회가 가장 최선의 세계라고 주장하는 것입니다. 수많은 경우의 수 중에서 가장 최선의 경우가 바로 이 사회라고 라이프니츠는 주장하는 것입니다.

그는 외교관으로서 활동을 하고 귀족의 칭호도 받습니다. 대륙 철학에서도 그렇지만 영미 철학에서도 중요한 철학자입니다. 독일에서 영국으로 외교관으로 파견도 됩니다. 귀국 도중에 네덜란드에서 스피노자를 만나기도 했습니다. 스피노자의 철학이 무신론으로 의심되어 당시에 많은 비판과 공격의 대상이 되어서 라이프니츠 본인은 스피노자와의 관련성을 부인했지만 말입니다.

인성에 대해서는 약간의 의문이 있습니다. 사촌 조카가 시집을 가는데 달랑 편지 한 통 써서 축하해줬다고 합니다. 행복하게 잘 살라고 말입니다. 당시가 지금처럼 핸드폰이 있었던 시대는 아닙니다. 그래서 학자들은 많은 편지들을 써서 지인들과 교환을 합니다. 물론 사람을 시켜서 교환하는 것이겠지요. 라이프니츠도 위의 클라크와의 편지 사례에서 보듯 방대한 양의 편지들을 썼다고 합니다.

17세기는 실체에 대해 철학적으로 탐구하는 시기였다고 말했습니다. 실체란 진정한 존재자를 말합니다. 실체에 대해 탐구한다는 것은 존재에 대해 탐구한다는 말입니다. 진정한 존재자란 존재하는가? 시간의 흐름에도 불구하고 변치 않는 영원이란 것이 존재하는가? 만약 존재한다면 영원한 존재자란 누구이며 무엇인가? 따라서 존재자가 거주하는 공간과 그것이 처한 시간이란 무엇인가에 관한 물음도 연이어 도출됩니다. 그리고 '세계란 무엇이며, 세계 내에 사는 인간이라는 존재자란 무엇인가'라는 물음도 나타납니다. 세계와 우주 내에서 인간의 위치와 지위는 어떻게 되며 우주는 무엇인가 등의 문제들도 마찬가지로 나타납니다.

철학의 문제의식은 why-problem입니다. 왜 내가 여기 있는지, 왜 내가 여기에서 공부하고 있는지, 왜 직장을 다니고 있는지, 왜 내가 여기서 이 밥을 먹고 있는지 등에 대한 자각과 이에 대한 사유와 성찰이 기본적인 것입니다. '여긴 어디이고, 나는 누구인가'라는 농담이 있습니다. 요즘 말로 일종의 현타라고 볼 수도 있겠습니다. 파고 들어가 보면 결국 이러한 근원적 문제에 우리는 봉착을 하게 됩니다.

왜 그럴까요? 우리는 무한을 갈구하나, 결국은 유한한 존재자이니 그렇습니다. 우리는 결코 존재적으로 무한에서 거주할 수 없습니다. 우리의 육체와 정신이 그것을 허용하지 않습니다. 어느 상황을, 어느 사물을, 어느 사건을 대하더라도 우리가 알 수 있는 것에 한계가 있으니 그렇습니다. 존재의 한계로 인해 우리는 무한에 대한 답을 완벽히 할 수 없습니다.

인간은 때가 되면 다 늙고 죽음을 걱정하게 됩니다. 죽음을 걱정하지 않을 만큼 담대하고 용기가 있는 사람들이 있다고요? 만약 그렇다고 해도 그것 또한 죽음을 대하는 방법의 하나일 뿐이지 죽음이라는 문제를 해소한 것은 전혀 아닙니다. 우리는 우리의 유한함을 평소에는 자각하지 않고 있다가 친지나 친구의 죽음 등을 목격하면서, 또는 병을 앓으면서 비로소 우리는 우리가 유한한 존재자라는 것들을 자각하기 시작합니다. 사실은 그동안 우리는 우리가 무한으로 결코 나갈 수 없는 유한자임을 직접 대면하고 자각할 만큼의 여유나 기회가 없었던 것일 뿐입니다.

아니 일부러 이런 골치 아픈 문제를 피하는 경우일 수도 있습니다. 기분 전환이라는 말을 이럴 때 쓰나요? 과거의 상처나 사건들이 여러분들의 현재의 삶에 지속적으로 영향을 끼치는 경우들은 많이 있습니다. 그 경험으로 인해 현재의 지속적이고 특정한 습관을 형성한 사람들도 있을 것입니다. 그 경험에 대해 병적인 기억을 가지고 있어 현재의 삶이 많이 왜곡된 사람들도 있을 것입니다.

예를 들어 과거에 물놀이하다가 위험에 처해 본 사람들 중에는 평소에도 그 기억 때문에 물을 멀리하는 사람들이 있습니다. 그 두려움이 의식으로 드러나 있든 잠재적으로 무의식에 내재해 있든 말입니다. 반면 수영을 배워 그가 경험했던 위험을 위험이 아닌 것으로 극복한 사람들도 얼마든지 있을 것입니다. 인간의 삶의 본질은 과거에도 현재에도 그리고 미래에도 변하지 않습니다. 이는 인간이 최초로 존재하면서부터 지금까지 그렇습니다. 고타마 싯다르타, 즉 부처는 사대문 밖의 사람들을 보고 발심(發心)했습니다. 그는 거기에서 인간의 본질적인 고통을 보았습니다. 그가 본 것은 인간이라면 누구도 결코 벗어날 수 없는 생로병사(生老病死)입니다. 이것들을 부처는 인간이 겪는 고통의 근원으로 봅니다. 그래서 왜 인간에게 고통이 존재하는지, 그리고 그 고통을 없애는 방법은 무엇인지에 관해 해답을 얻으려는 것이 부처가 출가(出家)한 이유입니다.

하나의 사건이나 단순한 사물의 양태만을 보면서 그것이 내포하는 본질을 알고자 하는 이들이 있습니다. 능력에 따라서는 그 본질을 단박에 꿰뚫어 볼 수 있는 사람들도 있을 것이지만 그러한 천부적인 능력을 지니지 않았더라도 평생을 그 본질을 궁금해 하며 탐구해가는 사람들도 있습니다. 그런가 하면 매번 되풀이되는 사건이나 사물들의 발생들을 그 본질이나 본성을 전혀 궁금해 하지 않으면서 그저 단순히 무의미한 것으로 스쳐 지내 보내는 사람들이 있습니다. 철학적인 사유는 이 중에 사건과 사물의 본질을 알려는 사람들이 지니고 있습니다. 철학자들은 본질에 관해 사유하는 습성들이 밴 사람들입니다. 그리고 철학은 그러한 본질적 문제들을 다루는 것입니다.

불교적인 시각에서 보면 생로병사 자체는 고통과 다른 것이 아닙니다. 생(生) 자체도 근원적인 시각에서는 고통으로 변합니다. 왜 그럴까요? 결국은 인간은 유한한 존재자이니 그렇습니다. 죽음을 피할 수 없고, 나에게 지속적으로 닥치는 사건의 본성을 알 수도 없고, 잠깐 후의 미래의 일도 알 수 없으니 그렇습니다. 불교적 사유는 이 고통의 고리를 끊음으로써, 해탈함으로써 유한한 존재의 본성으로서의 한계를 극복하려는 것입니다. 철학은 그 유한함의 한계를 종교적 초월이 아니라 인간의 이성으로서 극복하려는 노력입니다. 물론 이때의 이성은 방법으로서의 이성입니다.

현대의 철학자들은 인간이 지닌 이성의 한계를 공통으로 인정합니다. 그런데도 이성이 사유의 주(主)가 되어야 하는 것은 부인할 수 없습니다. 이성의 유한한 능력을 비판하는 것도 이성에 기반을 두고 있는 비판이니 말입니다. 만약 그가 철학자라면 그의 사유는 사태의 근원에까지 파고 들어가야 합니다. 그런 문제의식과 기질을 지닌 사람이 철학자라고 불리기에 합당합니다. 이는 마치 현대 철학자 하이데거(Martin Heidegger, 1889~1976)가 전문가와 탐구자를 구분하고, 근대 철학자 니체(Friedrich Wilhelm Nietzsche, 1844~1900)가 철학 노동자와 철학자를 대비시킨 것과 흡사합니다.

철학은 물음을 던지는 학문입니다. 물음에 철학의 본질이 있습니다. 그런 차원에서 여전히 소크라테스는 철학의 아버지일 수밖에 없습니다. 데카르트가 주체의 사유를 문제 해결의 근원에 놓은 것도 마찬가지의 물음 방식입니다. 칸트도 『순수이성비판』에서 이런 말을 합니다. '철학은 가르칠 수 없고, 오직 철학함(philosophieren)만을 가르칠 수 있다'라고 말입니다. 여기에서 철학함이란 철학적 사유이며 사색입니다. 그리고 그 철학적 사유는 바로 자기로서 사는 주체가 수행하는 사유입니다. 만약 철학이란 것이, 개인에게 주어지는 그 철학이 순전히 타자의 것이며, 내 것이 아닌 타자로부터 빌린 것이라면 그는 철학을 하는 것이 아닙니다. 그는 결코 철학함의 내부로 들어가지 못한 것입니다. 그래서 철학은 해답보다도 해답을 찾아 나가는 과정에 그 본질이 있습니다. 결국 영원토록 철학은 지혜로운 해답이 아니라 '지혜에 대한 사랑(philosophy)'이 되어야 하는 것입니다.

로크

이제 존 로크(John Locke, 1632~1704)를 살펴보겠습니다. 그를 다루기에 앞서 대표적으로 대륙의 합리론자로는 위에서 설명한 데카르트, 스피노자, 그리고 라이프니츠를 얘기합니다. 이 당시 영국에서는 경험, 즉 실험과 관찰에 대해 비중을 두는 새로운 방법론들이 등장합니다. 그 시초로 프랜시스 베이컨(Francis Bacon, 1561~1626)을 들 수가 있습니다. 실험과 관찰에 비중을 두었고, 특정한 가설을 세운 다음 그 가설을 입증하는 방식을 주장합니다. 제가 검증이라 하지 않고 입증이라고 한 것은 베이컨은 가설을 세워서 그것이 부합하는지 검증하는 것까지는 주장하지 않고, 가설을 세워 그것을 관찰과 실험으로 확인하여 입증하는 방식만 주장하기 때문에 그렇습니다. 가설 연역적 방법은 19세기에 등장합니다. 아직 그 정도까지는 베이컨의 방법이 나아가지 못했기 때문에 그렇습니다. 베이컨은 하권에서 데카르트를 다룰 때 할애하여 별도로 다루어보도록 하겠습니다.

영국의 경험주의 철학자들도 자기들을 대륙의 합리론과는 전혀 다른 방식으로 생각하지 않았습니다. 그들 역시 자신들이 이성을 배격하는 비이성주의(非理性主義)라고는 주장하지 않았습니다. 오히려 합리론을 발전시킨 새로운 탐구방식을 자신들은 추구한다고 생각했습니다. 그들은 자신들 역시 합리론자라고 보았던 것입니다.

영국의 경험론자로는 로크, 버클리(George Berkeley, 1685~1753), 흄(David Hume, 1711~1776)이 유명합니다. 이성주의자들은 진리를 추구하는 과정에서 지나치게 이성만을 신뢰하고 의지하는 것이 결점입니다. 세계 내에는 다양한 사태들이 있습니다. 이 사태들의 원인을 찾기 위해서는 반드시 관찰과 실험을 필요로 하는 것인데 이성주의자들은 지나치게 이러한 과정을 비하하거나 무시합니다. 오로지 머릿속으로만 해답을 추구하고, 관념적으로만 사태의 해결을 구합니다. 이성주의자들의 한계는 칸트가 지적한 대로 인간 이성 능력 즉, 사유의 한계가 어디까지인지, 그 능력은 어디까지인지를 파악하려 하지 않는 것입니다.

수학으로서의 사유는 현실에 존재하지 않는 것을 사유합니다. 그러나 정삼각형은 현실에 결코 존재하지 않습니다. 그런데도 우리는 이 삼각형의 도식만을 가지고 사물을 잽니다. 이것은 삼각형 꼴이다, 저것은 정삼각형에 가깝다고 말입니다. 예를 들어 백조는 하얀 새(白鳥)를 말합니다. 색깔로서 이 새의 고유명사를 정했습니다. 그런데 검은 백조가 실제로 발견이 되었습니다. 그렇다면 모든 백조는 희다는 명제는 그릇된 것이며, 타당하지 못합니다. 이성주의의 한계, 합리론의 한계는 바로 이것입니다. 단지 자료(데이터, data)를 개념(concept)에 미리 국한시키고 가두는 것입니다. 얼마든지 다른 데이터가 나중에 도출이 될 수 있고, 다른 관찰의 결과가 추후에 제기될 수 있는데도 불구하고 그 가능성을 없앱니다.

즉 개념을 사유하는 이성주의자들이 지나치게 그 영역을 확장시키는 데서 결함이 발견된다는 말입니다. 개념은 현실에서 추상됩니다. 그리고 이렇게 추상된 개념은 다시 현실을 개념의 그물로 포획합니다. 문제는 여기서 현실은 운동하고 있으며 지속적으로 변하고 있다는 것입니다. 어느덧 개념은 현실을 제대로 포획하지 못하는 결함이 발생합니다.

그리고 현실은 단순한 하나의 개념으로 쉽게 추상될 수 있는 것이 아닙니다. 하나의 사물은 앞과 뒤, 위와 아래에서 보았을 때 각기 다르게 보입니다. 개념의 그물망을 빠져나가는 현실의 데이터들이 무수히 많습니다. 그것들은 개념으로 잡히지 않습니다. 그런데 과도한 이성주의자들은 이런 데이터를 억지로 개념에 뜯어 맞춥니다. 이러한 부분들이 경험주의자들이 이성주의자들에게 가하는 비판의 예입니다.

이성주의자들 역시 이런 비판적 태도를 지니는 철학자들을 비하하여 경험주의자라고 지칭합니다. 애초에 경험주의라는 말은 합리론자들이 경험론자들에게 가하는 비하로서의 용어였습니다. 편벽한 경험에 국한되어 보편적이고 이성적인 사유를 못한다고 말입니다.

이런 배경을 먼저 살피고, 이제 로크를 설명해보겠습니다. 앞에서 17세기의 철학적 특징에 대해 설명을 했습니다. 실체에 관한 탐구가 이 시기 철학자들의 특징이라고 언급했습니다. 실체란 진정으로 존재하는 것입니다. 따라서 세계 내에는 신이나 인간만이 존재하는 것이 아니고 자연의 많은 동식물들, 그리고 무기물들이 존재하고 있습니다. 이것들을 사물 혹은 물체라고 통칭해봅시다. 그렇다면 로크는 우리가 목격하는 사물이, 물체가 참으로 존재하는지 의문을 제기하며, 만약 진정으로 존재한다면 그것들이 어떠한 근거로 존재하는지를 다시 묻는 것입니다. 흡사 제가 볼 때는 데카르트의 방법과 비슷한 물음입니다. 데카르트는 신으로부터 물체의 직접적 존재성을 끄집어냈지만 로크는 여기서 물체가 의존하는 신을 삭제할 뿐입니다.

로크는 물체의 성질을 두 가지로 분류합니다. 첫 번째는 절대적 성질이고, 두 번째는 상대적 성질입니다. 첫 번째 성질은 제1성질로서 prime quality라고도 하며 1st quality라고도 합니다. 예를 들어 형태, 크기, 무게 이런 것들을 말합니다. 이것들은 사물들이 고유하게 가지고 있는 성질입니다. 고유하다는 것은 관계를 배제한다는 얘기입니다. 즉 인간적 관점에서 그것들을 칭하는 것이 아니라 인간적 관점을 떠나서 사물이나 물체들이 본연적으로 가지고 있는 성질입니다.

제2성질은 물체들의 간접적인 성질로서 secondary quality, 2nd quality라고 칭합니다. 이 성질은 인간의 감각에 근거하여 판단되는 성질입니다. 단단함, 견고함, 냄새, 소리 이런 것들을 말합니다. 쉽게 말해서 사물 자체의 성질과 사물들이 관계에 처해 기인한 성질을 나누어서 사물의 성질을 정의하려는 입장입니다. 그런데 생각해보면 사물 자체의 성질인 제1성질이 보기에 따라서 상대적으로 규정될 수도 있다는 비판이 있을 수 있습니다. 이 비판은 로크 바로 뒤의 철학자 버클리가 수행합니다.

로크는 또 법학에서 2권 분립을 주장한 학자로도 유명합니다. 프랑스의 몽테스키외(Baron de La Brède et de Montesquieu, 1689~1755)가 입법, 행정, 사법부의 3권 분립을 그의 『법의 정신(De l'esprit des lois)』(1748)에서 주장합니다. 이는 오늘날의 대통령제와 같습니다. 로크는 입법과 행정을 한데 묶고 이들을 사법으로부터 독립시킵니다. 오늘날로 말하면 영국이나 일본 등의 의원 내각제의 정체입니다. 의원 내각제는 내각 책임제라고도 부릅니다.

서양은 전통적으로 사법부가 독립이 되어 있습니다. 중세에도 사법부는 존재했습니다. 왕의 범죄에 대해서도 형식적으로는 사법부가 판결합니다. 백년전쟁에서의 잔 다르크 역시 재판에 회부되어 화형 선고를 받습니다. 물론 프랑스의 재판소가 아닌 적국 영국의 재판소였습니다. 서양의 재판 체제는 지금과 같이 보통 3심의 체제였습니다. 그러나 특별하게 종교의 이단이나 왕에 대한 반역 행위는 단심으로 재판했습니다. 유명한 마녀사냥 당시 그들에 대한 재판은 특별 재판소가 담당하는 1심 체제였습니다. 일반 범죄는 일반 재판소에서 했습니다. 서양의 재판관들은 그 직위가 세습되었습니다. 판사의 직위를 빌려주거나 임대도 했습니다. 그러니 당시의 사법부를 생각할 때 지금과 같은 엄격한 법적 절차나 인권의 보호에 기반을 둔 재판을 생각하면 안 됩니다. 이 말이 지금은 인권을 위한 법적 절차나 보호가 완전하다는 말은 당연히 아닙니다.

각종 고문들은 정식으로 행해졌습니다. 이것은 동양과 서양 모두 같습니다. 조선 시대에도 고문의 일종인 압슬(壓膝, 무거운 돌을 허벅지에 올려놓음), 낙형(烙刑, 인두로 몸을 지짐) 등의 잔인한 형벌은 18세기 영조 때 이르러서야 공식적으로 폐지됩니다. 아무튼 서양의 재판을 담당하는 계층은 전통적으로 별도로 있었습니다. 이것이 2권 분립과 3권 분립이 모두 사법부를 독립시키는 것과 관련이 있을 것입니다.

로크는 노동에 대해서도 언급을 합니다. 여기에서의 노동은 자연에 대한 개조 행위로서의 노동입니다. 만약 특정한 인간의 노동이 수행이 되었고 자연이 그 노동으로 인해 개조가 되었다면 그 개조된 결과로서의 수확을 특정한 개인이 어느 정도까지 인정을 받느냐의 문제입니다. 예를 들어 괭이로 밭을 갈아 씨를 뿌리고 수확물을 얻으면 내가 자연을 개조하여 수확을 한 것입니다. 그럴 때 내 노동의 수확은 전체의 몇 %일 수 있느냐는 얘기입니다. 그리고 땅과 자연의 몫은 어느 정도일까요? 그런 논의입니다.

이 당시에 철학자들은 다양한 직업을 겸하고 있었습니다. 직업으로서의 철학자는 칸트가 거의 최초입니다. 라이프니츠 역시 외교관으로 활약도 하였고, 스피노자는 렌즈 세공으로 자신의 직업을 삼았습니다. 벤담은 변호사였습니다. 베이컨은 대법관이었습니다. 로크도 의사이자 법관이었습니다. 과외교사도 겸했습니다.

당시 귀족들은 자녀들을 저명한 인사에 맡겨 과외를 시키는 게 유행이었습니다.

『국부론, 國富論, The Wealth of Nations, 원제: 국부의 형성과 그 본질에 관한 연구, An Inquiry into the Nature and Causes of the Wealth of Nations』의 저자 애덤 스미스(Adam Smith, 1723~1790)도 본직은 철학 교수였습니다. 그러나 귀족 자제의 과외수업을 맡고, 이 수업이 끝나자 학생과 함께 배를 타고 해외여행을 떠납니다. 이때는 과외수업이 최종적으로 끝나면 귀족이 축하하는 의미로 과외교사와 자녀를 해외로 여행을 보냈습니다. 『국부론』은 이때 쓰인 위대한 책입니다. 정작 애덤 스미스 본인은 그 전에 저술한 『도덕 감정론(The Theory of Moral Sentiments)』(1776)을 더 중요하게 여겼습니다. 먼저 개인으로서의 인간을 분석한 다음 사회 전체를 분석하는 절차로 넘어간 것입니다.

버클리

버클리는 이탈리아에서 활동한 가톨릭 주교였습니다. 좀 특별하죠? 사계(四季, Le quattro stagioni, 1725)를 작곡한 비발디(Antonio Lucio Vivaldi, 1678~1741)도 주교였다고 합니다. 그도 설교보다는 작곡하는 것을 더 좋아했다고 하네요. 데이비드 흄 또한 과외교사였습니다. 저술가이기도 했고요. 그가 저술한 『영국사(The History of England)』(1754~62)는 프랑스에서 대히트를 칩니다. 이 때문에 흄은 프랑스를 방문합니다. 많은 프랑스인들이 그를 환영합니다. 이때 루소와 친분을 쌓기도 합니다. 로크와 흄 모두 『인간 오성론』을 집필합니다. 로크의 저서는 『인간 오성론(*An Essay Concerning Human Understanding*)』(1690)인 반면, 흄의 저서는 『인간 오성론(*An Enquiry concerninag Human Understanding*)』(1748)입니다. 흄의 저서는 『인성론』으로도 부릅니다.

이제 버클리를 살펴보겠습니다. 언급했듯 그는 가톨릭의 신부로서 주교입니다. 따라서 그는 기본적으로 신에 대한 헌신의 태도를 지니고 있을 것으로 추측할 수 있습니다. 이런 그의 소명이 그의 철학에서 어떻게 개진되는지 살펴보는 것도 흥미로운 지점입니다. 로크는 물체의 제1성질과 제2성질을 구분했다는 얘기를 했습니다. 그는 제1성질로서의 크기나 형태, 무게 등은 물체에 고유한 것, 즉 인간의 관점과는 관계가 없는 것이고, 제2성질로서의 냄새나 맛 등은 단지 인간의 주관성에 기인하는 것이라고 봤습니다. 그런데 여기서 버클리는 날카롭게 로크의 주장이 모순되는 것을 알아챕니다. 로크가 말하는 사물의 본래 성질인 제1성질조차도 인간의 주관성에 기인하여 판단이 되는 것이 아닌지 버클리는 의문을 제기합니다. 크기나 형태, 무게 등이 사물의 본래적 성질에 진실로 기인하는 것인지 묻는 것입니다. 버클리가 볼 때 이것들 또한 제2성질과 마찬가지로 단지 인간적인 관점에 기인한 상대적인 성질일 뿐이라는 말입니다.

예를 들어 지구는 원형이라고 합니다만 사실은 타원형입니다. 개가 사물을 볼 때는 인간들처럼 칼라인 천연색으로 안 보이고 흑백으로 보입니다. 또 인간의 눈이 감지하지 못하는 천연색이 얼마든지 있을 수 있습니다. 인간의 눈은 180도만 볼 수 있지만 하마는 눈이 뒤로도 돌아가니 360도를 볼 수 있습니다. 매는 인간보다 훨씬 더 멀리 선명하게 볼 수 있습니다. 그렇다면 과연 더 좋은 눈이란, 보다 완전한 눈이란 어떤 눈일까요? 인간이 인간의 입장에서 사물의 완전한 모양을 지각하는 것이 가능할까요?

버클리의 사고는 이런 사고입니다. 어떻게 보면 로크의 말보다 버클리의 말이 더 과학적입니다. 버클리는 결론을 어떻게 끌어낼까요? 그는 로크가 말했던 물체의 고유한 제1성질까지도 단지 인간에게 의존적인 성질이라고 말하면서 그가 말하고자 했던 결론은 이미 드러납니다. 즉 철학자들이 추구하는 사물의, 물체의 진정한 성질까지도 인간에게 의존하는 상대적인 것이 될 수 있다는 말입니다. 그렇다면 우리는 어떻게 사물의 진정한 본성이나 본질을 알 수가 있습니까? 버클리의 주장은 여기서 짐짓 회의론이 되어버릴 위험을 내포합니다.

그러나 버클리는 여기에서 가톨릭의 신부답게 신을 다시 끌어들입니다. 일반적으로 관찰과 실험을 중시하는 경험론이 합리론보다 과학적인 논조를 많이 지니는데 버클리에게서는 좀 뜻밖입니다. 그에게서는 실체로서의 신이 물체의 존재를 다시 보증하게 됩니다. 인간의 감각이 사물을 지각하지 않을 때조차도, 인간이 사물에 대한 감각을 지니고 있지 않을 때조차도 신이 그 사물의 창조주로서 그 사물을 목격하고 지켜보는 이상 그 사물의 존재는 확실히 보증이 되는 것입니다. 인간과 신을 멋지게 유비한 것이죠. 신은 결코 그가 만든 피조물을 등한시할 리가 없으니 말입니다.

만약 저기 서 있는 나무를 인간이 보지 않을 때는 그 나무가 어떻게 존재할 수가 있는지 그를 비판하는 자들이 비꼬자, 버클리는 대답하기를 우리가 저 나무를 지켜보고 있지 않을 때조차도 신은 홀로 저 나무를 바라보고 있으니 그 나무는 지속적으로 존재한다고 응답합니다. 이것을 버클리 자신이 실제로 말했는지 알 수는 없으나 그의 철학이 사물을 파악하는 방식에 관한 은유적인 시로 남아있습니다. 우리는 신이 존재하는 이상 사물의 존재 자체를 의심할 필요는 없으니 안심하라는 얘기입니다.

그렇다면 왜 경험주의자들은 사물의 참된 존재성을 입증하려고 노력했을까요? 이는 이성주의자들이 전통적으로 사물의 존재를 의문에 부쳤기 때문입니다. 예를 들어 플라톤에게서는 사물은 진정으로 존재하는 것이 아니라 이데아의 모사이며 그림자일 뿐입니다. 사물은 인간의 불확실한 감각에 전적으로 의존하는 것입니다. 인간의 감각조차도 상대적이며 신뢰하기 어렵습니다. 그러므로 사물의 진실한 존재성을 우리는 알 수가 없습니다. 이성적으로 파악되지 않는다면 말입니다. 따라서 이성주의자들에게서 감각으로 바라보는 사물은 그것들이 진실로 존재하는 것은 아니게 됩니다. 이 지점에서 우리는 경험주의자들이 먼저 사물이 진정으로 존재한다는 것을 왜 입증하려 하는지 이해할 수 있을 것입니다. 존재의 확실성을 인간의 관념의 개입 없이 사물 측에서 정립하려고 한 것입니다.

흄

이제 데이비드 흄을 살펴보겠습니다. 흄 역시 경험론자인데 그의 인과론 비판 등은 유명합니다. 또 회의주의자(懷疑主義者)로도 유명합니다. Humism 하면 회의주의(skepticism)를 말하는 것이기도 합니다. 그의 철학은 영미 철학에 지대한 영향을 끼칩니다. 칸트 또한 흄의 『인성론』에서 인과론 비판에 관한 구절을 읽다가 독단의 잠(dogmatic slumber)에서 깨어났다고 할 만큼 비중 있고 예리한 철학자입니다.

모든 사건에는 인과(因果)가 있습니다. 인과란 원인(遠因)과 결과(結果)를 말합니다. 불교에서도 연기론(緣起論)이 있는데 이는 원인과 결과를 말하는 것입니다. 이른바 인연설(因緣說)입니다. 인과, 연기, 인연 모두 비슷한 개념입니다. 무엇이든 원인이 있으면 결과가 있습니다. 세계 내 모든 나타나는 현상을 결과라고 한다면 원인 없는 현상이란 결코 존재하지 않습니다. 세계의 존재 자체가 결과라면 세계를 나타나게 한 원인 또한 반드시 존재해야 합니다. 또 현재의 세계가 원인이라면 나타나게 될 미래의 세계 또한 결과로서 반드시 존재해야 합니다.

현재는 과거의 결과이고, 미래는 현재의 결과입니다. 나타날 미래는 그 이후에 나타날 미래의 원인입니다. 현재는 미래의 원인입니다. 그래서 뱀이 자기의 꼬리를 물고 도는 것처럼 윤회(輪回)를 기반으로 삼는 불교에서 이미 현재뿐 아니라 과거 또한 미래의 원인이 됩니다. 돌고 돌아가니 미래 또한 과거의 원인이 되어버립니다. 현재는 원인이자 결과가 됩니다. 과거도 그렇고 미래도 그렇습니다.

전생(前生)은 이승(금생, 今生)의 원인이고, 이승은 내세(來世)의 원인이 됩니다. 불교에서 볼 때는요. 그래서 무한히 윤회합니다. 선업선과(善業善果) 악인악과(惡因惡果)란 이것을 가리키는 말입니다. 누구도 윤회를 벗어날 수 없으며, 윤회를 벗어날 수 없는 한 인과에서 빠져나올 수도 없습니다. 선한 원인에 악한 결과가 있을 리 없습니다. 윤회란 영원한 시간 동안 회전하는 톱니를 물고 돌고 도는 쳇바퀴이기 때문입니다. 인생의 짧은 시간 동안 선한 원인에 악한 결과가 따르는 부조리, 악한 결과에 선한 원인을 따지는 모순은 무의미합니다. 시간을 확장시키면 선한 원인에는 반드시 선한 결과가 따르고, 악한 원인에는 반드시 악한 결과가 따릅니다. 연기설은 불교 이론의 토대입니다. 이 탄탄한 원인과 결과의 매듭을 기어코 끊는 것이 해탈(解脫)이고 열반(涅槃)입니다.

세계 내에서 원인과 결과의 고리를 벗어나는 현상은 존재하지 않습니다. 예외가 있다면 인간의 자유 의지 정도가 되겠습니다. 그러나 자유 의지의 존재를 부정하여 인간의 정신 현상조차도 일종의 결정된 현상으로 주장하는 철학자들도 있습니다. 결정론(決定論, Determinism)의 입장에 서 있다고 할 수 있습니다. 법, 도덕, 책임 등은 바로 이 원인과 결과로서 인과에 대한 철저한 긍정을 하지 않으면 인정할 수 없는 개념들입니다. 법적인 처벌, 도덕적인 비난, 행위에 대한 개인의 책임 등은 특정한 사람의 원인이 된 행위를 반드시 전제하기 때문입니다. 그래서 금치산자(禁治産者)나 한정치산자(限定治産者), 무능력자(無能力者), 정신 능력이 결핍한 자들에게는 법에서도 그 책임을 묻지 않거나 책임을 경감하는 것입니다.

남자 분들은 당구 좋아하시죠. 당구대 위에서 흰 당구공으로 빨간 당구공을 쳐야 빨간 당구공이 움직입니다. 맞추지 않으면 빨간 당구공은 움직이지 않습니다. 이때 우리는 앞에서의 흰 당구공이 뒤에서의 빨간 당구공이 움직인 원인이라고 말합니다. 뒤의 차가 과속을 해서 앞의 차와 부딪혔고, 앞의 차가 다시 그 앞의 차를 추돌했을 때 우리는 맨 뒤의 차가 이 두 접촉 사고의 원인이라고 부릅니다.

그렇다면 다음의 예를 들어 보겠습니다. 만약 어떤 길에서 고양이가 지나갑니다. 그 후에 교통사고가 났습니다. 다음날도 그 길에서 동일한 사고가 벌어집니다. 이런 일이 계속됩니다. 고양이가 지나갔고 이어서 교통사고가 난 것입니다. 고양이가 지나가지 않으면 교통사고가 일어나지 않는데 고양이가 지나갈 때마다 사고가 납니다. 그렇다면 이 고양이가 교통사고의 원인이라고 말할 수 있습니까? 흄이 볼 때는 인간은 이때 쉽게 고양이가 교통사고의 원인이라고 간주한다는 말입니다. 사건의 선후(先後) 관계에 따라서 인간은 익숙하게 판단한다는 말입니다.

1. 고양이를 보았다. 2. 교통사고가 발생한다. 이 두 가지 경우를 우리의 관념들은 서로 결합하여 사고한다는 말입니다. 고양이라는 관념과 교통사고라는 관념이 이윽고 서로 결합하기에 이른다는 말입니다. 그래서 결국 고양이를 볼 때마다 교통사고를 연상한다는 말입니다. 흄이 비판하는 것은 이때 고양이가 실제 교통사고의 원인인지 아닌지보다 인간의 사고들은 쉽게 이런 경우들을 서로 결합하는 것에 익숙하다는 말입니다. 고양이를 바로 쉽게 교통사고와 결합한다는 것입니다. 이른바 관념들을 연합시키는 것입니다. 날카로운 지적이지 않습니까?

특정한 사건이나 사물을 보면서 사람들은 재수 없다고 손사래를 치며 비난하거나 회피합니다. 이것들 역시 그 사건이나 사물들을 상호 잘못 결합한 경우들이 많이 있습니다. 또는 특정한 사람들이 그들의 일부분에 그친 그들만의 경험을 가지고 무작위로 일반화시켜 그 사물이 결국 특정한 좋지 않은 사건들의 원인이라고 잘못 추론하고 단정하는 습성들은 현대에도 여전히 남아있습니다.

조선 시대에 나라에 흉년이 들거나 기괴한 사건들이 일어날 때 임금은 하늘이 노(怒)했다고 해서 하얀 옷을 입고 기둥에 머리를 피가 나올 때까지 찧었습니다. 이 또한 현상의 원인을 잘못 추론한 대표적인 예입니다. 물론 동양 사상, 특히 조선 시대의 성리학은 천인감응설(天人感應說)이라고 해서 인간의 덕은 하늘과 통하므로 기상이변 등이 일어나면 하늘과 인간을 매개하는 왕의 잘못이 있다고 철학적으로 근거짓기도 하였습니다. 이런 예들은 현대에도 상당히 많습니다.

현대의 프랑스 철학자 베르그손(Henri-Louis Bergson, 1859~1941)은 그의 저서에서 원인을 세 가지로 구분합니다. 베르그손에 의하면 위의 흰 당구공이 빨간 당구공을 가격하는 인과는 추진력(推進力)입니다. 다이너마이트 도화선에 불을 붙여 도화선의 불이 타들어 가서 다이너마이트가 터지는 인과는 촉발(觸發)로 분류합니다. 마지막으로 레코드판의 핀이 돌아가면서 레코드판의 음악이 흘러나오는 인과는 전개(展開)로 구분합니다. 베르그손은 흄의 인과론 비판이 인접성(adjacement)에만 기반을 둔 것을 좀 더 확장해서 이렇게 세분하기도 하였습니다.

흄의 인과론 비판은 당대의 많은 이성주의자들을 당혹하게 하였습니다. 물론 흄의 비판에 의하면 경험주의자들이 주장하는 경험의 확실성도 보장할 수 없으니 경험주의자들의 위기도 당연한 것이고요. 정말로 인간이 생각하는 인과관계가 우리의 자의적인 정신에서의 관념의 연합에 불과하다면 경험주의가 기반을 두고 있는 실험과 관찰에 기반을 둔 자연에서의 인과관계를 찾으려는 노력도 수포로 돌아가고 맙니다. 과학으로 일컬어지는 학문 또한 인과의 확실성 위에서 성립하는 것이니 말입니다. 그래서 흄의 철학을 회의주의라 칭하는 것입니다. 그는 회의주의의 대표적 철학자입니다. 고대 회의주의자 피론(Pyrrhon, B.C. 360~270)의 이름을 따서 회의주의(skepticism)는 피로니즘(Pyrronism)으로도 불립니다.

철학자들의 사상은 개념들로 엮어져 있습니다. 이 개념들을 구성하는 것은 관념들입니다. 그런데 이 관념들의 결합이 자의적이고 근거가 없다고 흄은 비판하는 것입니다. 사물의 세계와 관념의 세계는 결정적으로 분리됩니다. 그리고 사물의 세계를 인간의 관념의 세계가 옳게 반영할 가능성은 흄에게서는 어렵습니다. 더구나 철학자들의 형이상학적 개념, 예를 들어 신이나 선, 자유, 영혼 불멸 등은 흄의 관점에 의한다면 그것을 입증할 수도 없을 뿐 아니라 문제가 제대로 성립조차 되지 않게 됩니다.

그렇다면 과학(科學, Science)은 어떻습니까? 과학은 철저히 결정론에 근거합니다. 원인과 결과의 탄탄한 결합을 전제하는 학문이 우리가 과학이라고 부르는 학문입니다. 예를 들어 지금 현재 세계적으로 코로나-19가 대유행 중인데 이 유행의 원인을 찾는 것이 과학입니다. 코로나로부터 인간이 안전하기 위해서, 코로나를 분석하는 것입니다. 그 본성을 찾아서 인간의 방어력을 높이는 것입니다. 또 유행을 차단하는 방법도 연구를 합니다. 이렇듯 어떠한 사건이든 원인을 찾아야만 대책이 나옵니다. 어떠한 사물이든 그 사물의 본성을 알아야 그 사물과 인간의 관계를 잘 정립할 수가 있습니다. 사건과 사물의 본성과 성격, 그것이 원인입니다. 그런데 이 원인의 구성이 자의적이라면 그 대책이나 결과 또한 대단히 자의적일 수밖에 없습니다. 자의적인 해법은 사태의 해결에 적절하지 못하게 됩니다. 이런 맥락에서 흄의 비판이 과학에 가하는 결과 역시 치명적일 수 있습니다.

실제로 잘못된 원인에 근거하여 결과들을 가상하는 것은 흄의 이전 시대, 예를 들어 중세시대에는 아주 흔했습니다. 마녀사냥을 예로 들어 봅시다. 당시의 자료에 의하면 한 여성이 마녀인지 아닌지 밝히는 방법은 몇 가지가 있습니다. 물론 마녀사냥이 여성에 국한된 것만은 아니고 남성도 해당됩니다. 그러나 주로 피해자는 여성이었습니다. 이것은 허황한 말이 아니라 실제로 당대의 법전이나 자료의 기록입니다. 마녀로 몰린 사람의 유·무죄를 밝히는 방법으로 그녀의 몸에 무거운 돌을 묶어 깊은 물에 던진 후에 다시 떠오르면 유죄, 즉 마녀로 단정합니다. 마녀로 몰린 사람이 가라앉으면 무죄입니다. 빨갛게 불로 달궈진 철판을 끝까지 걸어가면 무죄이고 못 걸어가면 유죄가 됩니다.

지위나 계급의 높고 낮음을 막론하고 마녀사냥에 엮이면 이런 식의 시험과 취조를 당해야 했습니다. 물론 이것은 재판관들이 정식으로 진행하는 재판입니다. 지금처럼 피고인을 취조하는 검사들도 있었습니다. 마녀로 몰리면 마녀로 몰린 사람은 이런 취조를 견디고 자신의 무죄를 입증하기 위해, 예를 들어 불에 달궈진 철판을 걸어가기 위해 미리 대비를 했다는 기록도 있습니다. 발바닥에 특정의 물질을 바르던지 덜 뜨겁게 하기 위해 재판관에게 뇌물을 주었다든지 말입니다. 지금도 법정에서는 무엇이 사건의 진정한 내막인지, 진정한 동기인지 밝히기 위해 검사와 변호사가 서로 다툽니다. 1심의 판결이 2심에서 바뀌기도 하고, 2심까지의 유죄 판결이 최종심인 대법원에서 무죄 취지로 파기되어 바뀌기도 합니다. 과연 진실은 무엇이며 진실이란 존재하는 것일까요?

진정한 원인이란 무엇입니까? 흄의 인과론 비판은 하권에서 더욱 자세히 논해보겠습니다. 그의 인과론 비판에 대 철학자 칸트가 어떻게 기술적으로 처리를 하는지도 역시 살펴보겠습니다. 칸트는 이 문제를 그의 역작 『순수이성비판(Kritik der reinen Vernunft)』(1781)에서 해결합니다.

흄의 주장을 더 살펴보겠습니다. 우리는 특정한 사물을 보고 인상(impression)을 받습니다. 인상은 외부에서 나의 신체에 찍히는 것입니다. 이 인상들이 결합하여 관념(notion)을 만듭니다. 빨간 꽃의 인상들이 내 신체에 흔적을 남겨서 저 꽃은 장미라는 나의 관념을 만듭니다. 이 꽃은 5월 말이면 활짝 핀다는 것을 지각한 나의 다른 인상과 결합하여 장미는 5월 말경에 피는 빨간 꽃이라는 또 다른 관념을 만듭니다. 이렇듯 장미라는 단어에서 우리는 몇 가지의 관념들, 그리고 그 관념들을 만들어낸 몇 가지의 인상들을 알 수 있습니다. 그렇다면 아침에 고양이를 보면 반드시 교통사고가 난다는 것은, 즉 고양이라는 관념과 교통사고라는 관념을 결합하는 것은 타당한 결합일까요? 물론 아닙니다. 그렇지만 이런 식으로 잘못 결합한 인간들의 관념들은 우리의 일상에서, 세계 곳곳에서 수도 없이 존재합니다. 특히 계몽이 되지 않은 국가라고 해야 할까요? 그런 나라들에선 우리에겐 도저히 납득이 가지 않을 정도로 이런 예들을 많이 가지고 있습니다. 종교에서도 이런 비합리적 추론을 근거로 성립한 계율들을 또한 많이 볼 수 있습니다.

우리는 우리가 목격하지 못한, 자연에서 예외적인 현상이 일어나면 이변(異變)이나 기적(奇蹟)으로 치부합니다. 이것은 단지 우리가 자연 현상을 완전히 알지 못하는 것에 단순히 기인하는 것일 뿐인데도 우리는 쉽게 그 현상을 자연의 내부에서 이해하려는 노력 없이 외부에서 작용하는 힘으로서의 기적이나 법칙을 벗어난 이변으로 치부하고 감탄합니다. 과연 이것들이 기적이나 이변일까요? 눈이 목격하지 못했다고 해서, 우리의 감관이 그동안 지각하지 못했다고 해서 과연 그 지각하지 못하는 특정한 현상은 애초에 자연의 내부에서는 존재하지 않는 것일까요? 물론 아닙니다. 설명하기 어렵다는 것이 그 인과관계가 전혀 존재하지 않는다는 결론을 끌어내지는 못합니다. 범위를 넓히자면 과학적으로 설명되지 않는다는 것이 종교적으로도 설명되지 않는다는 말은 아니며, 신경학적으로 설명되지 않는다는 말이 심리학적으로 설명되지 않는다는 말 또한 아닙니다. 반대로 종교적으로 설명된다고 해서 그것이 또한 과학적이라는 말은 아니며, 심리학적으로 설명된다고 해서 그것이 신경학적으로도 옳다는 말은 결코 아닙니다. 그런데 원인과 결과, 즉 인과관계를 합리적으로 설명할 수 있다면 그것은 이미 종교적인 언사가 아닌 과학적인 논리가 됩니다. 심리학적으로 인과관계가 설명이 된다면 이는 과학적이란 말이 되며, 만약 이때 신경학이 설명을 전혀 못 해낼 때 심리학은 신경학보다 더 과학적이고 논리적이라고 할 수도 있습니다.

그렇다면 기적은 존재하지 않는 것일까요? 과학이라는 학문이 경험에 기반을 둔 것이고 특정한 시대의 지식과 기술적 발전의 한계에 근거한 학문임은 분명합니다. 그렇다면 현대의 과학의 발전으로도 설명되지 못하는 자연 현상 또한 얼마든지 있을 수 있습니다. 그러나 그것이 우리의 지식으로 설명되지 못한다고 해서 그 현상이 자연에서 벗어난 초자연적인 것이라고 말할 수는 없습니다. 흄의 기적에 관한 논증은 이것과 관련합니다.

루소

이제 프랑스의 장 자크 루소를 살펴보겠습니다. 루소의 사상은 낭만주의적이고 자연주의적이며 또한 자유주의적입니다. 루소는 사회계약론(社會契約論)으로도 유명합니다. 또 그의 교육론인 『에밀』도 유명합니다. 또한 그의 유명한 『인간 불평등 기원론』(1755)이란 책은 디종(Dijon)시의 아카데미가 상금을 걸고 공모한 것에 루소가 기고한 논문을 2년 후에 수정하여 출판한 저서입니다. 당시는 제후나 왕들도 이렇게 지식인들을 대상으로 공모를 하고는 했습니다.

루소는 시계공의 아들로 태어났습니다. 어려서 어머니를 잃고 굉장히 빈한한 환경에서 자랍니다. 따라서 체계적 교육을 받을 수도 없었습니다. 다행히 한 귀부인을 만났습니다. 그는 남편과 별거 중인 프랑수아즈-루이즈 드 바랑이라는 남작 부인이었습니다. 그녀의 집에서 루소는 집사로 거주하게 됩니다. 이 부인은 자택에 많은 책들을 가지고 있어서 그 책들을 읽으면서 루소는 학문적 교양을 쌓게 됩니다.

루소의 부인은 테레즈 르바쇠르(Thérèse Levasseur)로 호텔의 세탁부입니다. 루소는 이 여성과 평생 혼인 관계를 유지했습니다. 둘과의 사이에서 자식을 5명 낳습니다. 정식 결혼은 하지 못합니다. 사실 혼 관계였던 것입니다. 아마 빈한한 환경 탓으로 추정됩니다. 가난해서 자식들 모두를 고아원에 보냅니다. 이런 면들이 루소를 비판하는 사람들에 의해 그의 결점으로 취급되는데, 사실 그 당시 가난했던 프랑스의 민중들은 많은 자녀들을 이와 같이 탁아소에 보내고는 했습니다. 당시 프랑스는 국가적으로, 특히 혁명기에는 탁아 제도가 발달하였습니다. 인위적으로 산아 제한을 할 수도 없는 시기인지라 어쩌면 가난한 민중들에겐 이게 최고의 방법이었는지도 모릅니다. 우리가 현대의 관점만으로 특정한 역사적 시기의 세태에 대해 당대에 대한 지식 없이 무차별적인 비난만 하는 것은 적절치 않아 보입니다.

루소는 그의 부인과 죽을 때까지 같이 지냅니다. 루소의 또 하나의 문학 저술은 『신 엘로이즈(Nouvelle Héloïse)』(1761)라는 책입니다. 서간체의 장편 소설로 낭만적인 연애소설입니다. 이 책을 펴낼 즈음의 루소는 유명해질 대로 유명해져서 펴내는 책마다 베스트셀러가 됩니다.

루소는 그의 인생 자체가 가난하고 험난한 삶의 역경이었음에도 불구하고 인간에 대한 긍정적이고 애틋한 관점을 버리지 않았습니다. 자연주의라는 것은 기본적으로 인간의 본성에 대한 신뢰를 기반으로 합니다. 인간의 자연성에 대한 신뢰를 가지는 것입니다. 그렇다면 이러한 인간의 본성과 자연성에 대립되는 것들은 무엇일까요? 바로 사회의 관습과 제도들입니다. 따라서 루소의 교육론은 기존의 관습과 제도를 비판하고 인간의 본성을 긍정하며 숨겨진 능력을 잘 끌어내는 데 치중합니다. 인간의 본성들이 인위적 제도로 인해 왜곡되어 있다고 루소는 바라보는 것입니다. 이 제도에는 당대의 교육도 포함합니다. 인간을 기본적으로 선하게 바라보는 것입니다. 그래서 인간의 선한 본성은 잘 개화시키기만 하면 되는 것입니다.

인간의 타고난 본성을 잘 개화시키고 발현시키면 되는 것이니, 작위적이고 인위적인 교육을 비판할 수밖에 없습니다. 태초에 자유로웠던 인간을 옭아매는 제도나 악습에 대한 비판이 자연스럽게 수반이 됩니다. 이러한 루소의 주장들은 미국 독립 등 근대의 유럽의 정치사와 사상계에 지대한 영향을 주게 됩니다. 낭만주의와 자연주의는 서로 소통하는 부분이 있습니다. 낭만주의는 인간이 지닌 정념의 발현을 옹호하는 사상이니 차가운 이성적 사려보다는 뜨거운 가슴의 정열을 긍정합니다. 자연주의도 문명에 대한 경계, 본성을 억압하는 작위적 제도에 대한 우려가 있으니 둘 다 인간의 본래 본성이나 정념을 긍정하는 것입니다. 그런 측면에서 보면 동양에서의 맹자의 성선설(性善說)과 비슷하다고 볼 수 있습니다.

맹자도 인간 본성의 선함, 즉 성선설을 주장합니다. 맹자는 인간의 선한 본성을 해하는 포악한 임금, 즉 폭군(暴君)에 대해서는 역성혁명(易姓革命)까지도 긍정을 합니다. 맹자가 사단(四端)을 얘기할 때 이것은 인간이면 누구나 가지고 있는 선한 본성들입니다. 사단은 네 가지 단초(端初)라는 말입니다. 측은지심(惻隱之心), 수오지심(羞惡之心), 사양지심(辭讓之心), 시비지심(是非之心)이 그것들입니다. 측은지심은 측은해 하는 마음, 즉 어려움에 처한 사람을 측은히 여기는 마음을 뜻합니다. 수오지심은 악을 싫어하는 마음, 즉 의롭지 못함을 부끄러워하고 미워하는 마음입니다. 사양지심은 사양하는 마음, 즉 겸손하게 사양할 줄 아는 마음입니다. 시비지심은 시시비비를 가리는 마음, 즉 옳고 그름을 가리는 마음입니다. 이는 인간이면 누구나 가지고 있는 품성들입니다. 사단은 인간의 천성에 대한 신뢰를 바탕으로 하니 서양의 천부인권설(天賦人權說)과도 통합니다. 그런 의미에서 맹자 사상과 루소 사상은 서로 통한다고 볼 수 있습니다.

루소는 이러한 인간관을 가지고 사회 계약설을 주장합니다. 인민(people)의 의사는 불가침이며 결코 양도될 수 없는 자연적 의지(will)입니다. 그러나 이 의지는 단순한 개인적 의지의 집합으로서의 의지와 구분됩니다. 단순한 집합으로서의 전체 인민들의 의지가 전체 의지라면, 그리고 수적으로 일부에 지나지 않은 인민들의 의지가 부분 의지라면 전 인민들의 보편적 의지는 일반 의지(一般 意志, Volontegenerale, general will)입니다. 이것은 사회를 진보하게 하는 의지로서의 일반적 의지입니다. 이성적 의지입니다. 후의 헤겔 철학에 비유하면 절대정신이 구현하는 자기 전개로서의 의지입니다. 루소는 당대의 인민들은 세계의 도처에서, 일상의 곳곳에서 족쇄에 묶여있다고 주장하며 이것을 끊고 해방시키는 자유에 대한 철저한 옹호자입니다. 이 구속을 끊고 인간들의 보편적 자유를 구현하는 것이 루소의 일반 의지입니다.

사회 계약설은 프랑스 혁명은 물론이고, 미국 독립 전쟁에도 지대한 영향을 준 사상입니다. 이에 의하면 인민들의 주권은 결코 양도될 수 없으며 대의될 수도 없습니다. 인민들은 그들의 주권을 본질적으로 그리고 본성적으로 소유하나 잠시 국가에 위임하는 계약에 의해 국가의 통치를 받는 것일 뿐입니다. 만약 국가가 인민들의 일반 의지에 부합하지 않는 통치를 한다면 인민들은 국가에 위임한 그들의 주권을 언제든지 회수할 수 있습니다. 이것은 대표를 통한 통치를 하되 그들에게 주권을 전적으로 양도하는 대의제 형태와는 다릅니다. 대의 정치(代議 政治)란 인민에 의한 직접 민주정치를 지양하고 사회의 엘리트를 선출하여 그들에 의한 정치를 하는 것입니다. 주로 영국식의 대의 정치입니다.

그러나 루소의 사회 계약은 인민들이 그들의 주권을 본질적으로 지니고 있으며, 그들 자신들의 주권을 양도하지도 않습니다. 주권은 오직 인민들의 것이며, 주권의 본성은 인민들에게 있는 권리입니다. 또한 그들의 대표는 인민들의 직접적 의사를 대리로 수행하는 것일 뿐입니다. 즉 인민은 그들이 위임한 권력을 언제든 회수할 수 있다는 말입니다. 그런 의미에서 루소의 사회계약론은 직접 민주주의의 정신을 내포하고 있습니다. 반면에 영국적 대의 정치는 간접 민주주의의 정신에 기반을 두고 있습니다.

여기에서의 인민(people)은 계급으로서의 민중(民衆), 즉 프롤레타리아트(Proletariat, 무산계급, 無産階級)도 아니고 소수의 엘리트도 아니라는 것을 주의해야 합니다.

여기 보시는 철학자는 스피노자입니다. 스피노자 또한 제가 하권에서 별도로 장을 할애하여 설명하겠습니다. 스피노자는 유대인이었고 파문(破門)을 당한 철학자입니다.

잠깐 홀로코스트(Holocaust)에 대해 설명을 해드리겠습니다. 제 2차 세계대전은 독일과 이탈리아, 일본이라는 주축국과 미국, 영국, 프랑스, 소련 등의 연합국이 싸운 전쟁입니다. 우리나라는 35년을 일제의 지배하에 놓이게 됩니다.

홀로코스트라는 말은 원래 대량 학살이라는 말입니다. 종족 학살로서의 제노사이드(genocide)입니다. 그러다가 제2차 세계대전 이후 아돌프 히틀러(Adolf Hitler, 1889~1945)로 대표되는 국가사회주의 정권에 의해 자행된 유대인 말살 정책을 특정지어 1960년대 이후부터 홀로코스트로 부르기 시작합니다. 이는 인종 말살 정책에 다름 아닙니다. 히틀러는 나치(Nazi, 국가사회주의독일노동자당, Nationalsozialistische Deutsche Arbeiterpartei)의 지도자였습니다. 제1차 세계대전의 패배 후 독일은 심각한 경제난에 처합니다. 베르사유 강화조약(Treaty of Versailles, 1919)에 의해 승전국들에 배상하게 된 배상금도 천문학적 액수였습니다. 배상금은 1,320억 마르크, 우리 돈으로 약 300조 원에 달했습니다. 이는 당시 독일 국민총생산의 2년 치에 해당하는 엄청난 액수의 금액이었습니다. 그것을 배상하기도 벅차고 치솟는 인플레, 실업률 등 경제난에 패전국 독일은 허덕입니다. 이 난국을 돌파하기 위해 나치는 자신들의 생존 영역, 즉 영토를 넓히는 전쟁에 돌입합니다. 체코슬로바키아, 폴란드, 프랑스 등 주변국으로 파죽지세로 밀고 들어갑니다. 농토와 석유 등

을 확보하기 위해 우크라이나로도 진격을 합니다. 북아프리카에서
는 유명한 롬멜(Erwin Johannes Eugen Rommel, 1891~1944) 장
군이 전차로 독일의 영역을 확장합니다.

또한 독일의 경제적 곤궁, 사회적 혼란 등을 유대인에게 그 책임을
덮어씌우고 인종 청소를 자행합니다. 그들이 말살의 대상으로 삼았던
사람들은 유대인 이외에도 동성애자, 슬라브족, 집시, 장애인 등 다양
합니다. 사회적 소수자, 성적 소수자들을 겨냥합니다. 이때 유대인만
유럽에 살던 9백만 명 중 3분의 2인 6백만 명이 죽었다고 합니다.

유명한 아우슈비츠 강제 수용소(Konzentrationslager Auschwitz)
는 폴란드의 오시비엥침(Oświęcim)에 있었습니다. 이 도시를 독일
어로 아우슈비츠라고 부릅니다. 폴란드는 전통적으로 유대인들에
게 정착을 상당히 허용해서 많은 유대인들이 살고 있었습니다. 디아
스포라(diaspora)는 세계 각지에 흩어져 사는 민족을 말하는데 유대
인들 역시 세계 각지에 흩어져 살고 있었습니다. 중세에도 유대인들
은 각국으로부터 학대받고 소외를 당해서, 거주가 허용된다고 해도
그들의 거주지는 특정한 곳으로 정해져 있었고, 정치적 이유에 의해
수시로 타지나 국외로의 추방, 공공연한 박해를 당해야만 했습니다.
직업 선택의 자유도 그들에게는 없었습니다. 이는 유대인들이 예수
의 죽음에 책임이 있다는 종교적 이유도 상당한 부분을 차지합니다.

예수의 재판에서 로마 총독 본디오 빌라도(Pontius Pilatus, 폰티
우스 필라투스, 유대 총독 재임: 26년~36년)는 예수를 살려주려 합
니다. 그러나 유대인들이 그를 죽이라 소리칩니다. 그들의 신, 즉 예
수를 죽였다는 기독교인들의 분노로, 서양의 기독교 문명과 왕국들

에 의해 유대인들은 역사가 지속되는 내내, 중세 때의 회화나 벽화에서도 저주받은 모습과 인물들로 자주 등장합니다. 주로 게걸스러운 모습이나 돼지와 같이 있는 모습으로 묘사됩니다.

신약성서에서 예수가 마귀, 즉 귀신들을 쫓아내자 귀신들은 자신들을 돼지 안으로 들여보내 주라 간청합니다[(마태 8:28~34), 개역개정]. 이렇게 돼지는 마귀 즉 사탄(Satan)과 동일시되는 동물이었습니다. 이슬람교, 유대교 모두 그렇습니다. 이러한 종교적 이유도 역사내내 고려되어 유대인들은 제대로 된 직업을 구할 수도 없었습니다.

또한 유대교는 예수를 신으로 인정하지도 않습니다. 더하여 상당히 폐쇄적인 종교 체제를 유지하고 있습니다. 가급적 유대인들은 그들끼리만 통혼(通婚)을 합니다. 아버지나 어머니 한쪽만 유대인이면 그들은 같은 유대인으로 부릅니다. 반면 기독교로 개종하는 유대인은 유대인의 사회에서 배제됩니다. 이렇듯 그들은 강한 민족적, 종교적 동질성에서 성장한 집단입니다.

따라서 유럽의 거의 모든 국가가 유대인을 이질적 집단으로 취급하였습니다. 개종하지 않으면 게토(Ghetto)라 불리는 별도의 구역에서 폐쇄적인 생활을 하도록 강요당하였습니다. 심지어 재산을 몰수하고 추방하기도 하였습니다. 근대 철학자 스피노자도 할아버지가 마라노(marrano) 출신이었습니다. 마라노는 스페인이나 포르투갈에서 추방된 유대인들의 집단으로서 이들은 기독교로 개종한 유대인들입니다. '마라노'라는 말은 스페인어로 돼지나 지저분한 사람을 가리키는 말로써 역시 유대인들을 비하하는 용어입니다. 추방된 마라노들이 비교적 사상적으로 개방되고 자유로운 신교 국가인 네덜란드에 정착한 것입니다. 그래서 스피노자는 네덜란드가 그의 고향입니다.

그런가 하면 소련의 스탈린(Iosif Vissarionovich Stalin, 1878~ 1953)도 전체주의 통치하에서 2천만의 목숨을 희생시킵니다. 혁명에 저항하는 반동분자로 몰아 시베리아로 유형(流刑)을 보냅니다. 강제 노동의 형벌입니다. 또 소수민족들을 중앙아시아 등지로 강제 이주시킵니다. 이들 중의 조선인 후손들이 지금 중앙아시아에 사는 고려인들입니다. 물론 일제로부터의 독립을 위한 운동을 위해 이주한 이들도 있습니다. 그 당시에는 사람 목숨은 정말 파리 목숨이었습니다. 엄청난 수의 인명들이 죽었습니다.

전쟁이란 것이 그렇습니다. 제1차 세계대전 때도 마찬가지였습니다. 군사 기술은 급격히 발전하여 기관총이 등장을 합니다. 그런데 여전히 전술은 중세의 전술을 구사합니다. 그 결과 대량의 인명 피해들이 발생하는 참호전이 나타납니다. 양측에서 불과 수십 미터를 사이에 두고 참호를 파며 서로 대치합니다. 서로 참호를 뺏으려 전진하면서 기관총이 난사됩니다. 당연히 많은 인명들이 허무하게 죽습니다. 대표적으로 2차 대전에서도 스탈린그라드 전투(Battle of Stalingrad, 1942년 8월~1943년 2월 2일)는 인류 역사상 가장 큰 단일의 전투였습니다. 도시 하나를 두고 벌이는 전투가 실로 양측 모두에게 엄청난 전사자와 희생을 요구했습니다. 인명 피해가 소련과 독일 양측에서 무려 170만에서 200만이라고 합니다. 무의미한 전쟁에 고귀한 인명들이 참으로 허망하게 죽어 나갔습니다.

나치 정권은 거리에 다니는 유대인들에겐 옷에 유대인의 표지인

다윗의 별

다윗의 별을 붙이고 다니게 했습니다. 옷에 붙은 표지는 사람들이 그들을 멀리하도록 만듭니다. 사회적으로 자연스럽게 격리되는 것입니다. 지금도 이스라엘 국기에 이 다윗의 별은 그려져 있습니다. 히틀러는 아리안 인종주의로서 게르만족 우선주의를 내세웁니다. 즉 아리안 인종으로서 게르만족인 독일 민족은 선천적으로 우수한 민족이라는 사상입니다. 우수한 민족이니 그들이 다른 민족을 지배하는 것은 생물학적으로 타당하며 필연적이라는 주장입니다. 백인들이 흑인들이나 아시아인들을 노예로 부리는 것은 필연적이며 합리적이라는 주장과 같은 논리입니다. 그런데 이러한 터무니없는 주장들은 현대에도 그대로 남아있었습니다. 남아프리카공화국의 아파르트헤이트(Apartheid, 1948~1994)나 오스트레일리아의 백호주의(White Australia policy, WAP, 1901~1973)를 보시면 됩니다.

독일 민족은, 게르만족은 금발에 골격도 우수하고, 두뇌도 우수하며, 키도 크고 지적으로도 탁월하다는 등의 인종적·민족적 우월성이 있다고 주장합니다. 그리고 이 허황한 주장을 과학적으로 입증하

1935년 베를린에서 '가장 아름다운 아리안 아기'로 뽑힌, 우량아이다. 선전상 괴벨스가 우승자를 직접 선정했다. 그러나 이 아기의 이름은 헤시 레빈슨(Hessy Levinsons)으로 1934년 출생한 유대인이다.

기 위하여 체계적인 연구도 수행합니다. 그리고 진정한 게르만인을 다른 인종과 종족으로부터 가려내기 위한 정책들을 추진합니다. 지금은 사라진 학문인 골상학(骨相學, Phrenology)을 연구합니다. 지금의 유전학 비슷한 것일까요? 순수한 피, 순혈(純血)의 독일인들을 발견하고 기르기 위한 정책을 세웁니다.

이 정책이 우스운 결과를 가져온 경우가 있습니다. 예를 하나 소개해 드리겠습니다. 우량아 선발대회입니다. 저 어렸을 적에도 우량아선발대회가 있었습니다. 튼튼하고 건강한 아기들을 뽑는 대회입니다. 저울에 아기의 몸무게를 재고 그랬습니다. 여기 히틀러 치하 독일의 우량아 선발대회에서 1등을 한 아기의 사진이 있습니다. 아주 귀엽고 잘생겼습니다. 머리색도 금발이니 순수한 독일 혈통으로 보입니다. 아주 보배로운 게르만족 독일인으로 생각되었을 것이고 그러니 이리 공표되었을 것입니다. 그러나 사실 이 아기는 엄마와 아빠가 모두 유대인인 것으로 밝혀집니다. 즉 나치가 그리도 혐오하던 유대인의 핏줄이며 유대인 아기입니다. 코미디도 이런 코미디가 따로 없습니다. 국가 정책의 목표가 황당하고, 그 정책의 근거도 미약하면 이리 엉터리 현상들과 결과들이 나타나기 마련입니다. 이것은 현대에도 여전합니다. 나치 독일에서의 이런 우생학의 영향은 일본의 조선지배에도 이용됩니다. 인종적으로 조선인을 열등하게 만들기 위해서 우생학은 이용됩니다. 제가 어렸을 때의 우량아 선발대회도 이런 우생학의 영향에서 벗어나지 못한 어리석음의 표현이지요. 건강은 국력이라고 할때 전자의 건강이 혹시 우생학에서 말하는 건강은 아닌지 의심해보아야 합니다. 우생학적 건강이 우등함이며 그것이 국

Land	Zahl
A. Altreich	131.800
Ostmark	43.700
Ostgebiete	420.000
Generalgouvernement	2.284.000
Bialystok	400.000
Protektorat Böhmen und Mähren	74.200
Estland - judenfrei -	
Lettland	3.500
Litauen	34.000
Belgien	43.000
Dänemark	5.600
Frankreich / Besetztes Gebiet	165.000
Unbesetztes Gebiet	700.000
Griechenland	69.600
Niederlande	160.800
Norwegen	1.300
B. Bulgarien	48.000
England	330.000
Finnland	2.300
Irland	4.000
Italien einschl. Sardinien	58.000
Albanien	200
Kroatien	40.000
Portugal	3.000
Rumänien einschl. Bessarabien	342.000
Schweden	8.000
Schweiz	18.000
Serbien	10.000
Slowakei	88.000
Spanien	6.000
Türkei (europ. Teil)	55.500
Ungarn	742.800
UdSSR	5.000.000
Ukraine 2.994.684	
Weißrußland aus-	
schl. Bialystok 446.484	
Zusammen: über	11.000.000

홀로코스트 계획표 1942년 유대인 절멸을 최종 확정한 반제 (Wansee)회의 회의록 6쪽이다. 홀로코스트 실무 책임자인 아돌프 아이히만의 이름을 따 '아이히만 리스트'로 불린다. 유럽 전역의 유대인 학살 대상자를 취합해놓았다.

력입니까? 단지 이데올로기일 뿐이죠. 그것을 간파해낼 수 있어야 합니다.

여기를 보시면 홀로코스트의 구체적인 계획표가 나옵니다. 히틀러 정부에서 수립한 유대인 학살 계획표라고 해야겠습니다. 독일어로 쓰여 있습니다. 아마 공식적으로 독일의 공무원들에게 보내진 지침이나 보고서 같습니다. 리투아니아(Republic of Lithuania)도, 벨기에(Kingdom of Belgium)도 적혀 있습니다. 노르웨이(Norge)도 보입니다. 불가리아(The Republic of Bulgaria), 영국(United Kingdom), 핀란드(Republic of Finland)도 나옵니다. 불가리아에서는 유대인을 4만 8천 명을 죽이겠다고 표에 적혀 있습니다. 영국에서는 유대인 33만 명을 죽이겠다고 나옵니다. 핀란드에서는 2천 300명, 노르웨이에서는 1천 3백 명, 아일랜드(Republic of Ireland)에서는 4천 명, 이탈리아(Repubblica Italiana)의 한 지방에서는 5만 8천 명, 알바니아(Republic of Albania)에서는 2백 명을 죽이겠다는 계획표입니다. 이 숫자의 유대인들을 모두 학살하고 제거한 후 그곳을 게르만인의 땅으로 만들겠다는 계획표입니다.

제2차 세계대전의 진행 중 독일군이 가장 곤경을 겪었던 전선은 우리가 익히 들어 아는 서유럽의 전선이 아닙니다. 독일이 특히 곤경을 겪었던 전선은 노르망디 상륙작전(Battle of Normandy, 1944년 6월 6일)으로 유명한 서쪽의 전선이 아니라 오히려 소련과 맞닿은 동부의 전선이었습니다. 소비에트 연방 공화국은 지리적 위치상 날씨가 매우 춥습니다. 또한 병력 자원이 아주 많습니다. 이전의 보나파르트 나폴레옹도 러시아 정벌과 실패를 기점으로 프랑스군의 전운이 쇠해져 가기 시작했었습니다.

제2차 세계대전 중 독일의 아돌프 히틀러도 나폴레옹과 똑같은 전철을 밟습니다. 드넓은 러시아 땅에서 러시아 군은 동쪽으로 동쪽으로 후퇴를 거듭합니다. 후퇴하면서 그들은 적의 보급품이 될 식량, 주택, 작물 등을 모조리 불태웁니다. 이른바 청야전술(淸野 戰術)입니다. 청야전술이란 손자병법(孫子兵法)의 '견벽청야(堅壁淸野)'에서 유래한 전술로 적군이 보급으로 삼을 만한 아군 지역의 모든 물자들을 없애는 것입니다. 따라서 유럽에서 쳐들어가는 나폴레옹 군대의 보급선이 지나치게 길어집니다. 러시아군은 곳곳에서 이 길어지고 늘어진 프랑스군의 보급선을 공격합니다. 더구나 날씨는 동토(凍土)의 땅답게 살이 에이고 찢어지는 강추위의 겨울입니다. 러시아의 겨울을 견뎌내는 군대는 없었습니다. 아돌프 히틀러도 스탈린그라드 전투를 소련군의 청야전술 하에서 치릅니다. 그리고 러시아의 찬 겨울을 맞이합니다. 결국 러시아의 겨울을 견뎌내려다가 실패하고 철수합니다. 나폴레옹과 마찬가지입니다. 나폴레옹과 히틀러 모두 러시아 영토를 침략하면서 무수한 인명들이 철수 중에 죽어 나갔다는 공통점은 있습니다.

에스파냐(España)에서는 프란시스코 프랑코(Francisco Franco, 1892~1975)라는 독재자가 있었고, 이탈리아에서는 무솔리니(Benito Andrea Amilcare Mussolini, 1883~1945)라는 파시스트(Fascist)가 있었습니다. 무솔리니는 히틀러보다 몇 년 일찍 항복했지만 프랑코는 동맹을 끊고 연합군 측에 합류한 후 그 이후로도 1975년 죽을 때까지 호의호식합니다. 프랑코는 나치와 협력하여 유대인을 학살합니다. 로마가톨릭을 지킨다는 명분하에 스페인 내전 때 좌파들을 철저히 제거합니다, 무정부주의자, 공산주의자들은 내쳐지고 독재 체제는 더욱 공고해집니다. 세계 각국에서 지식인들이 자원하여 프랑코의 독재에 저항하여 내전 상태에 돌입하지만 결국 저항은 실패하고 내전에서 패배합니다. 유명한 『노인과 바다(*The Old Man and the Sea*)』(1952)의 저자 헤밍웨이(Ernest Hemingway)도 스페인 내전에 공화 혁명을 지지하며 종군 기자로 참전합니다. 『누구를 위하여 종을 울리나(*For Whom the Bell Tolls*)』(1939~1940)라는 그의 저술은 이 기자로서의 경험을 살린 것입니다.

프랑코의 승리 후 25만 명의 스페인 국민이 고국을 등지고 이웃 프랑스 등으로 이민 길에 오릅니다. 프랑코와 그의 군대, 그리고 이들과 연합한 가톨릭 세력은 프랑코 집권 기간 동안 좌파 인사들의 유아를 납치하고, 살해하거나 매매하였습니다. 밝혀진 것만 30만 건이 넘습니다. 프랑코 정권이 좌파 혹은 공화파 인사들을 암매장하거나 몰래 처형시킨 것이 부지기수입니다. 여러 가지로 나치와 많이 닮은 정권입니다.

공화파 여성들도 엄청난 수난을 당해야 했습니다. 그래서 지금 스페인의 페미니즘은 이렇게 남성과 가톨릭을 빙자한 권력의 학대를 경험해야 했기에 지금도 강성입니다.

세계대전을 두 번이나 일으킨 독일은 연합군 측에 의해 다시는 전쟁을 일으키지 못하도록 견제를 받습니다. 미국은 독일의 서쪽을 점령하고 소련은 독일의 동쪽을 점령합니다. 서독과 동독으로 나뉘는 것입니다. 독일의 수도 베를린(Berlin)은 미국과 소련이 다시 서와 동으로 양분합니다.

아우슈비츠 제2수용소(비르케나우)에 도착한 유대인들. 아동, 여성, 노인 등 약자들은 바로 가스실로 직행했다.

일본과 전쟁을 치를 때도 연합군 측은 소련의 전선 개입을 적극적으로 요청합니다. 이후 일본이 패배를 공식적으로 시인하게 된 동기에는 소련의 일본에 대한 선전포고와 참전이 주요한 계기가 됩니다.

다시 얘기를 돌려 나치의 유대인 학살 계획표를 보도록 하겠습니다. 이 도표에 의하면 위에서 언급한 나라들에 더하여 포르투갈(República Portuguesa)에서 3천 명, 루마니아(Romania) 33만 2천 명, 슬로바키아(Slovenská republika)는 8만 8천 명, 터키(Türkiye Cumhuriyeti) 5만 5천 5백 명, 소련(Союз Сове́тских Социалистических Респу́блик, USSR)에서는 5백만 명을 죽인다는 계획이 적혀 있습니다. 여기에서는 구체적으로 우크라이나(Ukraine)에서 2백2십9만4천2백8십4명을 죽인다고 되어있네요. 합계가 모두 1천 1백만 명 이상이라고 되어 있습니다.

여기 아우슈비츠로 가는 열차를 탑승하려 기다리는 유대인들의 모습이 있습니다. 아기를 안고 있는 젊은 엄마의 모습도 보이고요. 이들이 곧 자기들이 가스실로 죽으러 가야 한다는 것을 몰랐을까요? 아닙니다. 전부라고는 못하지만 유대인 대개는 분명히 알고 있었을 것입니다. 그래서 미리 손을 써서 이 죽음으로의 대열에서 빠지는 사람도 있었습니다. 영화 「쉰들러 리스트(Schindler's List)」(감독: 스티븐 스필버그, Steven Spielberg, 1993, 미국)의 쉰들러(Oskar Schindler, 1908~1974)는 유대인들을 이 열차에 태우지 않기 위해 수감된 자들을 미리 빼는 계획을 세웁니다. 죽음이 일상이 되는 시대라 죽음 앞에서 의연하다고 해야 할까요? 사진을 보면 대개 담담한 모습들입니다.

우리도 기록물에 보면 여수·순천 반란 사건이나 제주 4.3 사건 때 좌익 부역자들을 공개 총살하는 모습들이 영상으로 남아있습니다. 제주도에서는 좌익 부역자를 가리기 위해서 학교 운동장에 공무원이나 경찰들, 우익 단체의 사람들이 좌와 우로 도열한 가운데 부역자로 의심되는 사람들을 운동장 가운데로 걸어서 통과하게 합니다. 그러면서 좌우에 도열한 사람들이 특정인들을 부역자라고 뒤에서 손가락으로 가리킵니다. 그러면 심문도 하지 않고 바로 다른 쪽으로 데리고 가 바로 총살합니다. 공개 총살 전 굴비 엮듯 서로 포승줄에 묶여있는 사람들이 담배 한 개비 피우면서 서로 웃으며 담소하는 모습들도 영상으로 남아있습니다. 앞줄부터 사람들이 끌려 나가고 자기도 바로 몇 분 후에는 총살을 당할 처지인데도 말입니다. 슬픈 일입니다. 이렇듯 이 시대는 동양 서양 할 것 없이 인명 경시의 풍조가 최고에 달한 시대라고 볼 수 있습니다.

독일 바이마르 근교 부헨발트(Buchenwald) 수용소의 수 감자들, 1945년 해방직후 찍은 사진으로 기아로 앙상하지 만 표정이 밝다.

아우슈비츠 수용소 화장장에서 유대 인 시신을 불태워 처리하는 장면, 존 더코만도(Sonderkommando)라 불 리는 특수직무 수감자가 은밀히 촬영 한 귀중한 사진이다.

　여기 이 사진은 제2차 세계대전 때 수용소에 있는 유대인 포로들 을 찍은 사진입니다. 난민 캠프라고 영어로 적혀져 있습니다. 다들 삐쩍 말라서 피골이 상접합니다. 이쪽 다른 사진은 가스실에서 죽은 시체들을 소각시키는 장면입니다. 언급했듯 나치의 인종 학살에는 유대인들만 있었던 것이 아닙니다. 소수 인종들, 집시들, 동성애자 들, 슬라브인들, 장애인들 등 힘없는 사회의 소수자들은 저항 한번 하지 못하고 국가의 폭력에 당했습니다. 소각시키는 자들 역시 유대 인입니다. 그들도 소용을 다하면 역시 그들이 태우는 시체와 같은 처지가 될 것이라는 것을 알았을까요?

　그렇다면 나치에 부역하는 사람들은 제정신이 아닌, 단지 광기 에 사로잡힌 몇몇 사람들이었을까요? 이러한 행위들이 단지 히틀 러를 추종하는 괴링(Hermann Wilhelm Göring, 1893~1946)이나 괴벨스(Paul Joseph Goebbels, 1897~1945) 등 몇몇 독일 관료들과 국가사회주의를 추종하는 일부 독일인들만의 행태였을까요? 결코 아닙니다. 우리는 히틀러가 무력 쿠데타가 아니라 정식으로 독일 국민들의 민주적 선거를 통해서 집권하였다는 것을 기억해야 합니다. 첫 번째는 수상으로, 두 번째는 총통으로 히틀러는 독일 국민들의 민주적이고 절대적인 지지를 얻었습니다. 최초에 힌덴부르크(Paul Ludwig von Beneckendorf und von Hindenburg, 1847~1934) 대통령이 이리 미천한 하사 출신에게 수상을 맡길 수가 없다고 거부했는데도 불구하고 그는 독일 국민과 정치인들의 압도적인 지지로 수상이 되고 총통이 됩니다. 이상한 일입니다. 히틀러 바로 전의 정부는 근대적 법치국가의 모범인 바이마르 공화국(Weimarer Republik, 1919~1933)이었습니다. 법과 철학이 고도로 발달한 독일이라는 이성과 인권의 나라에서 히틀러라는 괴물을 자생적으로 탄생시킨 것입니다.

물론 히틀러가 독일 경제를 어느 정도 부흥시킨 것도 맞습니다. 그가 독일 대중의 욕망을 어느 정도 채워주었던 것도 맞습니다. 워낙 제1차 세계대전 후의 독일이 경제적으로 힘든 시기를 맞으니 군수 산업을 육성시키면서 대외 확장정책을 취하는 히틀러는 경제적 빈곤과 외교적 패배감에 젖어있는 대중들의 지지를 쉽게 끌어모을 수 있었습니다. 그리고 실업률도 많이 해소되었습니다. 무엇보다 히틀러는 제1차 세계대전 후 패배감과 무기력에 빠져 있는 독일 국민에게 희망을 심어주었습니다.

그러나 그 희망은 타자를, 힘없는 자를 제거함으로써 얻는 잔인함에 기반을 둔 희망이었습니다. 히틀러로 상징되는 나치가 독일 국민에게 자극한 욕망은 파괴를 향한 욕망이었고, 그는 그것을 채워주었습니다. 독일 국민은 자기들의 욕망이 가져올 결말을 결코 알지 못했습니다. 히틀러는 독일 국민의 이성이 아닌 그들의 가슴에 불을 지폈으며 그렇기 때문에 그리 단시간에 절대다수의 열광적인 지지를 얻었던 것입니다.

히틀러는 자기의 정치 기반인 나치와 국가 사회주의자들뿐만 아니라, 독일 국민의 절대적 지지를 확보하는 데 성공합니다. 나아가 그는 독일의 지식인들, 종교인들에게서도 절대적 지지를 획득합니다. 이제 독일의 철학자를 비롯한 지식인들도 자발적으로 히틀러를 지지하고 충성을 맹세합니다. 교회의 부패에 결연히 도전했던 마르틴 루터의 고향인 독일에서, 개신교 목사들도 히틀러를 지지하고 천주교 사제들도 히틀러에게 박수를 치고 지지합니다. 바로 아래의 이탈리아, 파시스트 무솔리니가 정권을 잡고 있던 이탈리아 로마의 교황청에 버젓이 앉아있던 교황도 히틀러나 무솔리니에 대해 공개적인 비판 한마디 제대로 하지 못합니다. 자의든 타의든 암묵적으로 모두가 히틀러를 지지했고, 알아도 모른 척했습니다.

발터 벤야민(Walter Bendix Schönflies Benjamin, 1892~1940)이라는 유대계 독일인 철학자가 있습니다. 프랑스에서 줄곧 생활하던 이 철학자는 나치의 유대인 박해를 피해 남쪽의 스페인으로 넘어가서 거기서 미국으로 도피할 계획을 세웁니다. 이미 여권도 확보를 했습니다. 그러나 나치들은 그도 놓치지 않았습니다. 피레네 산맥을 넘다가 한계에 달했다고 느낀 발터 벤야민은 그곳 여관에서 스스로 생을 마감합니다.

유명한 철학자 루트비히 비트겐슈타인(Ludwig Josef Johann

Wittgenstein, 1889~1951)도 오스트리아의 유대인입니다. 비트겐슈타인 가문은 전통적으로 유럽의 거대 부자 가문입니다. 현대의 록펠러(John Davison Rockefeller, 1839~1937)와 그의 가문 정도에 비교할까요? 그러나 철학자 비트겐슈타인은 나치를 피해 도피하는 것을 거부합니다. 이미 비트겐슈타인 가문으로부터의 엄청난 재산 상속분도 모두 포기하고 가족들에게 나누어준 그였습니다. 그에게 박사 논문을 수여한 버트런드 러셀이나 화이트헤드 같은 철학자들은 그의 철학적 천재성을 알아보고 그가 철학에만 종사하도록 물심양면으로 노력했습니다. 그런데도 비트겐슈타인은 자원하여 입대하기도 하고, 초등 교사를 하기도 하며, 막노동 짐꾼을 하기도 하고, 괴이하다 싶을 만큼 자유로운 생활을 하고는 했습니다. 동성애적 취향도 있었습니다. 상속받은 재산은 모두 기부하거나 주변에 나누어주고요. 이런 고집불통에 괴팍한 성격의 비트겐슈타인이 히틀러를 피해 도망간다는 것은 생각도 안 해봤을 것입니다. 더구나 비트겐슈타인과 히틀러는 어렸을 적 1년 남짓 같은 학교에 재학하기도 했습니다. 그와 히틀러가 서로 알았었는지는 미지수입니다.

나치 하에 있는 비트겐슈타인을 해외로 도피시키려 학계에서, 가문에서 사방팔방으로 노력합니다. 마침내 비트겐슈타인 가문은 상상할 수 없는 거액을 히틀러에게 제시한 끝에 비트겐슈타인을 살려내고 그를 해외로 도피시킵니다.

한편 『존재와 시간(Sein und Zeit)』(1927)으로 유명한 독일의 철학자 마르틴 하이데거가 있습니다. 그의 저서에 관한 유머가 있습니다. 『존재와 시간』은 독일어로 쓰여 있어도 워낙 어려운 책이었습니다. 그래서 독일인들은 이 책을 가리키며 아직도 『존재와 시간』
이 독일어로 번역이 안 되었냐고 물었답니다. 이런 하이데거는 히
틀러의 나치에 부역했다는 의심을 받습니다. 그는 히틀러 치하에
서 프라이부르크 대학교의 총장도 맡았습니다. 전후에 「슈피겔(Der
Spiegel)」지가 하이데거와 진행한 인터뷰에서도 나치에 대한 부역
혐의가 언급됩니다. 하이데거는 물론 완강히 이를 거부합니다.

　나치 하에서 많은 독일의 지식인들이 망명이든 이민이든 외국으
로 줄줄이 도피를 합니다. 특히 미국으로 많이 망명을 합니다. 아인
슈타인(Albert Einstein, 1879~1955)도 히틀러의 집권 소식을 듣
자 미국으로 망명을 합니다(1933). 이것이 그가 오펜하이머(Julius
Robert Oppenheimer, 1904~1967)와 함께 미국에서 세계 최초의
원자폭탄을 만들게 된 계기입니다.

　당시 독일의 기술은 세계 최고 수준이었습니다. 군사 기술도 뛰어
났습니다. 독일의 탱크는 미국이나 러시아의 탱크가 상대를 못할 만
큼 강력했습니다. 로켓이나 전투기 기술도 마찬가지입니다. 미사일
도 독일이 먼저 개발을 시작했습니다. 전후에 독일이 패배하자 독일
을 양분한 미국과 소련으로 독일의 많은 첨단 기술들이 흘러 들어갑
니다. 그래서 미국과 소련은 이후 첨단 기술이 고도로 발달하여 현
재에 이르게 된 것입니다.

　철학자들 중에서도 프랑크푸르트학파(Frankfurt 學派) 같은 경우
가 미국에 망명을 한 경우입니다. 마르쿠제(Herbert Marcuse, 1898~
1979), 호르크하이머(Max Horkheimer, 1895~1973), 아도르노
(Theodor Ludwig Wiesengrund Adorno, 1903~1969) 에리히 프롬

(Erich Seligmann Fromm, 1900~1980) 등이 이 학파에 속해 있었습니다. 호르크하이머와 아도르노는 본인들이 유대인이기도 하였습니다. 이 학파는 마르크스의 사상적 유산을 이어가는 학파입니다. 그래서 이성과 계몽에 대한 강한 신뢰를 지녔던 철학자들입니다.

역사에는 유대인 철학자들도 있습니다. 카를 마르크스(Karl Marx, 1818~1883)도 유대인이었습니다. 한나 아렌트(Hannah Arendt, 1906~1975)라는 유대인 여성 철학자는 하이데거의 제자이면서 동시에 연인입니다. 나중에 카를 야스퍼스(Karl Jaspers, 1883~1969)에게서 박사 논문도 지도받습니다. 그러고 보니 야스퍼스도 유대인입니다. 『전체주의의 기원(*The Origins of Totalitarianism*)』(1951), 『인간의 조건(*The Human Condition*)』(1958) 등의 저술이 유명합니다. 이 여성 철학자가 세계적으로 유명해진 계기는 『예루살렘의 아이히만(*Eichmann in Jerusalem*)』(1963)이라는 르포 형식의 저서를 발간하면서부터입니다. 이 책은 아렌트가 2차 대전의 전범 재판을 그녀가 특파원으로 파견되어 연재 형식으로 신문에 르포를 기고한 것을 정리한 저서입니다. 신문에 그 과정을 실었지요. 아이히만은 2차 대전 때 나치에 부역했던 독일의 공무원입니다. 그는 나치 친위대(SS)의 상급 돌격대 지도자였습니다. 1960년에 이스라엘의 첩보기관 모사드(Mossad)가 아르헨티나에서 그를 체포해서 예루살렘으로 압송한 후 그에 대한 공개 재판이 진행됩니다. 그는 유대인의 체계적 학살을 실무적으로 관리하고 집행했던 실무 공무원입니다. 이 사람이 법정에서 자기의 변호를 하는 것입니다.

요약하면 아이히만은 상관인 국가보안본부 장관 라인하르트 하이드리히(Reinhard Tristan Eugen Heydric)가 지시한 것을 착실히 수행했을 뿐이라고 변명합니다. 공무원으로서 성실히 직무를 수행했을 뿐이고 본인은 진정으로 무죄라고 항변하는 것입니다. 국가의 지침에 대해서 공무원이 어떻게 거부를 할 수가 있는가? 하고 자기를 변호하는 것입니다. 기자의 시각이 아닌 철학자의 관점으로 아렌트는 이러한 면들을 분석합니다. 평범한 사람들의 도덕성이 이렇게 왜곡될 수 있는 이유는 무엇인지 아렌트는 분석합니다. 그리고 '악의 평범성(The banality of evil)'이라는 테제를 내세웁니다. 악의 평범성, 진부함, 천박성 정도로 번역이 됩니다. 악의 조야함이라고 해도 될 듯합니다. 나아가 그 함의를 보자면 제 생각에는 '악의 자생성' 정도로까지 확장되는 의미를 가지고 있다고 생각합니다.

평범한 사람들의 내면에서 자라나는 악에 대한 무감각의 정도를 밝혀내는 것이 이 여성 철학자가 이 저서에서 주장하는 진정한 의도입니다. 사람들은 그들의 주변 일상에서 관습적으로 행해지는 사소한 악, 사소한 불의에도 스스로 적응하여 본인의 악한 행위에 대한 책임감이나 죄의식을 지니지 못합니다. 그것이 잘못이라는 각성도 하지 못합니다. 한 사회에 속한 모든 구성원들은 범죄들의 누적, 관례적인 불의, 이것들의 축적에 익숙해진 나머지 그것이 악인지 선인지 파악하지도 못하는 지경에 이릅니다. 모두 도덕적으로 불감증에 걸립니다. 행위의 옳고 그름에 무감각해집니다. 범죄라는 자각도 없이 범죄에 가담을 합니다. 그리고 그것이 마치 옳은 행위인 마냥 행동을 합니다. 이런 면을 철학자 아렌트가 날카롭게 비판을 합니다.

목사도, 신부도, 철학자도, 지식인들도 모두 유대인 학살과 홀로코스트의 공범입니다. 당대의 독일인들 누구도 이 홀로코스트에서 책임을 면하지 못합니다. 유대인의 박멸을 공공연히 주장하는 나치를 직접 투표에 의해서 선출한 독일 국민도 공범입니다. 그런데도 그들은 그들이 죄가 있는 것을 알지 못하고 깨닫지 못합니다. 흡사 예수가 십자가에서 그를 못 박은 자들을 위해 신께 기도하는 장면을 떠올리게 합니다. '이에 예수께서 이르시되 아버지 저들을 사하여 주옵소서, 자기들이 하는 것을 알지 못함이니이다 하시더라'[(누가 23:34), 개역 개정] 하는 기도 말입니다.

그래서 이성뿐만 아니라 이성에 근거한, 이성적 행위가 중요한 것입니다. 그래서 칸트가 주장한 계몽(啓蒙)이 중요합니다. 자기 스스로 이성을 사용하는 능력, 이성적인 합의가 가능한 사회 등이 중요한 것입니다. 현실에서 벌어지는 야만적 행위들을 이성적으로 사고한다고 자칭하는 지식인들이 옹호하는 모순들이 역사에서 실제로 벌어졌던 것입니다. 무엇보다 생명을 최우선에 놓아야 할 사람들이 눈앞에서 벌어지는 사태들에 이성적으로 비판 한번 제대로 수행하지 못하는 사태들이 초래된 것입니다. 결국 나치의 유대인 학살은 철학에서는 철학의 역사를 지배했던 종래의 이성주의에 대한 통렬한 반성으로 나아갑니다. 이는 철학자들이 자부했던 이성의 한계와 그 무능력에 대한 반성을 동반하게 됩니다. 이제 철학의 새로운 탈출구에 대한 모색에 들어갑니다. 이러한 방향은 철학의 범위를 엄밀한 영역으로 한정 지으려는 영미 철학의 경향과 이성 일변도의 철학적 풍조에서 벗어나 감성과 타자에 다시 착안하는 대륙 철학의 경향으로 발전하여 나아갑니다.

역사와 예술로 읽는 서양철학사(상)

초판인쇄 2022년 09월 30일
초판발행 2022년 09월 30일

지은이 정영수
펴낸이 채종준
펴낸곳 한국학술정보(주)
주 소 경기도 파주시 회동길 230(문발동)
전 화 031-908-3181(대표)
팩 스 031-908-3189
홈페이지 http://ebook.kstudy.com
E-mail 출판사업부 publish@kstudy.com
등 록 제일산-115호(2000. 6. 19)

ISBN 979-11-6801-402-2 93160